FORÇAS CENTRÍFUGAS GLOBAIS

Um mapeamento do presente a partir da filosofia da história

VITTORIO HÖSLE

FORÇAS CENTRÍFUGAS GLOBAIS

Um mapeamento do presente a partir da filosofia da história

Com prefácio de Horst Köhler

TRADUÇÃO
Gabriel Almeida Assumpção

Edições Loyola

Título original:
Vittorio Hösle, Globale Fliehkräfte – Eine geschichtsphilosophische Kartierung der Gegenwart
© Nomos Verlagsgesellschaft mbh & Co. KG, Baden-Baden, first published by Karl Alber Verlag part of Verlag Herder GmbH, Freiburg im Breisgau, 2019.
Verlag Herder GmbH, Hermann-Herder-Strasse 4, 79104 Freiburg, Germany
ISBN: 978-3-495-49207-9

Dados Internacionais de Catalogação na Publicação (CIP)
(Câmara Brasileira do Livro, SP, Brasil)

Hösle, Vittorio
 Forças centrífugas globais : um mapeamento do presente a partir da filosofia da história / Vittorio Hösle ; com prefácio de Horst Köhler ; tradução Gabriel Almeida Assumpção. -- São Paulo, SP : Edições Loyola, 2022. -- (História da filosofia)

 Título original: Globale Fliehkräfte: eine geschichtsphilosophische Kartierung der Gegenwart.
 ISBN 978-65-5504-220-7

 1. Geopolítica - Século 21 - História 2. História - Filosofia 3. Política mundial - Século 21 - História I. Köhler, Horst. II. Título. III. Série.

22-132080 CDD-901

Índices para catálogo sistemático:
 1. História : Filosofia   901

Eliete Marques da Silva - Bibliotecária - CRB-8/9380

Preparação: Andréa Stahel M. Silva
Capa: Viviane Bueno Jeronimo
    foto © Ralf Kraft | Adobe Stock
Imagem da página 20: foto © penphoto | Adobe Stock
Diagramação: Desígnios Editoriais

Edições Loyola Jesuítas
Rua 1822 nº 341 – Ipiranga
04216-000 São Paulo, SP
T 55 11 3385 8500/8501, 2063 4275
editorial@loyola.com.br
vendas@loyola.com.br
www.loyola.com.br

Todos os direitos reservados. Nenhuma parte desta obra pode ser reproduzida ou transmitida por qualquer forma e/ou quaisquer meios (eletrônico ou mecânico, incluindo fotocópia e gravação) ou arquivada em qualquer sistema ou banco de dados sem permissão escrita da Editora.

ISBN 978-65-5504-220-7

© EDIÇÕES LOYOLA, São Paulo, Brasil, 2022

SUMÁRIO

Prefácio 7

Prólogo 13

Prefácio à Terceira Edição 21

1. **As esperanças de 1991**
   Progresso e paz por meio do comércio globalizado e a vitória inexorável
   das democracias 25

2. **O choque de 2016: o referendo do Brexit e a eleição de Trump**
   A corrosão da União Europeia e da Comunidade Transatlântica,
   bem como a crescente ingovernabilidade dos Estados Unidos 43

3. **Quais são as causas da ascensão dos populistas?**
   Os aspectos negativos da globalização. O declínio da classe trabalhadora
   nos países desenvolvidos e a insegurança dos homens 89

4. **A desintegração da racionalidade política**
   Que tipo de político a democracia midiática moderna seleciona?
   McLuhan Reloaded: como a nova mídia define conteúdo
   O vácuo das ideologias, o culto do eu e o anseio por respostas simples 119

5. O que diferencia os Estados Unidos da União Europeia?
A estagnação do processo de unificação europeia e a insuficiência da
União Europeia diante da crise do euro e da crise dos refugiados 165

6. O fim da hegemonia norte-americana,
a ascensão da China e a nova Rússia
O retorno do risco de uma guerra nuclear 207

7. Soluções para a crise 237

Posfácio de 2021 247

Bibliografia 295

Índice onomástico 301

PREFÁCIO

Em setembro de 2017, visitei a universidade católica Notre Dame, em Indiana (Estados Unidos), na qual Vittorio Hösle leciona, para uma palestra a que fui convidado. Donald Trump estava em seu cargo havia menos de um ano; os sustos com sua eleição ainda estavam incipientes. Minhas numerosas conversas com estudantes e professores giravam continuamente em torno a uma pergunta: "O que, de fato, está acontecendo agora?". Estavam muito interessados em meu ponto de vista europeu sobre o tema. Ao mesmo tempo, as perguntas norte-americanas à Europa não eram menores: as feridas políticas da crise dos refugiados de 2015 continuam a arder, sem previsão de cura próxima. Não estava claro o enigma acerca do que o dilacerado Reino Unido queria com o Brexit, e tampouco o que ele significava para o futuro da Europa (hoje, no ano de 2019, nosso conhecimento em relação a isso não avançou muito).

Encontrou-se consolo na perplexidade comum. E pressentiu-se que tais eventos não eram independentes um do outro, mas que coisas inteiramente fundamentais se moviam de maneira instável em um contexto global.

Em um jantar particular com a família Hösle, buscamos montar as peças desse quebra-cabeça em uma discussão de muitas horas. Era um grupo muito pequeno, mas com Vittorio Hösle, e quem se sentou à mesa participou de uma pluralidade de perspectivas e de uma grande interlocução de disciplinas: sem esforço, ele vinculou a psicologia do homem branco norte-americano com uma análise da alma russa (ele acompanha, no idioma original, a imprensa diária e mídias on-line da Rússia) criada a partir de uma rica história intelectual europeia, dissecou as leis econômicas da globalização e situou tudo isso no contexto concreto do desenvolvimento político atual, com uma intrepidez incomum para um filósofo. Impressionado por esse panorama (e muito satisfeito com a ceia), eu disse à minha esposa, no caminho para o hotel: "Teria sido melhor se eu tivesse anotado".

Estou contente de que ele próprio tenha escrito a respeito. No entanto, o presente ensaio não se mostra simples. Hösle procede com suas teses sobre quais desenvolvimentos na política mundial, até seu limite, sustentou como possíveis de querermos imaginar após mais de setenta anos de paz europeia. De antemão, ele adverte claramente sobre manter como irreversíveis conquistas modernas como o estado de direto, a democracia e a ordem de paz. Ao mesmo tempo, não poupa a Europa e o Ocidente em sua análise dos erros que aceleraram a autoameaça[1].

Os entrelaçamentos econômicos, políticos, ecológicos e tecnológicos do mundo alcançaram, no século XXI, tamanha magnitude de complexidade global e dependência recíproca que forçam nossas instituições políticas até seus limites. O processo de pesquisa e aprendizado desencadeado por causa disso (e no qual também este livro vigorosamente se inclui) coloca,

---

1. *Selbstgefährdung,* no original. (N. do T.)

em parte, até mesmo a questão sistemática fundamental: nossa democracia ainda é capaz de lidar com as enormes modificações globais?

Eu acredito que, em nossa busca por uma resposta, devemos evitar duas atitudes.

A primeira atitude é o sentimento de impotência. Considerando a complexidade dos desafios globais e da velocidade avassaladora das mudanças, fica-se a um pequeno e tentador passo da atitude passiva de vitimização ou do sentimento de estar à mercê de forças que não se podem compreender nem influenciar. Foi, em última análise, o tema da falta de alternativas que deu origem à narrativa da pretensa perda de controle, em que muitos populistas se apoiaram. É necessário, portanto, uma contranarrativa forte, que redescubra a política e os humanos como sujeitos de ações políticas. Para recorrer a um exemplo de peso, as mudanças climáticas não simplesmente ocorrem, não irrompem sobre nós como uma praga bíblica, mas são causadas pelo ser humano – portanto, elas também podem ser detidas pelo ser humano. Ironicamente, essa redescoberta da ação pode alcançar maior êxito com o oposto das receitas autoritárias nacionalistas, em voga em muitos lugares:

- Isso inclui se esforçar, mais uma vez, por uma nova margem de manobra em novas alianças pelo multilateralismo. Por exemplo: há muito tempo já estamos atrasados em uma colaboração estratégica da Europa com seu vizinho direto, a África, cujo destino também determinará, diretamente, nosso destino europeu.
- Isso inclui conferir, novamente, mais liberdade de ação aos membros menores de nosso sistema político e, por esse motivo, por exemplo, realizar o princípio da subsidiariedade na União Europeia, de maneira consequente. Dessa maneira, a consolidação da globalização pode se ancorar em novos lugares.
- E, sobretudo, isso também inclui acreditar que os próprios cidadãos e consumidores são capazes de algo – as respostas mais importantes nesse novo mundo, possivelmente, não vêm de cima, mas de baixo.

O segundo caso que se deve evitar na busca de orientações no caos político mundial é o da arbitrariedade moral. Nunca se deve permitir que a ação política ocorra em um vácuo normativo. A ideia de que o poder deve se ligar a regras – vale dizer, regras que se baseiam na liberdade e na dignidade inviolável do humano – ela é o fundamento de nossa segurança e nosso bem-estar. Aqueles que nos querem fazer acreditar que já não há diferença nenhuma entre a lógica do mais forte e a lógica do que é moralmente correto, são os que põem em risco esses fundamentos. Infelizmente, também na Alemanha, foram necessários alguns ciclos demoscópicos[2] de aprendizado para constatar que pouco adianta assumir simplesmente a fala e as premissas políticas dos populistas, ou querer derrotá-los em uma competição de desvalorização da civilidade. A propósito, o "vale-tudo"[3] no dizível e no factível em política assinala não só os novos *strongmen*[4] deste planeta, mas também diversos visionários de internet, mercenários e sedentos pelo poder. De qualquer maneira, hoje somos cada vez mais desafiados a desenvolver uma ordem política que diferencie o ser humano, como sujeito e agente político, não só do animal, mas também do algoritmo.

Alegra-me que Vittorio Hösle indique, também neste livro, o papel indispensável da religião nesse processo. É inquestionável que o islã necessita de um debate autocrítico acerca de sua relação com a sociedade liberal moderna. Mas também a pergunta sobre como, afinal, a fé cristã permanece relevante em face das prementes injustiças ecológicas e sociais

---

2. Demoscopia é o "estudo de opiniões, afecções e comportamentos humanos mediante pesquisas de opinião". Fonte: <http://etimologias.dechile.net/?demoscopia>. (N. do T.)
3. "A*nything goes*", no original. (N. do T.)
4. O termo "*strongman*" (no plural, *strongmen*) refere-se a atletas de força, ou seja, atletas que competem em testes diversos de força, como o "passeio do fazendeiro" (*farmer's walk*), no qual os atletas carregam duas malas de ferro, uma em cada mão, no menor tempo possível. Um exemplo famoso é H. J. Björnsson. No sentido figurado, o autor do prefácio se refere a um tipo de político que tem ficado em voga, o homem agressivo e considerado de "pulso firme". (N. do T.)

no século XXI, deve retornar à pauta – e o papa Francisco, por exemplo, a tem retomado de maneira agressiva. Seu ânimo de renovação também seria desejável em muitos partidos cristãos conservadores na Europa. A adesão de cristãos a todo tipo de charlatanismo em campanhas de ódio e de exclusão conta, em todo o caso, entre as perfídias mais descaradas dos últimos anos.

Vittorio Hösle escreveu uma obra que nos abala, mas que, de modo algum, nos desencoraja. Suas respostas são claras, mas não simples. Com isso, ele se diferencia beneficamente daqueles que, na complexibilidade que o ano de 2016 trouxe consigo, vendem emoções de medo como estratégia política. Hösle negocia em outra moeda, a da inteligência. Então, quem ler este livro, possivelmente não só se tornará mais sábio, mas também será fortalecido e encorajado a opor um agir esperançoso às tribulações de nosso tempo.

Berlim, maio de 2019

Horst Köhler
Ex-presidente da Alemanha

PRÓLOGO

O que ocorre atualmente na política mundial? Suponhamos que alguém tenha pressagiado o seguinte em 2013 – no início do segundo mandato de Barack Obama, que representou o cosmopolitismo dos Estados Unidos em seu grau mais elevado: Nos próximos anos, a Rússia iniciará uma reapropriação dos antigos territórios soviéticos. Graves atentados islâmicos inspirados no proclamado Estado Islâmico, em 2014, logo abalarão a França, a Bélgica e a Grã-Bretanha. Partidos populistas de direita chegarão ao governo em diferentes países da União Europeia devido, entre outros motivos, à crise migratória de 2015, e, em 2016, a Grã-Bretanha se decidirá por sua saída da União Europeia, a Polônia abandonará o caminho de um estado de direito e a Turquia, elogiada como um raro exemplo de democracia islâmica segundo um estado de direito, começará a trilhar as sendas de um Estado autoritário, após uma tentativa de golpe de Estado. Sim, a potência que lidera o Ocidente, os Estados Unidos, graças (entre outras coisas) ao apoio russo, elegerá à Presidência um homem que nunca ocupou um cargo público e que, em grande medida, propôs-se a restringir a cooperação global dos Estados Unidos. Como se reagiria a tal suposição? Não se zombaria desse pessimista, chegando a considerá-lo louco? Como todos sabem, nesse ínterim, tudo isso de fato ocorreu. Já se pode dizer, provavelmente, que o ano de 2016 será considerado por historiadores como o ano limiar do século XXI – e, lamentavelmente, como *annus horribilis*, como ano apavorante. *Por que vários pilares da última ordem do pós- -guerra – ou seja, da ordem mundial formada após o fim da Guerra Fria – desabaram em 2016? E como isso continuará?* Meu ensaio, o texto de um filósofo com um interesse particular na filosofia política, investiga essa questão, esperando esclarecê-la e responder a ela para um público amplo, sem pressupor nenhum conhecimento filosófico especializado.

Decerto, já existem várias análises preeminentes dos últimos anos, do ponto de vista da história contemporânea. Menciono, por exemplo, *Zerbricht der Westen? Über die gegenwärtige Krise in Europa und Amerika* [Ruptura do Ocidente? Sobre a crise presente na Europa e nos Estados Unidos da América], do grande historiador do Ocidente Heinrich August Winkler – um livro a que devo muitas informações. Todavia, o que talvez proporcione ao meu ensaio uma posição especial entre os diferentes escritos dos últimos dois anos sobre esse tema é que, por um lado, ele observa o acelerado processo com nítida rejeição, semelhante à das elites da Europa Ocidental na política, economia e mídias, mas, por outro lado, também quer compreender, de dentro os que se voltam contra a globalização e o universalismo em nossas convicções morais. Sem um reconhecimento dos erros que foram cometidos nas últimas décadas pela política liberal, uma modificação desses erros dificilmente será bem-sucedida; e, sem essas modificações, as forças que se formaram contra o liberalismo não se deixarão domar. Compreendo o liberalismo, que eu mesmo defendo, nessa conjuntura em um sentido amplo e que, portanto, engloba a maioria dos partidos da Europa Ocidental, desde os conservadores até os social-democratas. Liberal é, de acordo com esses termos, quem concede a todos os seres humanos determinados direitos fundamentais, não abdica da soberania do direito e de mecanismos de separação dos poderes no interior do Estado e quem defende uma sociedade liberal distinta do Estado, com regulação de mercado, e que dá boas-vindas à cooperação internacional, por exemplo, por meio do comércio internacional. O liberal, no sentido que apresento, só considera admissíveis as guerras em casos de defesa e, em geral, sustenta a razão, e não os afetos, como o instrumento correto para resolver questões políticas – em suma, quem compartilha dos ideais do Iluminismo. Apresentei, na minha obra principal, *Moral und Politik* [Moral e política], de 1997, uma elaboração mais meticulosa das normas que devem nortear uma política fundamentada moralmente. Sua seção de filosofia da história, nos capítulos 6.2 e 6.3, recebe um suplemento, por assim dizer, com o presente escrito de ocasião, voltado à análise temporal. Por se referir ao presente, nossa obra atual utiliza, sobretudo, fontes on-line; e como o presente, diferentemente do passado, ainda está em trânsito, o risco de erros é ainda maior do que em outros casos contrários. Quando Zhou Enlai[1] perguntou a Henry Kissinger[2] se a Revolução Francesa havia sido bem-sucedida, a resposta, com razão, foi: "é muito cedo para julgar". É certamente exagerado aplicar, resposta semelhante a este ensaio, escrito na primavera e no verão de 2018, concluído em agosto e, posteriormente, complementado por apenas poucas observações. Porém tal empreendimento é necessário, pois vivenciamos

---

1. Zhou Enlai (1898-1976) foi a primeira pessoa a se tornar primeiro-ministro da República Popular da China. Foi também ministro de Relações Internacionais desse país (1949-1958) e buscou coexistência pacífica com o Ocidente após a Guerra da Coreia (1950-1953). (N. do T.)
2. Henry Kissinger (1923) é um político e diplomata norte-americano, autor de várias obras. Foi secretário de Estado e conselheiro de Segurança Nacional dos Estados Unidos durante os governos de Nixon e Ford (1973-1977). Pelas suas negociações por um cessar-fogo no Vietnã, recebeu o Prêmio Nobel da Paz, em 1973. (N. do T.)

uma fase de acelerada transformação histórica que, mesmo assim, deve-se buscar compreender, caso se queira ser um cidadão responsável, mesmo que as observações sigam, claudicando, os acontecimentos. Diferentemente da análise temporal, os princípios da moral são atemporais, e posso, por isso, pressupor a seção normativa de minha obra anterior como ainda válida. Isso vale também para sua aplicação ao problema ambiental, que, contudo, não é temático nesta obra; pois é um problema muito mais antigo e abrangente do que a crise política que se tornou manifesta em 2016. De fato, ele se entrelaça com a crise, e presumivelmente é ainda mais traiçoeiro, pois a destruição ambiental, diferentemente de uma eventual eclosão de guerra, aproxima-se insidiosamente. Mas, neste livro, devo deixar esse problema de lado. Além disso, já discuti minuciosamente esse problema em minha *Philosophie der ökologischen Krise*[3], em 1991, e, desde então, bem pouco do tema se modificou conceitualmente.

    O esclarecimento de que falei pressupõe determinada teoria da razão e do direito, e o crescente esfacelamento desta se dá por forças que se entendem como liberais, sem as quais a revolta contra o liberalismo não poderá ser adequadamente entendida. A remissão da presente crise a posições ideológicas frouxas em curso nas últimas décadas, bem como sua classificação segundo a filosofia da história, formam o centro filosófico de meu livro. Uma filosofia ruim não é apenas teoricamente perniciosa; ela possui efeitos também na *práxis*, e muito mais fundos do que se pensa. Todavia, depende-se de um apaziguamento dos inimigos do liberalismo, caso se queira evitar uma repetição daquela época que, nos anos 1920 e 1930, decompôs as democracias ocidentais a partir de seu interior – penso no fascismo europeu. De todo modo, naquela época, os Estados Unidos eram o baluarte do liberalismo; hoje, pelo contrário, o liberalismo é ameaçado também e justamente naquele país, que o ajudou,

---

3. Hösle, V. *Philosophie der ökologischen Krise: moskauer Vorträge*. München: C. H. Beck, 1991. (Trad. bras.: *Filosofia da crise ecológica. Conferências moscovitas*. Trad. G. Assumpção. São Paulo: LiberArs, 2019.). (N. do T.)

anteriormente, a ser vitorioso. Por isso, Madeleine Albright, a ex-ministra norte-americana das Relações Exteriores, vê hoje, em *Fascism. A Warning*[4], o fascismo em escala global como grave perigo. Uma vez que eu próprio, de ascendência ítalo-alemã, já vivo há vinte anos nos Estados Unidos e presenciei pessoalmente suas mudanças nos últimos anos, quero que meu olhar sobre esse país possua uma objetividade peculiar, mesclando proximidade física e distância interior.

Aconteça o que acontecer nos próximos anos, o fim da história, com o qual alguns sonharam após o colapso da União Soviética, chegou rapidamente a um fim. Vivemos, novamente, em tempos interessantes – o que os chineses alegadamente desejam a alguém que querem amaldiçoar. O turbilhão da história apanhou a todos nós, e vivenciamos o início de uma grande crise histórica cuja saída ninguém sabe qual será. Todavia, será mais branda se houver mais clareza sobre as questões em pauta no debate contemporâneo e sobre as forças em conflito. Este ensaio busca contribuir para tal clareza.

Ele se divide em sete capítulos. O primeiro versa sobre o progresso histórico que ocorreu desde o século XVIII e que parece ter se acelerado rapidamente de 1989 a 2016. O segundo capítulo explica por que o ano de 2016 contradiz, de maneira extrema, as tendências ao desenvolvimento que até agora era possível esperar. No terceiro capítulo, são analisados os pressupostos sociais que estão na base dos acontecimentos desde 2016, e, no quarto, as pressuposições referentes à mentalidade subjacentes a esses eventos. Mostra-se que eles não são meros deslizes, mas possuem profundas raízes que, por um longo tempo, nos manterão em suspenso. Mas, se justamente os Estados Unidos se despedem do consenso liberal da modernidade, não se pode esperar que, ao menos, a União Europeia alce os ideais do Ocidente? Infelizmente, como mostro no quinto capítulo,

---

4. ALBRIGHT, MADELEINE KORBEL; WOODWARD, WILLIAM. *Fascism. A Warning*. New York: HarperCollins, 2018. (Trad. bras.: *Fascismo: um alerta*. Trad. G. Biaggio. São Paulo: Planeta, 2018). (N. do T.)

ela própria está em uma grande crise de sua capacidade de ação, como demonstrou, sobretudo, o problema dos refugiados, na qual está em jogo a relação entre a União Europeia e os países mais pobres. Com isso, a própria Europa, nitidamente, já não é a entidade política mais potente da Eurásia; no sexto capítulo, a ascensão da China e o retorno da Rússia como superpotência militar são os novos fatos geopolíticos mais importantes. Segue-se [no capítulo 7] uma breve reflexão sobre a pergunta: o que se pode fazer diante dessa situação política mundial.

O prefácio do ex-presidente da Alemanha, Horst Köhler, que me deixa particularmente honrado e contente, menciona uma longa conversa que tivemos em setembro de 2017, em minha casa, sobre o que ocorreu em 2016. Ela foi uma das sementes deste livro, na escrita do qual fui encorajado, da maneira mais amigável, também pelo ex-ministro federal Theo Waigel e pelo atual ministro federal Gerd Müller, pois minha obra de 1997, [*Moral und Politik*] precisava, urgentemente, de uma atualização levando em conta o tempo histórico. Agradeço a todos os três por esse convite, que aceitei na esperança de que esclarecimentos filosóficos possam, também (e a longo prazo), ser úteis na política.

    Muito me surpreende e me alegra que tão rapidamente uma segunda edição suceda à primeira[5]. A crise descrita no livro continua – aliás, intensifica-se. Johnson, nesse ínterim, tornou-se primeiro-ministro britânico, e, com isso, seu país está significativamente mais perto do Brexit. O conflito entre Parlamento e Executivo e o apelo ao povo, elementos com os quais o aspirante contemporâneo a ditador deve se legitimar – uma vez que já não é de linhagem nobre e ainda não pode se apoiar nos militares – ameaçam a democracia liberal até a medula, tanto nos Estados Unidos quanto na Grã-Bretanha. As guerras comerciais e tensões internacionais no Oriente Próximo e no Oriente Médio reduzem a segurança

---

5. Este parágrafo e o próximo são um acréscimo da segunda edição, publicada ainda em 2019, mesmo ano da primeira edição. (N. do T.)

da navegação no Golfo Pérsico. As comemorações do septuagésimo aniversário da República Popular da China não podem desviar a atenção do tumulto em Hong Kong. A crescente consciência de nossa irresponsabilidade coletiva nas questões ambientais fortalecerá mecanismos de projeção, graças aos quais se busca a culpa nos outros, e não se tem vergonha de si mesmo. As perspectivas não são atraentes.

O que traz esperança é uma figura como Greta Thunberg, que diz a verdade em meio à falsidade generalizada. E deve-se torcer para que as forças morais cresçam, caso se queira infundir a seriedade da crise na consciência geral. Por isso escrevi este livro, que muitos perceberam como bem pessimista. Mas apenas quem leva em conta o perigo possui o direito de ser otimista.

PREFÁCIO À TERCEIRA EDIÇÃO

O autor se alegra inevitavelmente com o fato de que, um ano e meio após a primeira edição desta obra, seja necessária uma terceira edição. Todavia, me assusta também um pouco como cidadão, pois dá a entender que minhas reflexões convenceram os outros, portanto não se mostram tão absurdas. Na verdade, o que mais gostaria seria crer que eu estava errado e que os eventos dos últimos anos tivessem sido apenas uma curta perturbação no caminho triunfante da modernidade rumo à liberdade, igualdade e bem-estar para todos. No entanto, os processos da história mundial ocorrem a uma velocidade tão rápida que esta análise dos tempos teve de ser complementada. Em um posfácio mais longo, dou atenção a três questões problemáticas que, em parte, surgiram desde 2019 e, em parte, precisam de uma elucidação filosófica mais explícita.

Em primeiro lugar, abordo os fenômenos que dão prosseguimento às diretrizes do que vinha se desenhando desde 2016. Entro em detalhe, em especial, no evento que parece contradizê-las – a derrota de Trump nas últimas eleições. Todavia, tento mostrar que, por mais que a não eleição do mais vergonhoso e enganador demagogo do mundo ocidental atual e o fracasso de sua tentativa de golpe devam ser saudadas, seria muito ingênuo pensar que os princípios que ele defendia como presidente e a mentalidade que ele expressa desapareceram com a derrota nessa eleição. Além disso, ela foi muito estreita e dependente de um acaso; e o próprio Trump, infelizmente, é apenas sintoma de forças que se expressarão de modo diferente, quando este desaparecer.

O acaso de que falo, naturalmente, é a Covid-19. Sem seu fracasso na pandemia, Trump teria, com probabilidade à beira da certeza, ficado presidente norte-americano até janeiro de 2025. Mas, por mais que se possa ser grato à pandemia, por ter desempenhado um papel decisivo na eliminação de Trump – caso se queira, pode-se falar, com Hegel, da astúcia da razão –, dificilmente se poderá dizer que ela inspirará, a longo termo, as forças da razão. É muito cedo para responder a essa questão. Mas um mapeamento filosófico do presente não pode falhar em tentar, em 2021, *em segundo lugar*, ir além das suposições do que essa crise global política e sanitária significa moralmente, politicamente e filosoficamente. Em que medida ela se insere nos contextos previamente analisados, e até que ponto pode contribuir para desmantelá-los? Como eu disse, não é o caso de fornecer respostas quando elas ainda não são possíveis, mas de discutir cenários diferentes possíveis, cada um dos quais é coerente. Qual realmente ocorrerá é algo que depende de nossas decisões.

Esta obra de diagnóstico do tempo é acusada de não ser imediatamente clara no que diz respeito à sua natureza filosófica. Posso sempre me referir a uma tradição de escritos políticos de ocasião deixados por importantes filósofos – eu me lembro do texto de Hegel *Sobre a Petição de Reforma Inglesa*, o *18 de Brumário de Napoleão Bonaparte* de Marx e o *Eichmann em Jerusalém* de Hannah Arendt como importantes modelos.

Um filósofo que quer informar e sensibilizar um público maior, deve fazê-lo sem as finezas da sua disciplina; mas, ainda que não se veja a costura de suas categorias, elas estão lá, e mantêm coesa a sua análise. O olhar de um filósofo também é diferente daquele de um cientista social, quando ele investiga o mesmo domínio de objeto (e, naturalmente, inclui aí o conhecimento social e histórico). Ele não se satisfaz com a constatação de correlações empíricas, mas está interessado em princípios gerais – fundamentar o comportamento humano, tanto quanto possível, em intenções e estas, na natureza humana. Ele relaciona coisas que parecem bem distantes – pois a filosofia também apaga essa distância, como Hegel escreveu uma vez muito acertadamente. *Em terceiro lugar*, para tornar mais claro o núcleo filosófico deste livro, decidi apresentar, de modo mais explícito e em contexto, problemas de escopo filosófico antes apenas aludidos. Estas são as questões: o que motiva as pessoas a votar em políticos cujos perigos não são difíceis de ver? Como pode o Estado liberal garantir liberdade de opinião sem solapar seu próprio fundamento? E as pessoas podem, realmente, aprender com a história?

South Bend, janeiro de 2021.

1
AS ESPERANÇAS DE 1991

Progresso e paz por meio do comércio globalizado
e a vitória inexorável das democracias

Épocas históricas não nos fazem o cômodo favor de deixar-se delimitar por datas fáceis de aprender. Para pensar no século XX como uma unidade encerrada, deve-se compreendê-lo como algo bem mais curto que o período de 1901-2000. Deve-se conceder seu início em 1914 – portanto, com a eclosão da Primeira Guerra Mundial; e se deve situar seu fim nos anos entre 1989 e 1991 – ou seja, entre a dissolução do bloco socialista e o fim da União Soviética. Após o longo século XIX de 1789 a 1914 – quer dizer, o período desde o surto da Revolução Francesa, com o apogeu da burguesia da Europa Ocidental e o ápice da expansão colonial da Europa, até a catástrofe de 1914 –, o século XX é, de fato, bem rico em acontecimentos, mas notavelmente curto. Duas Guerras Mundiais, a gênese de dois sistemas totalitários na Europa e, por fim, a superação destes – em primeiro lugar, na Segunda Guerra Mundial e, em seguida, com a prevenção de uma "Guerra Quente" o fim da Guerra Fria, e uma interconexão cada vez mais intensa da economia mundial – parecem ser seus eventos principais e etapas mais importantes. O século XX, assim concebido, terminou de modo distinto do longo século XIX, com o milagre da superação pacífica do totalitarismo soviético, e, portanto, sugeriu sua classificação otimista. Já em 1989, o norte-americano de ascendência japonesa Francis Fukuyama escreveu um ensaio com o título provocativo, "The End of History?" [O fim da história?], que viria a ser elaborado na obra de 1992, *The End of History and the Last Man* (em alemão, *Das Ende der Geschichte*)[1]. Bem simplificada é sua tese fundamental de que, com o fim do desafio soviético, a economia mundial de mercado como instituição econômica e a democracia como instituição política viriam a se impor globalmente, pois as alternativas a elas teriam sido fracassadas – após os sistemas fascistas e também os sistemas comunistas. Certamente, haveria ainda difíceis problemas de adaptação, mas, teoricamente, os problemas econômicos e o problema político teriam sido resolvidos. Um entrelaçamento cada vez maior de economias e uma concorrência pacífica entre países cada vez mais regidos democraticamente determinariam um bom futuro. De fato, Fukuyama lamenta que o alívio da vida humana seria, inevitavelmente, acompanhado de superficialidade existencial, como Nietzsche antecipou sob a expressão "último homem"; todavia, esse seria, precisamente, o preço inelutável para o fim de conflitos ideológicos maiores – isto é, precisamente, o fim da história.

Fukuyama, em sua argumentação, deu expressão a um sentimento do qual, certamente, aqueles já nascidos em 1989 podem se lembrar – o inacreditável alívio de ter escapado de uma guerra nuclear, ameaçadora e, com o passar do tempo, inevitavelmente cada vez mais provável. Quem,

---

1. FUKUYAMA, F. *The End of History and the Last Man*. New York: Free Press, 1992. (Trad. alemã: München: Kindler, 1992. Trad. bras.: *O fim da história e o último homem*. Trad. A. S. Rodrigues. Rio de Janeiro: Rocco, 1992.)

como o autor do presente ensaio, não cresceu longe da Cortina de Ferro, sabia que o risco de extermínio em uma guerra nuclear era alto, quer fosse tal guerra nuclear intencional, quer resultado de erros, por exemplo, de computadores ou de falha humana. Naquele tempo, o medo dominava, constantemente, a consciência daqueles que não reprimiam a sua realidade, mesmo que, na maioria das vezes, apenas matizasse o pano de fundo de todas as vivências. O fardo de que a alma se libertou com o fim pacífico da Guerra Fria foi enorme, pois ninguém esperava esse fim – alcançado graças, essencialmente, à magnífica responsabilidade política mundial de Mikhail Gorbachev; esse fim sugeriu, psicologicamente, esquecer os riscos de então e considerá-los, definitivamente acabados. Desse modo, o "quarto de século dourado", de 1991 a 2016 (ou, se se quiser, de 1989 a 2014), foi um dos mais otimistas e ensolarados da história mundial: a Alemanha seria reunificada, os antigos países do Pacto de Varsóvia, fora da União Soviética, e as três antigas repúblicas bálticas soviéticas se tornariam democracias com economia de mercado e, finalmente, membros da União Europeia e da Organização do Tratado do Atlântico Norte (OTAN), a globalização conduziria a descomunais ganhos em bem-estar. Sim, embora o crescimento econômico possa trazer consigo grande desigualdade, seja expressamente sublinhado que, pela primeira vez desde 1820, só no início do século XXI finalmente a desigualdade na distribuição de renda *global* iniciou a decrescer[2]. Desde a Revolução Industrial, essa desigualdade havia aumentado maciçamente, pois, a princípio, apenas os países ocidentais lucraram com ela. Contudo, a redução da desigualdade custou o aumento da desigualdade no interior de muitos países ocidentais, cujas consequências políticas serão tema posterior.

---

2. Cf. o ensaio de Branko Milanovic para o Banco Mundial: MILANOVIC, B., *Global inequality and the global inequality: the story of the past two centuries*. Disponível em: <http://documents.worldbank.org/curated/en/389721468330911675/Global-inequality-and-the-global-inequality-extraction-ratio-the-story-of-the-pasttwo-centuries>. Acesso em: 5 out. 2019.

De 6 a 8 de setembro de 2000, realizou-se em Nova York a denominada Cúpula do Milênio, a 55ª Assembleia Geral das Nações Unidas. Em 9 de setembro, 189 membros das Nações Unidas decidem a adoção de metas obrigatórias, que seriam ordenadas em oito grupos. O primeiro era o combate à fome e pobreza extremas; o segundo, educação primária para todos; o terceiro, a equiparação dos gêneros; o quarto, a redução da mortalidade infantil; o quinto, a melhora do auxílio médico para as mães; o sexto, o combate a doenças mais graves, como HIV/AIDS e malária; o sétimo, a sustentabilidade ecológica; e o oitavo, a formação de uma parceria global para o desenvolvimento. Claro que ainda mais seria desejável, e certamente tais dados e, especialmente, definições foram embelezados: assim, calculou-se a partir do ano de 1990 em vez do ano de 2000, portanto foram incluídos progressos completamente livres de influência das próprias atividades. Não obstante, é totalmente impressionante o que foi alcançado até 2015: de 1990 até 2015, a taxa dos indivíduos que vivem em países em desenvolvimento com menos de US$ 1,25 por dia caiu de 47% para 14%; o número de crianças excluídas da educação primária se reduziu a quase a metade; e o índice de mortalidade infantil caiu mais da metade, e isso apesar do crescimento populacional considerável. Também a taxa de mortalidade materna mundial caiu 45%.

Por isso, não foi utópico que a primeira das novas dezessete metas para desenvolvimento sustentável das Nações Unidas, que entraram em vigor em 1º de janeiro de 2016, tenha sido a superação da pobreza "em todas as suas formas e em toda parte", marcada já para o ano de 2030. De fato, pode-se referir com sentido à pobreza "em todas as suas formas", falando de formas de pobreza absoluta, e não em termos de pobreza relativa, pois muito mais difícil que combater a pobreza extrema é combater a desigualdade, e frequentemente ela deverá ser aceita, precisamente quando se quer superar a pobreza absoluta. Todavia, também com essa limitação, apenas a obtenção de uma dessas metas seria a efetivação de algo que, até agora em toda a história da humanidade, pareceu uma utopia inalcançável. De todo modo, deve-se enfatizar que, desde 2015, o número absoluto de pessoas desnutridas no mundo volta a crescer, em grande parte devido à mudança climática[3]. E não é de bom augúrio que isso venha a se intensificar.

Sob muitos aspectos, as dezessete metas para o desenvolvimento sustentável são um desdobramento natural de ideias articuladas pela primeira vez no fim do século XVIII. Os grandes teóricos do liberalismo político e econômico, por exemplo Montesquieu (1689-1755) na França, Adam Smith (1723-1790) na Escócia e Immanuel Kant (1724-1804) na Alemanha, dão boas-vindas ao comércio internacional, e, vale dizer, de modo algum apenas por motivos econômicos, mas também porque a dependência cada vez maior entre os Estados tornaria as guerras improváveis, uma vez que estas, visíveis para todos, viriam infringir interesses pessoais cada vez mais fortes. O liberalismo, como começou a se revelar, no que diz respeito à história das ideias, em abordagens teóricas e, também, institucionalmente, já no século XVII, fundamenta-se em uma ética universalista que – ao contrário da ordem de mundo pré-moderna, pensada hierarquicamente – supõe uma igualdade fundamental entre todos os homens. Essa igualdade vale, sobretudo, para os direitos universais de defesa – o fato de que cada um possui um direito à vida e à propriedade significa que a ninguém, nem ao Estado, é permitido negar o direito à vida ou à propriedade individual (a menos que ele venha a tê-la perdido por meio de um crime). De modo algum isso significa que uma pessoa singular ou o Estado tenha o dever de ajudá-lo em sua sobrevivência ou na aquisição de propriedade. Diante da escassez de bens econômicos daquela época, um reconhecimento de direitos trabalhistas, de fato, não teria sido realista. Em nome do conceito liberal de liberdade, na época do Iluminismo restrições seculares à ação econômica, por exemplo, foram

---

[3]. Ver o relatório da Organização das Nações Unidas para a Alimentação e a Agricultura de 2018: FAO, *The state of food security and nutrition in the world*. Disponível em: <http://www.fao.org/3/i9553en/i9553en.pdf>. Acesso em: 5 out. 2019.

postas em questão – e, vale dizer, na esperança plenamente realista de que, por meio do crescimento econômico assim possibilitado, com o tempo, também os mais pobres pudessem se beneficiar.

O enlace entre ciência moderna, técnica e capitalismo engendrou, já no século XVII, em um filósofo e teórico da ciência como o visionário britânico, o lorde chanceler Francis Bacon (1561-1626), a esperança de que, com progressos científicos ulteriores, a humanidade pudesse superar muitos de seus penosos problemas. No século XVIII, começa a se cultivar um tipo inteiramente novo de filosofia da história. Modelos mais antigos da história, nos filósofos antigos, pressupunham uma periódica ascensão e declínio das culturas, não muito diferente dos ciclos das estações do ano. Esse modelo seria radicalmente posto em questão pelo cristianismo, e, presumivelmente, essa é uma das causas pelas quais a nova crença se impôs por um progresso inexorável inicialmente, em culturas cristãs. Por que o cristianismo rompe com o antigo modelo de ciclos? Ora, pois esse modelo não é compatível com a crença na singularidade da encarnação – Cristo morreu uma vez pela humanidade, e esse ato salvador não poderia ser, por assim dizer, apagado em um ciclo posterior. De todo modo, o modelo teleológico de história do cristianismo é muito diferente daquele originado no século XVIII. O mundo é considerado existente há apenas poucos milênios; a história da salvação se inicia no povo judeu, alcança um ápice provisório no acontecimento do Cristo, e será concluída por meio da segunda vinda do Cristo. Essa segunda vinda, o fim da história, não pode, é claro, ser efetivada pelo ser humano. No século XVIII, no qual emerge pela primeira vez o conceito de "filosofia da história", a história cristã da salvação seria substituída pela concepção de que a humanidade se desenvolve em virtude de leis puramente imanentes rumo a um estado sempre melhor economicamente e mais livre. Isso é, em parte, uma suposição teórica, e é especialmente claro no célebre ensaio de Kant, *Ideia de uma história universal segundo um ponto de vista cosmopolita*, de 1784, fundado na crença em um propósito final da natureza– uma crença que possui raízes teológicas. Em parte, todavia, ela é, também em

Kant, um postulado moral: temos o dever de trabalhar para conseguir um mundo no qual vigorem estruturas de estado de direito tanto no interior dos Estados, quanto também reinem entre eles encorajadas pelo comércio mundial, relações pacíficas e uma liga de nações previna o flagelo da guerra. Certamente, não é por acaso que a teoria do progresso foi atualizada na Europa em uma época na qual o poder desse continente começou a se expandir sobre todo o globo – e, entre outros motivos, graças à Revolução Científica do século XVII e ao início da Revolução Industrial do século XVIII.

Tanto a Guerra de Independência dos Estados Unidos, de 1775 a 1783, quanto a Revolução Francesa, de 1789, foram logo interpretadas como passos decisivos no caminho para um futuro melhor e nasceram, em parte, de uma atitude comprometida com o fomento do progresso histórico. Não se pode, hoje, ler o *Esquisse d'un tableau historique des progrès de l'esprit humain*[4], de Nicolas Condorcet, sem emoção. Nessa obra, o liberal marquês, que se pronunciou pela abolição da escravatura e pelo direito ao voto das mulheres, percebe de relance, na história humana, um crescente progresso científico e jurídico, uma emancipação da repressão religiosa e política e admite, para o futuro, uma perfectibilidade ilimitada do ser humano, portanto, também seu aperfeiçoamento sempre maior. A emoção vem do fato de que Condorcet escreveu sua obra em 1793/1794 em um esconderijo – que ele, possuído pela imprudência, abandonou, pelo que pagou com a morte. Mas a perseguição que o ameaçava, existencial e diretamente, por meio do Terror de Robespierre, não pôde abalar ao mínimo sua fé na Revolução Francesa e o esplêndido prognóstico do futuro da humanidade. A experiência da Revolução Francesa motivou, no século XIX, o surgimento de uma nova filosofia da história, a marxista, que de modo

---

4. CONDORCET, N. *Esquisse d'um tableau historique des progrès de l'esprit humain*. Paris: Boivin, 1993. (Trad. bras.: *Esboço de um quadro histórico dos progressos do espírito humano*. Trad. C. A. R. de Moura. Campinas: Editora da Unicamp, 1993.) (N. do T.)

algum se contenta com a descrição dos desenvolvimentos presentes, mas por meio da previsão supostamente científica de um futuro paradisíaco, levou a uma nova e definitiva Revolução e, por meio disso, desencadeou mudanças históricas maciças. A rejeição de toda teologia racional, sem dúvida, ameaçou a crença na inevitabilidade do progresso, que, de outro modo, não pode fundamentar-se; este fato junto com as terríveis experiências históricas do totalitarismo comunista, explica por que, desde os anos 1980, a esquerda trocou cada vez mais o marxismo pelo pós-modernismo como ideologia dominante.

Uma filosofia da história orientada pelo progresso é, também, o fundamento do liberalismo clássico, cuja legitimação mais exigente é apresentada na *Filosofia do direito* de Hegel, de 1820. Por assim dizer, como anexo dessa obra, Hegel desenvolve, nos parágrafos 346-360, sua filosofia da história, que viria a ser elaborada nas póstumas *Vorlesungen über die Philosophie der Weltgeschichte* [Preleções sobre a filosofia da história mundial][5], em um grandioso quadro geral da história humana como progresso na consciência da liberdade. Liberalismo e marxismo, de fato, disputaram pelo caminho rumo à maior prosperidade geral – mas ambos tinham como objetivo esse bem geral e confiavam que a história se movia na direção correta. Uma síntese fascinante de pensamentos marxistas e hegelianos é apresentada, no século XX, por Eugen Rosenstock-Huessy. Sua obra *Die europäischen Revolutionen. Volkscharaktere und Staatenbildung* [As revoluções europeias. Caracteres dos povos e construção de Estados], de 1931 (e que recebe uma edição expandida em 1951, com o título *Die europäischen Revolutionen und der Charackter der Nationen* [As revoluções europeias e o caráter das nações]), de fato, investiga, em primeiro lugar, as diferentes experiências de revolução das grandes nações europeias e busca, a partir delas, esclarecer traços determinantes das

---

5. HEGEL, G. W. F. *Vorlesungen über die Philosophie der Weltgeschichte*. 4 Bde. 2 Aufl. Hamburg: Felix Meiner, 1923. (Trad. port. do vol. 1: HEGEL, G. W. F. *A razão na história: introdução à filosofia da história universal*. Lisboa: Edições 70, 1995.)

diferentes características nacionais da Europa. Todavia, como comprova o título da edição em inglês, diferentemente planejada, *Out of Revolution: Autobiography of Western Man* [A partir da revolução: autobiografia do homem ocidental], Rosenstock-Huessy procede de modo totalmente hegeliano, ao reconhecer um progresso na passagem de revolução a revolução, que conduziu a uma institucionalização de formas cada vez mais ricas de liberdade. De modo distinto do que faz Hegel, Rosenstock-Huessy se limita ao segundo milênio da Era Comum – ele inicia com a Revolução Papal[6] do século XI, sob Gregório VII, depois lida com a Reforma Protestante, as Revoluções Inglesa e Francesa, e encerra com a Revolução Russa, de 1917. A concentração nas rupturas radicais das revoluções é, evidentemente, influenciada por Marx, e do mesmo modo se reconhece o pensamento marxista em sua classificação altamente problemática da Revolução Russa na sequência das revoluções que ampliaram a liberdade. Mas as suas análises que desvendam aspectos bem precisos e numerosos das culturas humanas em sua íntima conexão, o foco nas experiências espirituais que ora embasam as revoluções, ora são por elas provocadas, a apreciação muito positiva do papel do cristianismo na história mundial e a insistência em um desenvolvimento unitário, abrangente de todas as rupturas, são, claramente herança de Hegel. A limitação de Rosenstock-Huessy ao mundo ocidental tem a ver, certamente em grande parte, com a especialização das ciências humanas ocorrida nesse meio-tempo. Todavia, também independentemente dos novos conhecimentos logrados nesse ínterim, a análise de Hegel do mundo oriental sofre do fato de que ele não simplesmente observa (o que, a meu ver, é correto) que os gregos elevaram o desenvolvimento do espírito humano a um novo nível; ele quase não está interessado no desenvolvimento interno de países como a China e a Índia. Ele parece acreditar que as culturas asiáticas nunca competiriam com o desenvolvimento do Ocidente, uma suposição que a globalização claramente refutou. E, *a fortiori*, ele não dispõe de categorias que

---

6. Também chamada "Reforma Gregoriana". (N. do T.)

poderiam explicar um retorno de culturas ao nível mais ativo da história mundial, como nós vivenciamos, no presente, com a China. A crítica ao seu eurocentrismo foi uma das linhas principais das teorias cíclicas da história, das quais uma, a de Spengler, será retomada no capítulo 4.

A ética universalista põe novas exigências ao ser humano, que para ele não são fáceis de cumprir a partir dos instintos morais que se formaram no decurso da evolução biológica, pois a evolução biológica incentiva normas que diferem fortemente umas das outras, conforme digam respeito ao trato com o grupo próprio ou com um grupo estranho. Essa natureza biológica permanece, apesar de todos os progressos, nosso legado, ao menos nossa cota hereditária, e apenas quem não é capaz de pensar biologicamente se surpreende com sua erupção periódica, que se manifestou desde o século XIX como nacionalismo. Contra a exigência excessiva que a ética universalista pode trazer consigo, aplica-se uma outra nova teoria ética, que se encontra em muitos – não em todos – teóricos do liberalismo: a concepção de um sistema geral de egoísmo racional e esclarecido seria totalmente satisfatória para atingir condições econômicas e políticas desejáveis. Bernard Mandeville (1670-1733) expressou isso com o bordão segundo o qual vícios privados (como fundamento do capitalismo) geram vantagens públicas. Uma mão invisível, para usar o termo de Adam Smith, transforma o esforço geral pelo interesse próprio em algo útil ao bem comum. Com isso, o liberalismo se distingue, em relação aos sistemas éticos antigos, tanto em expansão quanto em contração do horizonte moral: de um lado, agora o dever moral consiste em pensar no bem do todo da humanidade, e não apenas no bem da própria família ou do próprio povo. De outro lado, não são necessárias, para isso, virtudes particularmente laboriosas, mas apenas a organização inteligente das condições gerais de mercados, no interior dos quais cada um deve pensar em seu interesse, pois, com isso, também os interesses dos outros serão satisfeitos. As virtudes especificamente burguesas da racionalidade econômica, como parcimônia, senso de organização e diligência, suplantam as virtudes tradicionais do clero e da nobreza, dedicação à transcendência e coragem. Como problema básico da nova ética, mostra-se um sentido menor para a justiça intergeracional, pois aqui desaba o princípio da reciprocidade: por que se deveria pensar em pessoas de gerações futuras, das quais não se podem obter lucros e pelas quais fazer sacrifícios?

Não foi ainda o capitalismo mercantil da Idade Média tardia e do início da Modernidade, mas só o capitalismo industrial – iniciado no fim do século XVIII, na Grã-Bretanha, tendo se alastrado por grande parte da Europa Ocidental no século XIX – que levou a um enorme crescimento econômico e que, finalmente, no início do século XXI deixaria parecer realista uma superação da pobreza absoluta em escala mundial. "Globalização" significa uma internacionalização crescente da circulação de capital e de mercadorias, um aprofundamento de empreendimentos de cooperação internacional e, frequentemente, também uma mobilidade aumentada de pessoas pelas fronteiras nacionais. Ela seria acelerada em grande medida pela revolução dos transportes e trânsito de pessoas, tanto quanto pelas técnicas de comunicação, sobretudo pela invenção da internet. Ao mesmo tempo, é essencial reconhecer que o aumento na internacionalização da economia nos últimos séculos não transcorreu continuamente. De fato, a onda de globalização do século XIX e do início do século XX fez sombra a todas as anteriores. Mas, em primeiro lugar, já houve ondas de globalização (com certeza, bem mais fracas) que aumentaram de volume e se abrandaram. Em segundo lugar, há, desde 1870, limitações completamente protecionistas da concorrência (nesse contexto, a Grã-Bretanha em particular se empenhou pelo livre-comércio. Seu império abrangia um quarto da superfície da Terra em 1922, e dominava cerca de um quarto da população mundial). Todavia, essas medidas protecionistas desaceleraram o entrelaçamento internacional apenas de maneira insignificante. A taxa de exportação média dos países da Europa Central e Europa Ocidental totalizou 18% em 1913. Com a eclosão da Primeira Guerra Mundial, em particular com a crise econômica no início dos anos 1930, esse processo veio a sucumbir, tendo inclusive regredido;

em 1938, a taxa de exportação caiu para 7%[7]. A Segunda Guerra Mundial, desencadeada pela Alemanha nazista, representou o ponto alto de uma política que, em nome de um nacionalismo agressivo, espezinha inescrupulosamente os valores de uma ética universalista.

Os pilares centrais da nova ordem formada após a Segunda Guerra Mundial, que já é concebida de modo embrionário na Carta do Atlântico de 14 de agosto de 1941, foram três: em primeiro lugar, integração internacional renovada da economia, entre outros, por meio do Acordo Geral de Tarifas e Comércio, que entrou em vigor em 23 países, no ano de 1948. A globalização do mercado de finanças e a eliminação do controle do fluxo de capital tiveram sucesso, pela primeira vez, nos anos 1970. Desde 1995, esse acordo foi integrado com o Acordo Geral sobre o Comércio de Serviços e o Acordo sobre os Aspectos do Direito de Propriedade Intelectual na Organização Mundial do Comércio. O sucesso na redução de tarifas foi enorme nos últimos dois séculos e meio: as tarifas de fato aumentadas (ponderadas pelo comércio e referentes a todos os produtos) caíram de 14,1%, no ano de 1990, a 4,6%, no ano de 2015[8]. Em segundo lugar, a propagação do modelo ocidental de desenvolvimento seria respaldada nos países em desenvolvimento devido a instituições como o Banco Mundial e o Fundo Monetário Internacional (FMI). Em terceiro lugar, foram cruciais tanto a fundação das Nações Unidas, em 1945, que se revelou mais apropriada que a Liga das Nações, existente entre 1920 e 1946, quanto a formação de instituições políticas supranacionais, como a Comunidade Econômica Europeia (a partir de 1993, União Europeia), em um continente do qual surgiram tanto a Primeira Guerra Mundial quanto a Segunda.

---

7. Ver, sobre isso, o excelente estudo: BORCHARDT, Knut. *Globalisierung in historischer Perspektive*. München: Verlag der Bayerischen Akademie der Wissenschaften, 2001.
8. BPB. Handelsgewichtetes Zollniveau. Disponível em: <http://www.bpb.de/nachschlagen/zahlen-und-fakten/globalisierung/52506/zoelle>. Acesso em: 5 out. 2019.

Como potência líder do Ocidente, os Estados Unidos substituíram a Grã-Bretanha e herdaram o esforço britânico por uma economia global (razão pela qual se falou frequentemente de "anglobalização"). A Segunda Guerra Mundial não acabou apenas com a derrota da Alemanha e do Japão; toda a Europa, também as potências vitoriosas, Grã-Bretanha e França, perderam sua posição de poder mundial, como se tornou manifesto, sobretudo, na Crise de Suez[9] e como se tornaria claro na subsequente descolonização. Na Crise de Suez, os Estados Unidos entraram em acordo com a União Soviética, a outra superpotência que restou no fim da Segunda Guerra Mundial. Ela representou um modelo de organização político-econômica oposto ao ocidental, que surgiu com a mesma reivindicação à imposição global. De um lado, as enormes tensões entre as duas potências mundiais – a mais notória tendo sido a Crise de Cuba em 1962 – conduziram várias vezes à beira de uma guerra nuclear capaz de destruir toda a humanidade. De outro lado, é certamente devido ao desenvolvimento de armas de extermínio em massa, de natureza atômica, biológica e química, e ao medo delas que a Guerra Fria não se intensificou em uma Terceira Guerra Mundial, mas se limitou a guerras por procuração, frequentemente muito sangrentas, como a Guerra da Coreia e a Guerra do Vietnã.

Uma característica decisiva da Guerra Fria foi a natureza bipolar do conflito: havia apenas duas superpotências. A situação anterior, durante a história moderna da Europa, foi bem mais complicada, pois havia mais grandes potências europeias (entre as quais poder-se-ia contar também o Império Turco-Otomano) e, além disso, desde o início do século XX, havia também os Estados Unidos e o Japão como potências equiparadas. Em tal ordem multipolar, as opções de ação na arena diplomática e militar são muito maiores, pois numerosas alianças diferentes são possíveis. Na Guerra Fria, contudo, as negociações de paz só podiam e só deviam se

---

9. A Segunda Guerra Árabe-Israelense, entre 29 de outubro de 1956 e 7 de novembro de 1956. (N. do T.)

limitar, em grande medida, às duas superpotências, e isso facilitou o fim da Guerra Fria.

Mesmo que a versão oficial inicialmente evite falar de uma vitória do Ocidente, a dissolução da União Soviética em 1991 demonstrou tardiamente quem perdeu a Guerra Fria. Parece não haver alternativa à economia de mercado e à democracia. Sua extensão ao bloco do Leste deu um novo impulso à globalização, e a democratização dos países da Europa Central e do Leste foi uma parte importante da chamada terceira onda da democratização[10], iniciada já em 1974, em Portugal, e que, nos anos 1980, se estendeu a países da América Latina e alguns países do Leste e do Sul da Ásia. (A primeira onda da democratização se iniciou nos anos 1820, nos Estados Unidos, a segunda foi uma consequência da vitória dos Aliados na Segunda Guerra Mundial e terminou já em 1962). Em face dessa mudança, de fato, parece ser evidente uma nova ordem mundial, na qual, sob liderança da única superpotência que permaneceu, os Estados Unidos, todos os Estados seriam, a médio prazo, organizados democraticamente e segundo uma economia de mercado e, em parte, entrariam em uma competição econômica pacífica entre si, em parte, cooperariam na solução de desafios globais urgentes, como o problema ambiental, e, finalmente, cada vez mais direitos soberanos seriam transferidos a uma instituição supranacional, talvez mesmo a uma instituição global, pois uma economia funcional precisa de um quadro estatal, portanto, uma economia que seja pelo menos um equivalente funcional

---

10. O termo foi cunhado por Samuel Huntington (HUNTINGTON, SAMUEL P. *The Third Wave. Democratization in the Late Twentieth Century*. Norman: University of Oklahoma Press, 1991 [trad. bras.: *A terceira onda: a democratização no final do século XX*. Trad. Sergio Goes de Paula. São Paulo: Ática, 1994]). Em alusão a isso, menciona-se o que, atualmente, torna-se visível como "terceira onda de autocratização". Ver o ensaio de LÜHRMANN, A.; LINDBERG, S. I. A third wave of autocratization is here: what is so new about it?, *Democratization*, v. 26, n. 7 (2019) 1095-1113. Disponível em: <https://www.tandfonline.com/doi/full/10.1080/13510347.2019.1582029>. Acesso em: 7 out. 2019.

de um governo mundial. Uma hegemonia benevolente em um mundo globalizado unipolar cobriria os custos da manutenção de sua soberania por meio dos lucros econômicos, e os outros países se sujeitariam ao papel da liderança norte-americana, pois não é difícil de compreender que eles se beneficiam com a paz mundial e a contínua globalização. Segundo as expectativas da filosofia da história otimista do progresso, com isso teria sido alcançado um estado quase paradisíaco, no qual a guerra, a pobreza extrema e – graças ao avanço da medicina e da técnica –a morte precoce por doenças seriam, em grande parte, banidas, e a vida se tornaria cada vez mais longa e mais fácil para todos. O ano de 1991, aparentemente, reabriu os portões do paraíso – porém um paraíso que não é um presente de Deus, mas que foi criado por meio de esforço e sagacidade humana. Em algumas décadas, estará "tudo tranquilo"[11] – para citar uma expressão do alemão atual, que se alastrou de forma notável no novo milênio –, ao menos se houver êxito em resolver, em cooperação internacional, o problema da destruição ambiental – que se torna cada vez mais ameaçador, pois há muito tempo reprimido – causada, entre outras coisas, pela mudança climática.

De modo impressionante, Steven Pinker, o psicolinguista da Universidade de Harvard, como um Condorcet de nossa época, manifestou essa interpretação otimista do processo de modernização em dois livros de nosso século. Em *Os anjos bons da nossa natureza: por que a violência diminuiu*[12], ele defende a tese de uma redução na violência dentro dos países

---

11. No original, *alles gut*. Essa expressão não significa apenas "tudo bem", mas possui o sentido de "não há com o que se preocupar", "sem preocupações" ("está tranquilo", no português coloquial), parecida com o *don't worry* da língua inglesa. (N. do T.)

12. PINKER, STEVEN. *Gewalt. Eine neue Geschichte der Menschheit*. Frankfurt: Fischer, 2011 (original em inglês: PINKER, S. *The Better Angels of Our Nature. Why Violence Has Declined*. New York: Viking Books, 2011 [Trad. bras.: *Os anjos bons da nossa natureza: por que a violência diminuiu*. Trad. Bernardo Joffily, Laura Teixeira Motta. São Paulo: Companhia das Letras, 2013.]).

e nas relações internacionais no curso da história humana (caso em que o material estatístico para as épocas mais primevas é suficiente para uma tese geral) e se refere, em particular, à paz em grande medida entre as grandes potências desde 1945. O monopólio estatal da violência, o comércio mundial, um respeito crescente pelos valores tradicionalmente femininos, uma atitude cosmopolita e uma análise cada vez mais racional das consequências das próprias decisões seriam os fatores mais importantes nesse processo. Em seu novo livro, *O novo Iluminismo: em defesa da razão, da ciência e do humanismo*[13], ele enfatiza o progresso da humanidade, por exemplo a expectativa de vida e de saúde, mas também se refere ao aumento dos quocientes de inteligência. Um aumento da inteligência média (tanto a fluida quanto a cristalizada) é comprovado para o século XX; fala-se do Efeito de Flynn. De todo modo, Pinker reconhece que não é certo, de modo algum, que esse progresso – que depende da razão, da ciência e de uma ética humanista – também continuará no futuro. De fato, novas pesquisas mostram, em diferentes países, um fim do crescimento dos quocientes de inteligência e, em alguns lugares, até mesmo um declínio nas últimas décadas[14]. Certamente, deve-se concordar com Kant que há um dever de se empenhar pelo progresso. Todavia, há bons

---

13. PINKER, S. *Aufklärung jetzt. Für Vernunft, Wissenschaft und Fortschritt. Eine Verteidigung*. Frankfurt: Fischer E-Books, 2018 (original em inglês: PINKER, S. *Enlightment Now: The Case for Reason, Science, Humanism, and Progress*. New York: Viking Books, 2018 [Trad. bras.: *O novo Iluminismo: em defesa da razão, da ciência e do humanismo*. Trad. L. T. Motta e P. M. Soares. São Paulo: Companhia das Letras, 2018]). Uma imagem semelhantemente positiva do desenvolvimento dos mais jovens por causa de estatísticas é apresentado por ROSLING, HANS; ROSLING, OLA; RÖUNNLUND, ANNA R. *Factfulness. Ten Reasons We're Wrong About the World – And Why Things Are Better Than You Think*. London: Sceptre, 2018 (Trad. bras.: *Factfulness. O hábito libertador de só ter opiniões baseadas em fatos*. Rio de Janeiro: Record, 2019).
14. Cf., por exemplo, TEASDALE, THOMAS W.; OWEN, DAVID R. Secular declines in cognitive test scores: A reversal of the Flynn Effect, *Intelligence*, v. 36, n. 2 (2008) 121-126.

fundamentos para supor que só se assegura o progresso quando os perigos que o ameaçam não são reprimidos, mas enfrentados sem medo. Isso deve ser feito nos próximos capítulos. Minha hipótese de trabalho é que o totalitarismo na primeira metade do século não foi algo único, um deslize difícil de explicar no caminho de um progresso inexorável, mas uma possibilidade profundamente baseada antropologicamente, que, em princípio, pode voltar a se tornar realidade, para o que as condições atuais são particularmente favoráveis.

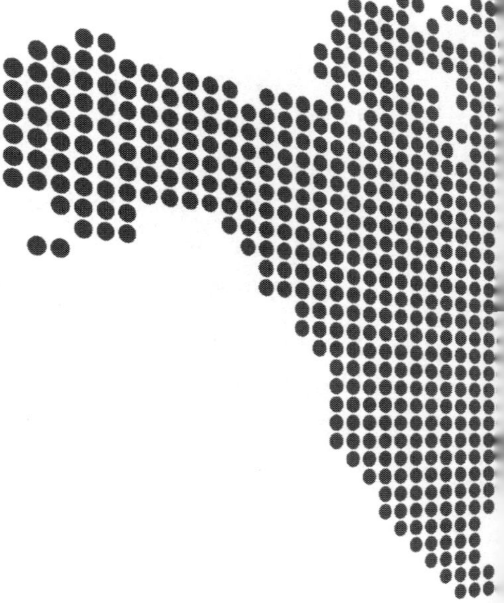

2
O CHOQUE DE 2016: O REFERENDO DO BREXIT E A ELEIÇÃO DE TRUMP

A corrosão da União Europeia e da Comunidade Transatlântica, bem como a crescente ingovernabilidade dos Estados Unidos

Já observamos que progressos mundiais no período entre 1990 e 2015 foram consideráveis e que 2030 foi definido como ano-meta para os novos e ambiciosos objetivos. No entanto desde 2014 ocorrem, e desde 2016 aceleram-se (pois, agora, também no próprio Ocidente), alguns eventos que contradizem radicalmente o espírito universalista, do qual brotaram as dezessete metas para o desenvolvimento sustentável. Esses eventos geram, nos observadores que refletem, a suspeita de que o quarto de século de 1991 a 2016 não seria o preparativo para o definitivo fim da história, mas dias ainda ensolarados do outono de uma época que se pode designar, preferivelmente, como "a modernidade traçada pelo Ocidente". O que será anunciado no presente poderia muito bem ser "o fim da história do fim da história".

A proclamação do Estado Islâmico em partes do território da Síria e do Iraque com a reivindicação de reavivar uma instituição não mais existente desde 1924, o califado, apavorou o Ocidente no ano de 2014, entre outros motivos devido à extraordinária brutalidade no trato com dissidentes muçulmanos e minorias religiosas, cujas esposas seriam escravizadas sexualmente. Sim, os atentados terroristas inspirados pelo Estado Islâmico de modo algum se limitam a Estados com população principalmente muçulmana, mas abrangem sobretudo a França (em 13 de novembro de 2015, em Paris, com 130 mortos e em 14 de julho de 2016, em Nice, com 84 mortos), Bélgica (em 22 de março de 2016, em Bruxelas, com 32 mortos), nos Estados Unidos (em 12 de junho de 2016, em Orlando, com 49 mortos). Nesse ínterim, porém, o Estado Islâmico perdeu sua base territorial e age apenas na clandestinidade. Assim, pode-se considerar que dois eventos posteriores na Ásia, no ano de 2016, tiveram graves consequências a longo prazo.

Em maio de 2016, Rodrigo Duterte foi eleito presidente das Filipinas de maneira democrática – um homem que, já nas eleições, fez emergir de maneira sincera sua ligação com esquadrões da morte em Dávao. Presumivelmente, ele esteve diretamente envolvido em assassinatos desse grupo, e, no dia de sua tomada de posse, convocou ao assassinato de traficantes e de toxicômanos. Esse convite, nos meses seguintes, passaria a ser intensivamente aceito. A senadora e ex-ministra da Justiça, Leila de Lima, que solicitou ao congresso uma investigação dos homicídios extralegais, foi presa por Duterte devido ao que, na opinião da maioria dos observadores internacionais, foram acusações forjadas de cooperação com traficantes. Com certeza, não se pode acusar Duterte de não falar francamente – e isso significa que se não se pode dar crédito a seus eleitores se eles afirmarem que não foram avisados. Em um discurso em 27 de abril de 2016, o homem de 71 anos presenteou seus ouvintes não só com informações íntimas sobre a capacidade de ereção de seu pênis, que, graças ao Viagra, deleitou duas amantes, mas também anunciou, no mesmo discurso, que todo dia proferiria mil perdões para soldados e policiais que tivessem perpetrado violações dos direitos humanos e que, ao fim de seu mandato, ele mesmo se perdoaria por múltiplos assassinatos[1]. Ainda veremos que também outro presidente eleito no mesmo ano tem noções semelhantes sobre a abrangência de seu direito de perdão – um direito que, sem essa interpretação especial, dificilmente é compatível com o estado de direito, como Kant já compreendera, chamando-o de "o mais ambíguo entre os direitos do soberano"[2].

Em julho de 2016, no Estado-membro da OTAN, Turquia, uma tentativa de golpe de Estado, da parte dos militares, fracassou. Entre os motivos, houve a resistência da população. A tentativa de golpe de Estado foi, com cerca de duzentas mortes, mais sangrenta que os golpes militares bem-sucedidos de 1960, 1971 e 1980. Sem dúvida alguma, o fracasso de um golpe militar contra um governo democraticamente eleito é algo a se aprovar, e pode-se não poupar à maioria dos países da União Europeia a recriminação de que esse fracasso mostrou de sua parte apenas um entusiasmo moderado em relação à vitória do presidente Recep Tayyip Erdoğan e seu governo (assim como, anteriormente, também nem todos foram sinceros por ocasião da proposta de uma afiliação da Turquia à União Europeia, que desde 1999 era candidata oficial). Mas não se pode contestar que, embora a reação ao golpe não tenha encaminhado a transformação da Turquia em um Estado autoritário, ao menos a acelerou imensamente, o que, a longo prazo, torna impossível uma admissão da Turquia na União Europeia. A emenda constitucional vigente desde 2018, em decorrência do referendo constitucional de abril de 2017, essencialmente, deu ao presidente mais poder do que é conciliável com as regras

---

1. MACARAIG, M. Duterte vows to pardon himself for murder. Disponível em: <https: // news.abs-cbn.com/halalan2016/nation/04/28/16/duterte-vows-to-pardon-himself-for-murder>. Acesso em: 7 out. 2019.
2. KANT, Immanuel. *Werke, Bd. 6: Die Religion innerhalb der Grenzen der bloßen Vernunft. Die Metaphysik der Sitten*. Berlin: Walter de Gruyer & Co., 1968, 336. (Trad. bras. da primeira parte da *Metafísica dos costumes: Princípios metafísicos da doutrina do direito*. Trad. J. Beckenkamp. São Paulo: WMF Martins Fontes, 2014.)

de um Estado liberal, determinado pela separação dos poderes. Não se pode rejeitar a decisão por uma democracia presidencial, pois também os Estados Unidos têm esse sistema. Todavia, em primeiro lugar, os Estados Unidos são, diferentemente da Turquia, uma federação. Portanto, eles dispõem de um sistema excelente de separação vertical dos poderes. Em segundo lugar, perigoso é o fato de que o presidente turco agora diferentemente do que acontece nos Estados Unidos, país onde o consenso do Senado é exigido, nomeia ministros sem envolvimento do Parlamento; ele pode, inclusive, dissolver o Parlamento prematuramente. Dos treze membros do Conselho de Juízes e Promotores[3], o presidente nomeia diretamente quatro, e outros dois são o ministro da Justiça, que poderá ser nomeado e demitido pelo presidente a seu bel-prazer, e o seu Secretário de Estado. Em todo caso, os outros sete membros são eleitos pelo Parlamento, mas nele o presidente desfruta de uma forte posição de poder, pois, geralmente, será o líder do maior partido, já que a eleição do presidente coincide com a eleição do Parlamento. Sendo assim, também a separação horizontal dos poderes é fortemente podada. Votos de desconfiança e questionamentos de confiança em relação ao presidente foram abolidos. A liberdade de imprensa foi reduzida já antes da tentativa de golpe, todavia, em seguida, o silenciamento prosseguiu vigorosamente: em um único dia, em julho de 2016, 60 jornais e revistas, bem como 39 emissoras de rádio e de TV foram fechadas[4]. Não se tratava, de forma alguma, apenas de meios de comunicação próximos ao movimento liderado pelo imã Fethullah Gülen, uma organização religiosa à qual, outrora, se aliara Erdoğan em uma luta conjunta contra a ideologia secular kemalista[5] de

---

3. Trata-se do corpo disciplinar do sistema jurídico da República da Turquia, estabelecido em 1982 na Constituição da Turquia. Passou por emendas em 2010 e em 2017. (N. do T.)
4. Cf. WINKLER, HEINRICH AUGUST. *Zerbricht der Westen? Über die gegenwärtige Krise in Europa und Amerika*. München: C. H. Beck, 2017, 139.
5. Kemalismo, ou "Seis Flechas", é uma ideologia fundadora da República da Turquia, por volta dos anos 1920, que era a favor da modernização, com o intuito de marcar um

amplos setores das forças armadas, e que ele acusou de ter preparado o golpe de Estado fracassado. A ocasião seria utilizada, também, para proceder contra a mídia oposicionista, que não tinha relação alguma com o movimento Gülen, e para demitir ou suspender dezenas de milhares de juízes e promotores, professores e militares que não agradavam ao regime – isso quando não foram presos. Entre os presos em julho de 2016 estavam também dois juízes do tribunal constitucional[6]. Atualmente, é impossível decidir sobre a questão, mas não é absurda a suspeita de que parte do governo permitiu conscientemente a tentativa de golpe, a fim de obter uma razão para poder proceder contra inimigos políticos. As grandes dificuldades financeiras que estão parcialmente condicionadas por uma forte dívida pública e se tornam particularmente claras com a queda da lira[7] no verão de 2018, aliadas ao seu crescente afastamento dos Estados Unidos, que pode levar à saída da Turquia da OTAN, mostram que a Turquia não escapará de lenta transição para uma autocracia. A saída da OTAN do país com o seu segundo maior exército, o mesmo país que, nos últimos anos, aproximou-se da Rússia de maneira visível, com certeza enfraqueceria sensivelmente essa organização.

Mas não é apenas em um país distante como as Filipinas, não é apenas em um país como a Turquia, que pertence à OTAN mas não à União Europeia, que instituições decisivas do estado de direito baseado na separação de poderes viriam a ser minadas. Também em dois Estados-membros da União Europeia, Hungria e Polônia, desenrolaram-se acontecimentos que apontam

---

rompimento com o Império Otomano, seu predecessor. Foi implantada por Mustafa Kemal Atatürk. Alguns se referem a ele como "socialismo turco". As seis "flechas" são: republicanismo, populismo, nacionalismo, laicismo, estatismo e reformismo. (N. do T.)
6. Dolan, D.; Sezer, S.; Toksabay, E. Two members of Turkey's constitutional court arrested: NTV. Disponível em: <https://www.reuters.com/article/us-turkey-security--judges-arrest-idUSKCN1002HW>. Acesso em: 7 out. 2019.
7. Lira é o nome da moeda de alguns países, como a da Turquia, a do Líbano e da Síria. Também já foi o nome da moeda da Itália e do Vaticano, por exemplo. (N. do T.)

para direção semelhante. Viktor Orbán, primeiro-ministro da Hungria repetidas vezes desde 2010, começou cedo a podar em peso a liberdade da mídia. Desde a fundação, em 2010, do "órgão nacional de supervisão da mídia e das telecomunicações" – cuja direção já não é ocupada por representantes de todos os partidos, mas agora exclusivamente pelo partido no poder, Fidesz. Orbán pôde proceder com altas multas contra a mídia que "não fizesse coberturas politicamente equilibradas"; proteção de informantes e sigilo editorial foram limitados. Vale dizer, a lei de imprensa foi modificada devido a reservas da Comissão Europeia; também o Tribunal Constitucional húngaro declarou essa lei, em parte, inconstitucional. Mas a consequência que Orbán extraiu disso foi o enfraquecimento do Tribunal Constitucional, pois a liberdade da sociedade será protegida, em primeiro lugar, pelo o Poder Judiciário. Quem quer limitar aquela, deve reprimir o poder deste. Já com a nova constituição, que entrou em vigor em 1º de janeiro de 2012, o Tribunal Constitucional foi, em grande parte, desautorizado da verificação da lei do orçamento e da lei fiscal; tribunais já não possuem a competência exclusiva para jurisdição. Com a emenda de 2013, foi permitido ao Tribunal Constitucional examinar modificações constitucionais e adendos apenas de maneira procedural, não mais no que diz respeito ao conteúdo. Particularmente escandalosa foi, em 2012, a redução da idade de aposentadoria dos juízes de 70 para 62 anos – uma decisão que levou à aposentadoria compulsória de um décimo dos juízes. Em julho de 2012 o Tribunal Constitucional declarou a lei inconstitucional; e também decisões, tanto do Tribunal de Justiça Europeu quanto do Tribunal Europeu para os Direitos Humanos (o último é associado ao Conselho da Europa, portanto não é instituição da União Europeia), obrigaram a uma modificação dessa lei[8]. Todavia, o governo de Órban prosseguiu de maneira habilidosa com o solapamento da autonomia do Poder Judiciário,

---

8. HALMAI, GÁBOR. The Early Retirement Age of the Hungarian Judges. In: NICOLA, FERNANDA; DAVIES, BILL (orgs.), *EU Law Stories: Contextual and Critical Histories of European Jurisprudence*. Cambridge: Cambridge University Press, 2017, 471-488.

da liberdade da mídia e dos direitos de ONGs. Orbán declarou-se abertamente desde um discurso, em julho de 2014, na Romênia por uma "democracia iliberal", e vê modelos de sucesso em Estados como Singapura, China, Índia, Rússia e Turquia[9].

Diferentemente do governo húngaro, o governo polonês se caracteriza por um medo grande da Rússia. Esse governo foi formado após as eleições de outubro de 2015, pelo partido Prawo i Sprawiedlowosc (Direito e Justiça), que não venceu com maioria absoluta dos votos, mas dispõe da maioria absoluta dos assentos parlamentares (o terceiro partido mais forte nessas eleições foi o movimento Kukiz[10], fundado pelo roqueiro Paweł Kukiz, movimento populista, radical de direita e voltado contra a União Europeia). Todavia, embora esses dois governos centro-europeus difiram um do outro no que diz respeito à política externa, suas políticas internas concordam. Desde o fim de 2015, a Polônia vive um conflito constitucional, que foi consequência do mesmo desejo do governo de romper com a autonomia do Poder Judiciário[11]. A população se deixou apaziguar com o simples meio de distribuição de benefícios sociais, por exemplo o aumento do salário-família. O conflito constitucional não foi apenas um sinal de perigo para o desenvolvimento interno polonês, mas também indicou a impotência da União Europeia de se impor nessa questão, central para sua autocompreensão como uma união de estados de

---

9. Tóth, C. Full text of Viktor Orbán's speech at Băile Tuşnad (Tusnádfürdő) of 26 July 2014. Disponível em: <https://budapestbeacon.com/full-text-of-viktor-orbans-speech-at-baile-tusnad-tusnadfurdo-of-26-july-2014/>. Acesso em: 7 out. 2019.
10. Esse movimento é conhecido como "Kukiz'15". A rigor, trata-se de uma associação, não registrada como um partido político, e é coordenada com grupos de extrema direita, como o partido do Movimento Nacional. (N. do T.)
11. No que segue, extraí a maioria das informações do artigo da *Wikipedia*: Polnische Verfassungskrise und Justizreformen (seit 2015). Disponível em: <https://de.wikipedia.org/wiki/Polnische_Verfassungskrise_und_Justizreformen_(seit_2015)>. Acesso em: 7 out. 2019. Lá estão dadas as fontes que infelizmente não me são acessíveis, pois não domino o idioma polonês.

direito. Já em novembro e dezembro de 2015, o Sejm, o parlamento polonês, promulgou, de um lado, leis para um controle mais severo dos meios públicos de comunicação pelo governo e, de outro lado, leis para controle mais rígido do Tribunal Constitucional. A eleição de cinco juízes constitucionais, pelo Sejm precedente, foi anterior a esse evento. Isso foi, sem dúvida, problemático, pois, sem uma emenda constitucional altamente questionável de junho de 2015, a eleição teria sido, no fundo, responsabilidade do novo parlamento. Por isso, o presidente da República, Andrzej Duda, do partido Direito e Justiça, não empossou nenhum dos cinco juízes, não tendo, contudo, se aplicado na explicação dessa questão ao Tribunal Constitucional. Já em novembro de 2015, por meio de uma emenda, o novo parlamento conseguiu a prerrogativa de escolher novos membros para ocupar todas as cinco vagas. Os novos juízes foram eleitos e empossados no dia anterior à decisão do Tribunal Constitucional de que a emenda de junho só era constitucional para a eleição de dois juízes, mas de maneira alguma para a eleição de todos os cinco. Alguns dias depois, o tribunal decidiu que a lei de novembro, relativa à reeleição de juízes, era inconstitucional. Todavia, a chefe do governo, Beata Szydło, recusou-se por algum tempo – em flagrante infração ao artigo 190, parágrafo 2, da Constituição polonesa – a publicar primeira sentença publicamente, na gazeta jurídica. Mas Sejm e o governo não se contentaram, de modo algum, com esses seus desacatos do tribunal. Em uma lei posterior (e depois modificada marginalmente), de dezembro, foi determinado que decisões do Tribunal Constitucional, no futuro, precisariam não só de um quórum mais alto, mas também de uma maioria de dois terços, em vez da maioria simples até então necessária e universalmente usual. O presidente da República e o ministro da Justiça poderiam abrir processos disciplinares contra juízes constitucionais, e as sessões do tribunal deveriam se realizar levando em conta a cronologia dos pedidos – o que deveria impedir a preferência por questões urgentes. Não surpreende que parlamentares e juízes tenham se queixado dessa lei, inevitavelmente junto ao Tribunal Constitucional.

Com isso, todavia, põe-se a questão, fascinante do ponto de vista jurídico, se o tribunal deve proceder com base na lei há pouco promulgada ou tendo como fundamento as leis anteriormente vigentes. A maioria dos pareceres jurídicos se posicionou pela opinião de fato constringente: que diante de uma possível inconstitucionalidade, a lei ainda não possa ser aplicada no veredito, pois, caso contrário, poderia ocorrer um possível indeferimento da própria lei, diante de um procedimento inconstitucional. Também um leigo em temas jurídicos pode ver facilmente que todo e qualquer outro parecer jurídico seria um absurdo. Tribunais constitucionais servem para cercear o abuso de poder de uma maioria no parlamento. Se uma lei com maioria simples, por exemplo, pudesse estabelecer que o Tribunal Constitucional só poderá, no futuro, declarar algo como inconstitucional se o chefe de Estado não vetar essa decisão, e se a revisão dessa lei tivesse de se realizar em conformidade com essa disposição – nesse caso, a proteção dos direitos fundamentais deixaria de existir. Mas o argumento excede, em sua dimensão intelectual, discussões políticas de maneira tal que acaba acontecendo o que o governo evidentemente planejara. Quando o tribunal, segundo a regra antiga, declarou a lei como inconstitucional, o governo se recusou novamente, mas dessa vez em definitivo, a publicar a sentença, e agora, com o argumento de que a sentença não se originou legalmente (ainda que não se encontre fundamento legal algum para o parecer, segundo o qual seja tarefa do governo verificar a legalidade de sentenças do Tribunal Constitucional). Promotores que queriam tomar medidas contra essa nova, mas não tão escancarada, violação constitucional foram excluídos das investigações. Pelo contrário, a procuradoria começou uma investigação contra o presidente do Tribunal Constitucional, Andrzej Rzepliński. Sob nova direção instituída nesse ínterim, em 2017 o Tribunal Constitucional, por fim, removeu até sentenças inéditas de sua página da internet. A falta de clareza quanto ao estatuto de diferentes juízes e da validade de diversas sentenças conduziu a uma enorme perda de legitimidade do tribunal (certamente, desejada pelo governo) e, entre outras coisas, à redução de 50% das sentenças dadas de 2014 a 2017. Então, o Conselho Nacional do Judiciário[12] cancelou todos os requerimentos feitos ao Tribunal Constitucional. Após a sujeição do Tribunal Constitucional Federal, o governo começou, em 2017, a minar a autonomia dos tribunais ordinários, do Conselho Nacional do Judiciário e do Tribunal Supremo, por meio de medidas como as que já são conhecidas pelo caso da Hungria, como a redução retroativa da idade de aposentadoria e uma forte ampliação dos poderes de decisão do ministro da Justiça. Essa é a situação, ainda que as duas últimas leis tenham sido modificadas pelo presidente da República.

Nos anos de 2016 e 2017, o Parlamento europeu discutiu repetidas vezes a situação da Polônia e tomou, em novembro de 2017, uma resolução que pôs em dúvida o princípio do estado de direito na Polônia. Já em janeiro de 2016, pela primeira vez na sua história, a Comissão Europeia introduziu o mecanismo de proteção do estado de direito, e em junho de 2016 fez uma advertência oficial à Polônia. Desde dezembro de 2017, está em andamento um processo de sanções, de acordo com o artigo 7 do Tratado da União Europeia. Tal processo pode levar até à perda do direito de voto dos representantes do governo do respectivo país no Conselho da União Europeia. Isso é uma sanção completamente rigorosa, mas, segundo o parágrafo 2, é exigida uma verificação unânime de que foi apresentada "uma infração grave e prolongada" do que o artigo 2 chama valores fundamentais da dignidade humana, liberdade, democracia, igualdade, princípio do estado de direito e defesa dos direitos humanos. Naturalmente, o Estado contra o qual o processo se dirige não conta para a exigência de unanimidade[13]. Mas, nesse caso, isso também não foi de modo algum necessário, pois o governo húngaro declarou, desde o início, que iria bloquear a unanimidade exigida (atitude em decorrência da qual, em setembro de 2018, o Parlamento europeu recomendou abrir um processo análogo

---

12. Trata-se do Krajowa Rada Sadownictwa, órgão público da Polônia responsável por nomear juízes e rever reclamações éticas contra juristas. (N. do T.)
13. Ver o artigo 354 do Tratado sobre o Funcionamento da União Europeia.

contra a Hungria). A Polônia se viu e se vê, por isso, sem motivação para cooperar com os órgãos da União Europeia, com a qual ela se beneficiou como quase nenhum outro Estado. A União Europeia deve, por outro lado, reconhecer que tal mecanismo é frágil para assegurar o estado de direito dos próprios Estados-membros, uma vez que bastam duas ovelhas negras para anular esse mecanismo. Certamente, sempre houve conflitos na União Europeia – por exemplo econômicos, sobretudo no âmbito da política fiscal, entre os Estados nórdicos mais ansiosos por disciplina orçamentária e os países do sul europeu, mais tolerantes com a dívida pública. Mas conflitos desse tipo existem, talvez de forma atenuada, também no interior de cada país; eles pertencem à política normal. A aceitação da separação dos poderes, ao contrário, é uma característica fundamental do estado de direito; e a União Europeia, que já não pode se referir a uma homogeneidade nacional, mas se vincula a diversos povos com falas, religiões e tradições históricas totalmente diferentes, só pode conservar a própria identidade graças a determinado patriotismo constitucional. Todavia, isso é ameaçado em seu cerne, quando Estados-membros espezinham os valores fundamentais da União Europeia – e esta não consegue, efetivamente, nem sequer se defender disso.

Poder-se-ia argumentar, em seguida, que a transformação da Hungria e da Polônia não é efetivamente ameaçadora e surpreendente, pois esses Estados, em primeiro lugar, não pertencem aos mais fortes da União Europeia (no entanto, em 2018, a Polônia possui a sexta e, em breve, terá a quinta maior população entre os Estados-membros da União Europeia). Em segundo lugar, em suas tradições constitucionais, esses países estão acostumados a regimes autoritários, de qualquer modo, na época do Pacto de Varsóvia, mas também já na época entreguerras, quando dominavam o regente Miklós Horthy [na Hungria] e respectivamente o marechal Józef Piłsudski [na Polônia]. O que causou impacto na União Europeia foi o referendo do Brexit, de julho de 2016, em virtude do qual o Reino Unido – a terra-mãe do liberalismo ocidental, um dos três membros mais importantes econômica, militar e diplomaticamente, junto com a França e Alemanha, e que ocupa um lugar permanente no Conselho de Segurança das Nações Unidas – deve se retirar da União Europeia. Assim como a eleição de Donald Trump para presidente norte-americano em novembro, o referendo do Brexit foi algo que apenas poucos pesquisadores de opinião pública conseguiram prever. O próprio Nigel Farage, então chefe do partido Independence, do Reino Unido, disse, na noite de 23 de julho de 2016, à medida que os locais de votação se fechavam, que supunha que os apoiadores da permanência na União Europeia, infelizmente, iriam vencer. Isso sugere, de um lado, falhas significativas da pesquisa de opinião e, de outro, demonstra uma surpreendente dissociação da maioria das elites políticas de seus eleitores. Isso seria, mesmo assim, inquietante, se as escolhas de voto não fossem tão fortemente fraturadas, no que diz respeito ao conteúdo, dos princípios a partir dos quais a ordem do pós-guerra foi erguida.

Para aqueles que vivenciaram a Segunda Guerra Mundial, a evolução da Comunidade Europeia rumo à União Europeia foi, sem dúvida, um dos maiores feitos da história europeia. A Europa consistia e consiste de muitos países em um continente incrivelmente pequeno e que, exceto brevemente sobre Napoleão e Hitler, nunca esteve tão unida politicamente como durante o Império Romano há quase dois mil anos. Tal fragmentação tornava as guerras prováveis. Após séculos de numerosas guerras e, sobretudo, e sobretudo após as destruições causadas pelas duas Guerras Mundiais que superaram todas até então ocorridas, foi decisivo não estar mais satisfeito com o *status quo* e, simultaneamente, renunciar a todas as tentativas de uma unificação política por meio da guerra de conquista da parte de uma potência hegemônica – seja a França, seja a Alemanha. O trabalho político da Europa desde 1945 é ainda mais de se admirar, na medida em que a cooperação com o inimigo dos anos de guerra, sobretudo o agressor, a Alemanha, não pôde ser fácil. Perdoar o passado, confiando em um futuro comum – essa foi uma das maiores façanhas morais e políticas do século XX.

De um lado, conseguiu-se, com isso, interceptar institucionalmente conflitos no interior da Europa e prevenir guerras europeias posteriores.

Os únicos conflitos militares na Europa desde 1945 surgiram entre Estados sucessores da Iugoslávia e da União Soviética. De outro lado, de modo algum são iminentes conflitos apenas intraeuropeus. O desequilíbrio temporário de poder entre a Europa e os outros continentes, devido ao fato de que ela assumiu mais cedo a modernização, entre o século XVIII e meados do século XX, não deve de modo algum iludir em relação ao seguinte: a Europa, ainda hoje, é um continente comparativamente estilhaçado, no qual não há nenhum país dominante, como os Estados Unidos na América do Norte, a Rússia e a China na Ásia e, talvez, o Brasil na América do Sul. Tampouco há na Europa, um país que possa estar em pé de igualdade com uma das grandes potências do presente. Veremos, ainda que a estrutura atual da União Europeia não mudou muito essa situação. Mas, apesar de tudo, ainda é correto que as posições de política externa dos países europeus em relação às potências mundiais seriam mais frágeis sem a integração na União Europeia e que a saída da Grã-Bretanha prejudica gravemente não só esse país, mas também o que restou da União Europeia. Diferentemente das confederações anteriores, a União Europeia não é primariamente caracterizada por uma política interna e internacional comum, mas por uma política econômica comum. E a constituição do maior mercado comum do planeta, consistindo de livre trânsito de pessoas, mercadorias, prestação de serviços e capital, engendrou, sem dúvida, tanto enormes ganhos de prosperidade quanto inúmeros postos de trabalho.

A saída da Grã-Bretanha da União Europeia, por um lado, tornou-se juridicamente possível devido ao artigo I, 58, do Tratado de Lisboa de 2007, que inseriu um novo artigo, 49 A, no Tratado de Maastricht, em 1992, que concedia aos Estados-membros o direito de sair da União Europeia. Anteriormente, tal direito não era explícito. De fato, a Groenlândia já havia saído da Comunidade Europeia em 1985, pois não se tratava, na ocasião, propriamente de um Estado propriamente dito. Mesmo assim, de acordo com o artigo 198 do Tratado sobre o Funcionamento da União Europeia, a Groenlândia é uma terra transmarina associada. O Brexit é, portanto, território desconhecido para o direito europeu; e pode-se duvidar se o artigo I, 58 – que torna a qualidade de membro da União Europeia algo revogável – foi, realmente, sábio. De qualquer forma, é claro que a maneira como a decisão foi tomada na Grã-Bretanha foi altamente caprichosa – independentemente de sua avaliação no que diz respeito ao conteúdo. O primeiro-ministro de então, David Cameron, um apoiador da condição de membro da Grã-Bretanha na União Europeia, optou pelo referendo como um meio de decisão política que, diferentemente da Suíça, não pertence à tradição constitucional, e que, aliás, até metade do século XX, era tido na Grã-Bretanha como inconstitucional. Anteriormente, ele foi aplicado em nível nacional apenas duas vezes, a saber, em 1975 e 2011. O referendo não é legalmente vinculativo, pois, segundo a constituição britânica, o Parlamento é soberano. Politicamente, todavia, seria suicida não o acatar, pois um parlamento que já não se compreende como a elite qualificada do país não pode ignorar a voz direta do povo, a quem perguntou algo. Precisamente por essa razão, em uma constituição como a britânica, referendos não fazem sentido, e é um símbolo alarmante do declínio político do Parlamento britânico ele não poder tomar para si essa decisão central. Também é verdade, então, quando se contou, como Cameron, com um desfecho favorável (sobretudo, ele negociou importantes concessões da União Europeia para a Grã-Bretanha), que uma luta pelo poder intrapartidária deve ter ocorrido, pois, ainda que o referendo tenha falhado em seu significado, a delegação da escolha a outros permaneceu um atestado da incapacidade política. Também o referendo sobre a independência da Escócia, de 2014, diferentemente do de 2016, foi uma ocasião em que os escoceses votaram pela permanência no Reino Unido e que abriu um precedente. Pode, também, ter impactado completamente o fato de que a Escócia, que claramente votou pela permanência na União Europeia, repetirá o referendo em um momento mais oportuno, sem o consentimento de Londres, e, caso o voto seja distinto do ocorrido em 2014, poderá se declarar independente.

Não há, de maneira alguma, razão para supor que eleitores comuns sejam mais bem informados sobre uma questão de tamanha complexidade do que os parlamentares, sobretudo quando as coisas não se passam como nas democracias diretas, nas quais há regras e limites claros para os referendos, sempre que decisões do tipo são solicitadas. Em um parlamento, pode-se debater e, em decorrência das discussões, pode-se modificar uma lei; um referendo, ao contrário, consiste em uma resposta a uma pergunta do tipo sim/não. Também as garantias formais que subjazem a uma decisão parlamentar normal (a múltipla leitura de uma lei e a separação dos poderes e as responsabilidades de diferentes órgãos correspondentes no sistema) são suprimidas em um referendo. Como muitos foram iludidos pelas pesquisas de opinião e partiram da ideia de um fracasso no referendo, simplesmente não indo às eleições, e como, além disso, o resultado foi apertado (51,9% contra 48,1%), pode-se muito bem defender o ponto de vista de que uma repetição [do referendo] seria adequada. De fato, antes do referendo, já se iniciara uma petição segundo a qual uma decisão válida deveria envolver uma participação eleitoral de 75% e uma maioria de ao menos 60% – nenhuma das duas foi atingida. No entanto, essa petição só conseguiu milhões de signatários após o referendo[14]. Em particular, desde o início as regras deveriam ter sido claras sobre a necessidade de um novo referendo após a negociação do Brexit, para aceitar sua forma concreta. Sem tal conjunto de regras, a transmissão espontânea de uma decisão tão importante ao povo se tornou um ato de irresponsabilidade. Em todo caso, é possível ver uma justiça histórica no fato de que esse erro de Cameron pelo menos custou sua carreira política e que o caos político e do estado de direito, do outono de 2018 até a primavera de 2019, um ponto baixo da política europeia, deixou claro que referendos *ad hoc* sem maiorias claras no parlamento apenas conduzem à confusão, minando, em grande parte, o respeito pela classe política.

É digno de nota que, em 2016, mais dois referendos – que seria melhor que não tivessem acontecido – ocorreram em países da União Europeia. Em um referendo igualmente não obrigatório, consultivo (cujos fundamentos

---

14. BBC. *Brexit. Petition for second EU referendum rejected*. Disponível em: <https://www.bbc.co.uk/news/uk-politics-36754376>. Acesso em: 7 out. 2019.

jurídicos só existem desde 2015), a população holandesa recusou, em abril, o acordo de associação da União Europeia com a Ucrânia – e com uma participação eleitoral de apenas 32%. O quórum mínimo era de 30%, e, portanto, o referendo teria fracassado se ainda menos apoiadores do acordo tivessem se precipitado às urnas. Muito mais nocivo foi o referendo italiano, em dezembro de 2016. O então primeiro-ministro italiano, Matteo Renzi, encaminhou uma reforma constitucional ambiciosa que melhoraria a governabilidade do país cronicamente ingovernável e atenuaria a ineficiência da burocracia estatal. Como as duas câmaras do Parlamento aprovaram a alteração constitucional, não era necessário convocar um referendo para isso; contudo, como em nenhuma das duas câmaras foi obtida maioria de dois terços, solicitou-se o referendo. Mas, em vez de esperar que isso o autorizasse a agir como rege o artigo 138 da Constituição italiana, Renzi agiu como quem comete suicídio por medo da morte. Uma vez que ele, embora inconstante, tornou sua permanência no cargo dependente de um referendo desse tipo, acabou proporcionando aos eleitores a oportunidade de dar uma lição em um primeiro-ministro impopular – independentemente da questão constitucional. Os eleitores aproveitaram a chance, e Renzi, como Cameron, perdeu tanto o referendo como o cargo de primeiro-ministro. Finalmente, o presidente colombiano Juan Manuel Santos, em outubro de 2016, por meio do referendo – não exigido juridicamente e cujo resultado o prejudicou – sobre um tratado de paz com as FARC-EP, desestabilizou e colocou em risco os muitos anos de negociação. Se uma lição foi mostrada pelas experiências de 2016, é que, na política, é melhor abrir mão de referendos, caso não se queira pagar muito alto pelos erros. Mas, em primeiro lugar, em geral, não se deve subestimar a estupidez humana e, em segundo lugar, essa compreensão pressuporia uma autoconfiança do parlamentarismo, que não pode ser obtida sem uma teoria da formação de elites cuja erosão é cada vez mais rápida.

Voltemos ao referendo do Brexit e, agora, à sua valoração quanto ao conteúdo. A decisão, certamente, não foi boa para a União Europeia, que foi enfraquecida. Além disso, ainda não seria apenas legalmente, mas também factualmente claro, que uma saída é exequível, e seria surpreendente se, em uma crise da União Europeia, outros não seguissem o exemplo britânico. No entanto, a decisão foi boa para a própria Grã-Bretanha? O cálculo econômico é complicado, e só haverá clareza total após a consumação do Brexit. A maioria das análises econômicas desde 2016, no entanto, já supõe, na maior parte, desvantagens, ainda que estas dependam de minuciosos graus de diferentes fatores ainda não conhecidos[15]. Com certeza, alguns círculos se beneficiarão economicamente do Brexit, mas muito provavelmente não a maioria da população. E, mesmo a Grã-Bretanha sendo o terceiro maior contribuinte líquido da União Europeia, ela foi privilegiada – em comparação à Alemanha e à França – pelo bônus britânico imposto por Margaret Thatcher (com o argumento pragmaticamente não absurdo de que esses dois países lucravam mais que o Reino Unido com a política agrária europeia, que constitui uma parte considerável do orçamento). Muito mais importante que os argumentos econômicos, para os apoiadores do Brexit, foi o mal-estar diante da imigração, sobretudo a partir da Europa Oriental e de países não europeus (no contexto da crise migratória de 2015), o sentimento de paternalismo burocrático de Bruxelas e o medo da perda de soberania. Enquanto os últimos argumentos se encontraram, mais provavelmente, no lado dos conservadores, a esquerda apoiou a saída com a asserção de que a União Europeia defendia os interesses das elites econômicas e bloqueava as reformas. Além disso, há muitos eleitores de protesto, que simplesmente querem expressar sua insatisfação com "aqueles lá de cima". De fato, tanto a esquerda quanto a direita estavam cindidas na

---

15. Cf. o ensaio de Rafal Kierzenkowski et al para a Organização para a Cooperação e Desenvolvimento Econômico. KIERZENKOWSKI, R. et al. The Economic Consequences of Brexit: A Taxing Decision. Disponível em: <https://www.oecd-ilibrary.org/docserver/5jm0lsvdkf6k-en.pdf?expires=1570500878&id=id&accname=guest&checksum=FA353FCBD5517736C1882267024A7CE4>. Acesso em: 7 out. 2019.

questão do Brexit – um sinal interessante de que as divisões da antiga política fracassam diante dos problemas atuais. Jeremy Corbyn, líder do Partido Trabalhista, adotou postura hesitante ante a União Europeia. Isso gerou, em muitos parlamentares, mau humor em relação ao próprio partido: em uma moção de confiança, em junho de 2016, 172 votaram contra ele, e apenas 14 a favor. Todavia, em uma eleição por voto direto, por meio dos membros do partido em agosto e setembro do mesmo ano, Corbyn pôde se impor: outra evidência marcante da divergência entre base e elites parlamentares.

Inevitavelmente, o ingresso em uma liga supranacional de Estados significa uma perda em soberania jurídica – determinadas decisões, agora, já não poderiam ser tomadas sozinho. Mas, como dito acima, a chance de obter verdadeira soberania só reside na capacidade de ser ouvido na arena internacional. Presumivelmente, lembranças nostálgicas do antigo papel imperial e, talvez, esperança de uma cooperação mais estreita com os Estados Unidos impediram muitos cidadãos do Reino Unido de perceber, de maneira realista, quão forte a verdadeira perda do poder de imposição no mundo viria a ser após a recuperação da soberania jurídica em consequência do Brexit. E, certamente, um número menor anteviu quão problemáticas seriam as negociações de saída e por quanto tempo o governo britânico, devido a esse problema, ficaria afastado e paralisado. As dificuldades aumentaram depois que, em junho de 2017, a sucessora de Cameron, Theresa May, que encaminhou, sem necessidade, reeleições na Câmara dos Comuns, perdeu a até então maioria absoluta do Partido Conservador e precisou formar um governo de coalizão. Em particular, o problema de uma fronteira aduaneira com a República da Irlanda após a saída da Grã-Bretanha do Mercado Comum Europeu se mostrou algo de difícil solução. Essa fronteira ameaça o processo de reconciliação da ilha, que foi decisivamente promovido pela condição de membro dos dois países na União Europeia. A recusa a refletir sobre essas questões, que de modo algum surpreendem mas eram facilmente previsíveis – e, em vez disso, o uso comprovado de afirmações falsas, como o *slogan* do

Brexit-bus[16], segundo o qual a Grã-Bretanha pouparia, por causa do Brexit, 350 milhões de libras por semana, que poderiam ser aplicados no setor de saúde pública – tornou possível a decisão favorecendo a saída. Uma força de impulso foi Boris Johnson, que, no início de 2016, recusou-se a se manifestar a favor do Brexit, mas logo viu e aproveitou a chance para fazê-lo e, no caso de uma vitória, derrubar seu rival de longa data do mesmo partido, Cameron. Ele ainda não se tornou, como esperado, primeiro-ministro, mas, em todo caso, virou por algum tempo ministro de Relações Internacionais[17]. Johnson é o exemplo perfeito de um tipo de político porta-voz de sentimentos sem base factual, porém difundidos, e que muitas vezes se direcionam difusamente contra as elites políticas, quando ele tem a impressão de que isso poderia o elevar ao poder. Naturalmente, esse tipo de político, o demagogo populista, deve sempre enganar seus eleitores, mas, como quase todos os impostores enganam a si próprios, no fim, ele mesmo acredita no que declara a plenos pulmões. Johnson, por exemplo, parece realmente supor que ele seja um novo Churchill. O sentimento de estar em acordo com o povo, que torce por ele, é para ele uma fonte vital de forças, que facilmente o faz se comportar como superior no confronto com seus oponentes. Eu repreendi Cameron acima pela falta de responsabilidade, pois delegou uma decisão a outros por fraqueza, e tal decisão era sua tarefa (a saber, a tarefa da elite do país, à qual ele certamente pertencia, como primeiro-ministro). A falta de responsabilidade do populista é, contudo, de outro tipo, muito mais perigoso. Ele quer tomar para si todas as decisões possíveis, não só aquelas para as quais ele não está minimamente qualificado, mas também aquelas que competem a outros órgãos estatais em um sistema com separação dos

---

16. O ônibus do Brexit, bastante utilizado durante a campanha pró-Brexit, tinha um *slogan* falso, que dizia "nós mandamos à União Europeia 350 milhões de libras por semana, vamos financiar nosso NHS em vez disso. Vamos retomar o controle". NHS é o serviço nacional de saúde britânico e da Irlanda do Norte. (N. do T.)
17. Johnson se tornou primeiro-ministro do Reino Unido em 24 de julho de 2019, portanto posteriormente à escrita desta obra. (N. do T.)

poderes. Faz isso professando ser adepto, na maior parte das vezes, do que acredita ser a vontade da maioria (em tal circunstância, após ação propagandística), ainda que possa ser mostrado que, a longo prazo, não é do interesse do país.

Muito além de Johnson foram os atos de Donald Trump. Se, na Grã-Bretanha de 2016, apenas um "Grã-Bretanha em primeiro lugar" foi ouvido, o de Thomas Mair, o assassino de Jo Cox, quando apunhalou, em 16 de junho de 2016, a parlamentar do Partido Trabalhista – que trabalhou durante anos para organizações humanitárias como a Oxfam –, milhões de apoiadores vociferaram, com seu candidato, "Estados Unidos em primeiro lugar", o *slogan* que também foi retomado por Trump em seu discurso inaugural em Washington, em 20 de janeiro de 2017. Qual programa está associado com esse *slogan*? De modo simplificado, pode-se dizer que os Estados Unidos devem encerrar o multilateralismo das últimas décadas, que foi mais danoso que útil ao país, pois a política até então apoiou indústrias estrangeiras em detrimento das norte-americanas e fortaleceu os exércitos de países estrangeiros em vez dos próprios exércitos. Aos recusados por Trump pertencem, em primeiro lugar, os acordos de livre-comércio, como o NAFTA, que existe entre Canadá, México e Estados Unidos desde 1994 – e que, em todo caso, presumivelmente será substituído pelo bem parecido USMCA (Acordo Estados Unidos-México-Canadá) –, ou os planejados Parceria Transpacífica (TPP) e Acordo de Parceria Transatlântica de Comércio e Investimento (TTIP). A primeira fracassou após a saída dos Estados Unidos, o outro, obviamente, foi deixado de lado, a longo prazo. Ainda assim, onze outros Estados participantes da TTP se uniram em torno de um acordo substituto –o Acordo Progressivo e Compreensivo para a Parceria Transpacífica (TPP11) –, firmado em Santiago em 8 de março de 2018, mas que ainda deve ser ratificado por alguns países.

Em segundo lugar, entre aqueles dos quais Trump se distancia estão em geral os tratados internacionais, por exemplo, ligados à proteção ambiental, como, principalmente, o Acordo de Paris de 2015, assinado por 195 países, dentro da Convenção-Quadro das Nações Unidas sobre Mudanças Climáticas (UNFCC). Os Estados Unidos se retirarão desse acordo, segundo uma declaração ruidosa de Trump de junho de 2017. O momento mais próximo possível para isso é novembro de 2020. Também no interior dos Estados Unidos, Trump recuou radicalmente na proteção ambiental, por exemplo, por meio da nomeação de Scott Pruitt para administrador da Agência de Proteção Ambiental. Trata-se de um homem que negou a contribuição de emissão de CO_2 para a mudança climática e havia processado ao menos catorze vezes a instituição de que foi encarregado. Enfim, Pruitt, em julho de 2018, teve entregar o cargo por causa de numerosas transgressões, também reprimidas pelos republicanos. Além disso, em maio de 2018, os Estados Unidos saíram do acordo nuclear com o Irã, que havia sido feito em 2016, após negociações de muitos anos entre sete países. Em julho de 2018, também deixam (de maneira bem controversa) o Conselho de Direitos Humanos das Nações Unidas. O escândalo com que Trump, em junho de 2018, concluiu o encontro do G7 – o grupo das sete economias dominantes do mundo ocidental, incluindo o Japão –, em La Malbaie, faz a unidade do mundo ocidental aparecer como bem quebradiça: Trump deixou o encontro antes da hora, para se encontrar com o ditador norte-coreano, Kim Jong-un, em Singapura, e retirou, por meio do Twitter, seu aval inicialmente conferido, tendo sido essa sua declaração final do encontro.

A OTAN, nas suas quase sete décadas de existência, manteve a região transatlântica, em grande parte, livre de guerras e, nessa medida, podia ser considerada uma das alianças militares mais bem-sucedidas da história. Todavia, Trump manifestou grande ceticismo em relação a ela, descrevendo-a como "obsoleta" durante a campanha eleitoral. Vale dizer, sua exigência de um balanceamento de cargas mais justo na OTAN certamente não é infundado – ainda voltarei a esse ponto –, mas, diante de uma situação cada vez mais perigosa em termos de política mundial, as ameaças frequentemente repetidas de Trump, de acordo com as quais os Estados Unidos deixariam de ser o financiador da OTAN, são extremamente nocivas para a manutenção do efeito intimidador da aliança. Em julho de 2018, por exemplo, ele profere, em um discurso em Montana – que também envolveu a frase "Putin está bem" –, "Você sabe, Angela, eu não posso garantir, mas nós protegemos vocês, e isso significa muito mais para vocês... eu não sei quanta proteção nós obtemos pelo fato de proteger vocês"[18]. Alguns dias depois, Trump chamou o pequeno Montenegro – país que só ingressou na OTAN em 2017, após grande oposição interna, e até uma tentativa de golpe, talvez conduzida pela Rússia em outubro de 2016 – de "muito agressivo"[19]. Ainda que a maioria do *establishment* militar e diplomático dos Estados Unidos esteja empenhada na OTAN, o fato é que o comandante em chefe das forças armadas é e continua a ser o presidente, e os aplausos da multidão em Montana, tanto quanto a alta popularidade do presidente, apontada em 2018, fazem parecer ingênua, da parte dos europeus, a pressuposição de que a garantia de proteção norte-americana continuará com certeza.

Trump não se limita, de modo algum, a acentuar a soberania dos Estados Unidos. Organizações multinacionais como a União Europeia são, para ele, repugnantes mesmo fora dos Estados Unidos. O primeiro político estrangeiro que Trump recebeu após sua eleição foi Nigel Farage, o arquiteto do Brexit. Segundo relatos, em abril de 2018 Trump ofereceu ao presidente francês, Emmanuel Macron, melhores condições em um acordo comercial se a França deixasse a União Europeia[20]. Claro que Trump

---

18. Borger, J. Worried Nato partners wonder if Atlantic Alliance can survive Trump. Disponível em: <https://www.theguardian.com/us-news/2018/jul/08/nato-atlantic-alliance-survive-trump-analysis>. Acesso em: 7 out. 2019.
19. Guardian Staff. "Very Aggressive": Trump suggests Montenegro could cause World War three. Disponível em: <https://www.theguardian.com/us-news/2018/jul/19/very-aggressive-trump-suggests-montenegro-could-cause-world-war-three>. Acesso em: 7 out. 2019.
20. Rogin, J. Trump is trying to destabilize the European Union. Disponível em: <https://www.washingtonpost.com/opinions/global-opinions/trump-is-trying-to-destabilize-the-european-union/2018/06/28/729cb066-7b10-11e8-aeee-4d-04c8ac6158_story.html>. Acesso em: 7 out. 2019.

sabe que isso significaria, para a União Europeia, o golpe de misericórdia. E em sua visita à Grã-Bretanha, em julho de 2018, ele recomendou, em um tabloide, Boris Johnson como primeiro-ministro excelente e que a nação, devido a seu conflito com a primeira-ministra, pressionasse para que ela renunciasse ao cargo. Também se queixou de que May, com seu voto pela manutenção do livre-comércio entre a União Europeia e a Grã-Bretanha após o êxito do Brexit, não tenha seguido seu conselho.

Em especial e em terceiro lugar, o lema "Estados Unidos em primeiro lugar" possui o significado de limitar a imigração legal nos Estados Unidos e impedir a imigração ilegal por todos os meios possíveis, como sobretudo no caso da planejada construção de um grande muro na fronteira com o México, que presumivelmente faz o 45º presidente dos Estados Unidos parecer um sucessor moderno de imperadores chineses. Todavia, ele prometeu, na campanha eleitoral, que o México pagaria por esse muro – ao passo que, até onde sei, nenhum imperador chinês fez a reivindicação de que os mongóis ou os manchus pagassem a conta. A brutalidade com a qual crianças foram, às vezes, separadas de seus pais nas famílias de imigrantes ilegais mostrou claramente que forma de intimidação da migração ilegal Trump aceita. Já em 27 de janeiro de 2017, portanto uma semana após a tomada de posse, Trump assinou a Ordem Executiva 13769, que impedia a entrada nos Estados Unidos de cidadãos, entre outros, do Iraque (um aliado do país), Irã, Iêmen, Líbia, Somália, Sudão e Síria por noventa dias. De fato, esse decreto fracassou nos tribunais. Contudo, uma versão posterior, modificada, a Proclamação Presidencial 9645, viria a ser autorizada pela Suprema Corte em junho de 2018. Foi significativa a reação do novo presidente a uma sentença contra a Ordem Executiva 13769. A opinião desses "chamados juízes" é risível, escreveu em seu tuíte de 4 de fevereiro de 2017, e, no dia seguinte, explicou: se algo grave ocorrer, devem-se culpar esses juízes e o sistema jurídico. Ataques desse tipo contra o terceiro poder, que devem se diferenciar nitidamente de críticas inteiramente legítimas a sentenças isoladas, não têm nenhum precedente na história da Constituição norte-americana, cujo princípio central é o respeito pela divisão dos poderes.

Deve-se levar em consideração que até agora a política de Trump corresponde em grande parte às suas promessas de eleição. Ele não teve de se disfarçar, assim como Duterte; ele não é dissimulado. Logo após sua eleição, ele incidiu na reprimenda dos juízes. Quando o juiz federal Gonzalo Curiel aprovou uma ação coletiva contra a chamada Universidade Trump, nesse meio-tempo fechada, devido a fraude, Trump observou, em uma entrevista a Jake Taper, em junho de 2016, que Curiel não poderia decidir de modo justo, pois ele é mexicano (é claro que é norte-americano, mas seus pais são imigrantes mexicanos). Devido aos planos de Trump de erguer um muro entre o México e os Estados Unidos, Curiel teria um conflito de interesse. Também republicanos com um tino para o significado da independência judiciária foram perturbados por causa desse ataque potencial de um presidente ao terceiro poder e consternados em virtude da insinuação implícita de que indivíduos de procedência mexicana não poderiam ser juízes objetivos; mas isso não mudou a vitória eleitoral de Trump. Tampouco prejudicou sua popularidade o fato de que ele não prescreveu legalmente suas declarações fiscais dos últimos anos, mas, após longas publicações ordinárias, eximiu-se delas, ainda que isso incorresse em suspeita de que ocultasse algumas de suas atividades financeiras – uma suspeita já que, por exemplo, o departamento de finanças de Nova York já aplicou até agora nada menos que 36 certificados de dívida fiscal contra o patrimônio de Trump, em virtude de impostos não pagos. Todavia, a vitória eleitoral ofereceu algo a mais. Em julho de 2015, Trump se expressou sarcasticamente sobre o senador John McCain (que foi prisioneiro de guerra durante cinco anos e meio no Vietnã do Norte e torturado múltiplas vezes), dizendo que ele, Trump, prefere pessoas que não se deixam ser capturadas – embora ele mesmo tenha sido habilidoso em fugir do serviço militar compulsório[21]. Em 23 de janeiro de 2016, Trump disse em

---

21. JACOBS, B. Donald Trump attack on John McCain war record is "new low in US politics". Disponível em: <https://www.theguardian.com/us-news/2015/jul/18/donald-trump-john-mccain-vietnam-iowa-republicans>. Acesso em: 7 out. 2019.

Iowa que ele poderia fuzilar alguém na Quinta Avenida e, apesar disso, em decorrência da lealdade de seus seguidores, não perder voto algum – e, de fato, esse comentário, como o análogo de Duterte, não selou sua derrota mas desencadeou risadas em seus ouvintes[22]. Em 27 de julho de 2016, Trump disse em um discurso: "Rússia, se você estiver ouvindo, espero que seja capaz de encontrar os 30 mil e-mails que sumiram". Isso foi um convite pouco velado a uma potência estrangeira para *hackear* os e-mails de Hillary Clinton. Hoje, sabemos que os ataques de *hackers* russos contra altos executivos dos democratas, vale dizer, já estavam em andamento havia meses, mas só se direcionaram contra Clinton pela primeira vez em 27 de julho[23].

Que tipo de pessoa é Trump? Com seu jeito sutilmente bem-humorado, em um debate televisivo entre os candidatos republicanos à Presidência, no dia 10 de novembro de 2015, respondendo à questão sobre qual codinome ele deveria ter para o serviço secreto como presidente, sugere "humilde". Mas isso não o impediu de nos revelar seu segredo em um de seus tuítes de 6 de janeiro de 2018: ele é um gênio, pois se tornou presidente em sua primeira tentativa. Poderia ter explicado que ele nunca antes havia ocupado um cargo militar ou civil, nem em nível comunal. De certo modo, ele de fato tem razão, e nada é mais perigoso do que subestimá-lo. Trump é, de fato, um gênio do populismo. Ele percebeu, como poucos, a fúria que se acumulou no país, mas que a maioria releva com condescendência, e se põe à disposição como porta-voz dessa raiva, colocando de lado as elites democráticas e republicanas, compreendidas e tratadas como guardiãs dos interesses ligados à globalização. Trump, de modo algum, atacou apenas a candidata democrata, mas ele, graças à natureza

---

22. GITTLESON, B.; SANTUCCI, J. Donald Trump Jokes He Could 'Shoot Somebody' Without Losing Support. Disponível em: <https://abcnews.go.com/Politics/donald-trump-jokes-shoot-losing-support/story?id=36474145>. Acesso em: 7 out. 2019.
23. SCHMIDT, M. S. Trump Invited the Russians to Hack Clinton. Were They Listening? Disponível em: <https://www.nytimes.com/2018/07/13/us/politics/trump-russia-clinton-emails.html>. Acesso em: 7 out. 2019.

da democracia de base na campanha eleitoral intrarrepublicana de eleições primárias e *caucus*[24], conseguiu – o que, no fundo, foi ainda mais espantoso – impor-se diante de políticos que possuíam experiência como governadores dos estados mais importantes ou que já haviam sido senadores. Além disso, Trump o fez sem sequer usufruir de uma ancoragem no partido, e dever-se-ia desconfiar de alguém que foi democrata, republicano, independente, democrata e republicano[25] e cuja ideia, por exemplo, no âmbito da política fiscal e da política de comércio contradiz radicalmente posições tradicionalmente republicanas. Mas essa desconfiança não foi capaz de levar os grandes nomes do Partido Republicano a concentrar suas forças para chegar a um acordo em torno de um candidato comum, por exemplo o governador de Ohio, John Kasich – uma falha pela qual o partido ainda pagará um preço muito alto. No Partido Democrata, o solitário Bernie Sanders, que se caracterizou como democrata pela primeira vez em 2015 e antes se denominava "independente", curiosamente conseguiu algo análogo – o crítico da globalização de esquerda não venceu a indicação de candidatura a presidente por seu partido, mas conseguiu o segundo lugar e foi, temporariamente, um perigo real para Clinton. Nos debates entre os candidatos republicanos, Trump não menciona praticamente nenhum argumento factual, inventando para seus oponentes adjetivos que beiravam o ridículo: Jeb Bush, por exemplo, era chamado "Jeb da baixa energia"; Ted Cruz, "Ted caozeiro"; Marco Rubio, "Marquinho"[26]. Após a ascensão [de Trump] à presidência, políticos estrangeiros seriam caracterizados analogamente: Kim Jong-un, por

---

24. *Caucus*, nos Estados Unidos, é o sistema de eleição de delegados em dois estados (Iowa e Nevada), na fase das eleições primárias, em que se decide pelo candidato de cada partido à Presidência do país. (N. do T.)
25. Nos Estados Unidos, é possível se candidatar a presidente sem filiação a um partido. Costuma ser o caso de candidatos com tendências de centro. Nesse trecho, Hösle alude às várias mudanças de partido de Trump, desde 1987. (N. do T.)
26. Expressões em inglês, no original: "*Low Energy Jeb*"; "*Lyin' Ted*"; "Little Marco". (N. do T.)

exemplo, foi chamado "Pequeno homem foguete"[27]. O número de declarações falsas de Trump, seja por erros devidos à ignorância e falta de lógica, seja por autoengano, seja por mentiras, é incontável – só no primeiro ano de mandato, foram mais de mil[28]. Sua máxima é evidente: conservar seus apoiadores em um estado de exaltação permanente, ao mesmo tempo que ataca constantemente alguém, nunca reconhecer que seus oponentes possam estar parcialmente corretos e nunca admitir seus erros ou levar a sério as críticas.

Para consolar o leitor, acrescente-se: genialidade em um âmbito é compatível com a mais profunda estupidez em outro campo. Na luta pelo poder em torno à Presidência dos Estados Unidos, Trump foi capaz de se impor de modo brilhante, mas isso obviamente não significou que foi capaz de ter em vista o bem-estar comum do país (isso para não falar do bem-estar mundial). Ele é um gênio louco, bem-sucedido na disputa pelo poder. Politicamente, ele é um desastre. Psicologicamente, faz jus ao tipo que representa, é um retrato fiel. Sem dúvida, Trump não teria sido eleito se não fosse por seus traços de caráter, ainda que eles nem sempre sejam sentidos como atraentes. Ele não se desvia de quase nenhum dos sete pecados capitais clássicos, manifestando de maneira notável a soberba egomaníaca, inveja (sobretudo da popularidade de Obama), ira, avareza e luxúria. Mas também é agraciado com a preguiça – mesmo como presidente, seus jogos de golfe são muito mais importantes que o estudo de autos, que exige seu limiar de atenção. Seu inglês é, frequentemente, bastante incorreto sintática e ortograficamente. O que mais fascina seus fãs é que Trump de modo algum acoberta seus vícios, mas se vangloria abertamente deles. Trump realizou, na direita, o que floresceu como ideal

---

27. *Little Rocket Man*, expressão em inglês no original. Sempre que a expressão no original estiver em inglês, e não em alemão, indicaremos em nota. (N. do T.)
28. DALE, D. Donald Trump has spent a year lying shamelessly. It hasn't worked. Disponível em: <https://www.thestar.com/news/world/analysis/2017/12/22/donald-trump-has-spent-a-year-lying-shamelessly-it-hasnt-worked.html>. Acesso em: 7 out. 2019.

em muitos esquerdistas após 1968: ele é um *Sponti*[29] – porém, dessa vez, do antiuniversalismo.

Entre os transtornos psíquicos, há um que, como se sabe, identifica-se rapidamente, pois quem o possui orgulha-se dele e o anuncia de bom grado: o narcisismo. De fato, há pouca dúvida de que Trump sofre de um transtorno de personalidade narcisista – como também muitos contemporâneos –, mas de maneira tão grotescamente intensificada e de forma ao mesmo tempo tão bem-sucedida, que agora milhões podem se identificar com ele. Falta de empatia, desinteresse pelos outros, incapacidade de escutar atentamente e, com isso, também de relacionamentos a longo prazo, interpretação da realidade em padrão preto e branco, classificação do próximo como amigo ou inimigo, recusa de crítica, absurda superestimação do próprio desempenho, carência devoradora de reconhecimento devido à incerteza interna, fantasias de poder, desejo de dominar os outros, rabugice, ocasionalmente também mentiras para imposição de seus próprios interesses, uma vez que regras só valem para os outros, atribuição do papel de vítima a si mesmo e incapacidade de reconhecer a responsabilidade por seus próprios erros. Esses são traços clássicos do narcisista, que se reconhecem facilmente em Trump[30].

---

29. "*Spontis*" foi o nome dado a ativistas políticos de esquerda dos anos 1970 a 1980, que se viam como sucessores do movimento de 1968 e da oposição extraparlamentar (*Aussenparlamentarische Opposition*), ou APO, movimento de protesto na Alemanha Ocidental durante o fim dos anos 1960 e início dos anos 1970. Os *Spontis* alegavam a espontaneidade das massas como o elemento revolucionário da história e tinham um viés hedonista e niilista, e um traço marcante eram os "*Sponti-Sprüche*" (ditos *Sponti*), frases de cunho provocador e às vezes niilista e abreviaturas de substantivos, algo que até hoje influenciou a cultura jovem alemã (por exemplo, ao usarem "*Venti*" no lugar de "*Ventilator*"). Exemplos de *Sponti-Sprüche*: "*Nonsens staat Konsens*" ("*nonsense*" em vez de consenso"); "*Wissen ist Macht. Wir wissen nichts. Macht nichts*" ("Saber é poder. Não sabemos nada. Não importa"). Cf. Wikipedia. *Sponti-Sprüche*. Disponível em: <https://de.wikipedia.org/wiki/Sponti-Spr%C3%BCche>. Acesso em: 21 nov. 2019. (N. do T.).

30. Cf. a lista de características no Manual de Diagnóstico e Estatístico de Transtornos Mentais (DSM) V.

Junto com a satisfação que Trump tem de agora constantemente falarem e escreverem sobre ele (as reportagens que o criticam, em princípio, são tratadas como *fake news*), há mais dois motivos para sua entrada na arena política. Um deles é a necessidade de encontros com proeminentes – como chefe de Estado dos Estados Unidos, Trump pode encontrar o papa, a rainha Elisabeth II, Putin, Kim Jong-un e tirar fotos dos encontros. Outro motivo reside nos próprios interesses econômicos, que ele busca promover com todos os meios disponíveis, graças à sua posição política. Políticos estrangeiros agora se hospedam no Hotel Trump, em Washington, e sua assessora, Kellyanne Conway, solicitou, já em fevereiro de 2017, a compra de produtos da filha de Trump, Ivanka. A leitura de memorandos, a discussão de alternativas de comércio com os colaboradores, o trabalho em pormenor não são assunto para Trump; mas ele se encontra em sua melhor forma quando pode falar para sua base, da qual recebe como tributo a admiração que ele, em vão, procurou em figuras mais sutis intelectual e moralmente, veneração de que precisou para apagar a dúvida sobre si mesmo e que, de outro modo, poderia vir a atormentá-lo. Sem dúvida, Trump sente um profundo fascínio por ditadores. Em setembro de 2016, Putin disse, na campanha eleitoral, que Trump (que ele elogiará se este elogiá-lo) era um líder muito melhor do que Obama[31]. Para comemorar seu centésimo dia no cargo de presidente, ele telefonou para Rodrigo Duterte, a quem parabenizou por seu "trabalho incrível" na luta contra as drogas[32]. Enalteceu Kim Jong-un após o encontro em Singapura, chamando-o "muito talentoso" e "inteligente". E, em uma conversa privada em março de 2018, Trump elogiou o presidente

---

31. WAGNER, J. et al. Trump praises Putin at national security forum. Disponível em: <https://www.washingtonpost.com/politics/trump-calls-for-defense-sequester-to-end/2016/09/07/7dda8548-7513-11e6-be4f-3f42f2e5a49e_story.html>. Acesso em: 7 out. 2019.
32. NELSON, L. *Trump praises Duterte for "unbeliavable job" cracking down on drugs in the Philippines*. Disponível em: <https://www.politico.com/story/2017/05/24/trump-rodrigo-duterte-call-transcript-238758>. Acesso em: 7 out. 2019.

chinês Xi Jinping, que, por meio de uma emenda constitucional naquele mês, suprimiu o limite do tempo de exercício da função de presidente (até então, na China, como nos Estados Unidos, o limite era de dois mandatos) – "talvez também devêssemos tentar isso um dia"[33]. E, como Duterte, ele defende a ideia de vincular direito e lei, deteriorando o parecer jurídico, com o próprio presidente norte-americano podendo absolver a si mesmo[34].

Neto de um imigrante alemão, cujo sucesso econômico, entre outras coisas, remonta ao modelo de negócio de hotel mais bordel, e filho de um bem-sucedido empreendedor imobiliário, cuja prosperidade ele herdou e lhe possibilitou habilmente tornar "Trump" em uma marca registrada, e apresentar a si mesmo como empresário talentoso, ainda que a sexta falência de suas empresas de hotel e cassino não correspondam, exatamente, a desempenhos objetivos na economia. Ocasionalmente, Trump recomenda a si mesmo como superior, uma vez que se apresenta como um homem da lei e da ordem – quando, em 1989, cinco adolescentes negros em Nova York seriam presos por uma violação, Trump exigiu, em anúncios em quatro jornais, que a cidade reintroduzisse a pena de morte. Essa agitação, certamente, contribuiu para a condenação dos jovens – cuja inocência, no entanto, viria a ser provada de modo incontestável após alguns anos. Quem pensa que Trump, após a soltura dos rapazes da prisão, teria se arrependido de seu comportamento anterior não entendeu

---

33. ERICKSON, A. In a jokey speech, Trump praised China's Xi for moving to end term limits, saying, "Maybe we'll give that a shot someday". Disponível em: <https://www.washingtonpost.com/news/worldviews/wp/2018/03/04/in-a-jokey-speech--trump-praised-chinas-xi-for-ditching-term-limits-saying-maybe-well-give-that-a--shot-some-day/>. Acesso em: 7 out. 2019.
34. KENNY, C. Trump: "I have the absolute right to pardon myself". Disponível em: <https://edition.cnn.com/2018/06/04/politics/donald-trump-pardon-tweet/index.html>. Acesso em: 7 out. 2019. Cf. também MCCARTHY, T. Can Trump actually pardon himself? Experts weigh in. Disponível em: <https://www.theguardian.com/us--news/2018/jun/04/is-trump-correct-that-he-can-pardon-himself-experts-weigh-in>. Acesso em: 7 out. 2019.

um traço de caráter essencial desse gênio humilde[35] – sua total incapacidade de autocrítica e de arrependimento[36].

Uma série de televisão, The Apprentice [O aprendiz], foi decisiva para lograr sua popularidade. A ascensão de Silvio Berlusconi à posição de primeiro-ministro italiano, que ele ocupou quatro vezes, já mostrou o quanto a distribuição de poder nos regimes democráticos da modernidade tardia dependem do renome e da popularidade que alguém com ambições políticas obtém por meio da presença na televisão, mesmo que seja da maneira mais simples. Trump moderou esse *reality show* televisivo de 2004 a 2015 e alcançou, com isso, a notoriedade exigida para suas ambições políticas – a primeira temporada já tinha, em média, mais de 20 milhões de espectadores. A meta do programa (que seria temporariamente continuado pelo *body-builder*, ator e ex-governador da Califórnia, Arnold Schwarzenegger) é selecionar alguém para um contrato de um ano em uma das empresas de Trump. Isso ocorria por meio da exclusão de outros, aos quais Trump informava pessoalmente "você está demitido!"[37]. De um lado, ele ganhou, com isso, a aura de tomador de decisão definitivo, do qual o destino de tantos outros depende; de outro lado, o demitido e, agora, desempregado poderia receber uma gratificação compensatória por isso, de modo que não só ele, mas também candidatos glamourosos serão mandados embora. Simultaneamente, a escolha multicultural dos candidatos e também do vencedor transmite a impressão de que o empresário genial é "durão", mas disposto em relação a todas as pessoas eficientes.

---

35. Aqui, Hösle se refere à ambiguidade com que Trump fala de si mesmo – ora como humilde, ora como gênio, tal como visto anteriormente. (N. do T.)

36. De fato, Trump ainda não se arrepende dessa ação, o que é bem compatível com sua recusa em admitir erros e aceitar críticas. Cf. Ransom, J. Trump Will Not Apologize for Calling for Death Penalty Over Central Park Five. Disponível em: <https://www.nytimes.com/2019/06/18/nyregion/central-park-five-trump.html>. Acesso em: 21 nov. 2019. (N. do T.)

37. "*You are fired!*", expressão em inglês no original. (N. do T.)

O "você está demitido", todavia, não se limita apenas ao *reality show* da televisão. Desde a posse, Trump comprovou as expectativas de sua base de que ele seria, como político, tão assertivo quanto é como empresário. Ele demitiu uma quantidade extraordinariamente alta de membros do gabinete e de colaboradores, quando não foram absolutamente subordinados a ele. O diretor do FBI, James Comey, e o ministro de Relações Internacionais, Rex Tillerson, foram os mais proeminentes entre eles. Anthony Scaramucci ocupou o cargo de diretor de comunicações durante apenas onze dias. De fato, é inteiramente possível, e, na minha opinião, provável, que a contratação do obsceno e ordinário Scaramucci, aos olhos de Trump, devesse sobretudo realizar a tarefa de descreditar o chefe do estado-maior de Trump, Reince Priebus, o ex-vice-presidente do comitê nacional republicano, que, de fato, renunciou por causa de ataques de Scaramucci; e após este ter feito seu trabalho, esse idiota útil de Trump poderia partir sozinho. Mas compreende-se que o planejamento a longo prazo e cheio de confiança não consegue se desenvolver sob a constante ameaça da demissão. O fã de Trump deve desfrutar da impressão de que Trump procede com a classe política (que o fã e seu herói igualmente desdenham) da forma que ela merece. Sim, talvez se desenvolva um gozo peculiar do fato de que a transição de um *reality show* para a realidade política seja imperceptível e, finalmente, já não se saiba o que é *show* e o que é de verdade – o empresário Trump, o *showmaster* Trump e o presidente Trump, todos os três gritam "você está demitido", e se fundem em uma única figura, na qual seu admirador encontra simbolizados os próprios Estados Unidos em sua luta contra os inimigos da nação.

O que Trump representa simbolicamente é o colapso de uma concepção de política como um esforço racional e comum para a determinação do bem comum dentro de instituições mais sólidas, por meio do equilíbrio de exímias instituições que respeitam o direito constitucional. Em vez da complexa estrutura de uma diplomacia factualmente trabalhadora (em julho de 2018, portanto um ano e meio após a posse de Trump, catorze dos 188 cargos de embaixador do país ainda estavam desocupados)[38], apenas os impulsos de um déspota determinam as decisões de política externa dos Estados Unidos. Em agosto de 2017, Kim Jong-un foi ameaçado com "fogo e fúria"; em junho de 2018, Trump e o ditador norte-coreano são almas gêmeas, camaradas. Se, como é possível pensar, as intenções de desarmamento da Coreia do Norte não forem tão honestas quanto Trump supõe, procede-se a uma potencialização das ameaças anteriores, isso se ele não se comportar de maneira mais grave. Na política internacional, pouca coisa representa mais perigo do que a imprevisibilidade – contra alguém com claras intenções agressivas, por exemplo, pode-se estar preparado e usar de intimidação. Todavia, uma política imprevisível torna planejamentos impossíveis, afasta aliados, que já não podem deixar de ser aliados, e convida oponentes a reações de curto-circuito. Isso é ainda mais verdadeiro quando a imprevisibilidade não vale apenas para os rivais – ou seja, o caso da estratégia consciente do ator que deseja esconder do adversário as suas cartas. A imprevisibilidade de Trump, todavia, surge da incoerência de seu pensamento, da incapacidade de seguir paciente e plenamente com volteios táticos um plano estratégico e de longo prazo, ainda que ele queira fazer crer, ocasionalmente, que sua natureza volátil pertença à sua arte lendária de fechar negócios. Milhões de norte-americanos, que são abobados pelo *The Apprentice*, podem acreditar nisso; os rivais globais Xi e Putin sabem como avaliar essa imprevisibilidade e como a vaidade mórbida (e, a eles, desprezível) do presidente pode dar rédeas largas a seus próprios planos a longo prazo.

Deve-se a três fatores o fato de que, até agora, os danos não tenham sido piores na política interna. Em primeiro lugar, a Constituição norte-americana é uma das mais geniais do mundo: nunca é demais admirar a

---

38. AFSA. Tracker: Current U.S. Ambassadors. Disponível em: <http://www.afsa.org/list-ambassadorial-appointments>. Acesso em: 7 out. 2019. Ver também o livro: FARROW, RONAN. *War on Peace. The End of Diplomacy and the Decline of American Influence*. New York: HarperCollins, 2018.

perspicácia que seus pais desenvolveram na resolução de diferentes problemas, a fim de ter um governo forte e estável e, ao mesmo tempo, poder prevenir abusos de poder. Essa Constituição, desde a Declaração dos Direitos do Estados Unidos, que posteriormente acrescentou direitos fundamentais (em 1791), até hoje conseguiu ser o suficiente com apenas mais dezessete emendas constitucionais (na verdade, praticamente mais quinze, uma vez que a vigésima primeira emenda constitucional é, essencialmente, uma rescisão da décima oitava), e isso é ainda é mais admirável pelo fato de, nos mais de 225 anos desde então, o país ter passado por grandes transformações tanto internas quanto no seu papel político global. Há poucas coisas de que os norte-americanos se orgulham tanto quanto dessa Constituição genial, e com razão. Apesar de suas deficiências específicas e do fato de que a declaração dos direitos do cidadão não ter excluído a horrível injustiça da escravidão nem o roubo e a expulsão da população nativa até o século XIX, é um fato que, por causa dessa Constituição, a instauração de uma tirania é bem difícil. O desempenho dos Estados Unidos na história mundial, resistindo ao delírio totalitário no século XX (e, aliás, deixou de joelhos o totalitarismo da Alemanha e o da União Soviética), ocorreu graças a essa Constituição. Em primeiro lugar, a associação entre separação horizontal dos poderes (em Legislativo, Executivo e Judiciário) e separação vertical dos poderes (em Estado central e estados constitutivos) oferece um equilíbrio severo contra o Executivo da federação, concebido monocraticamente. Os tribunais, desde a posse de Trump, bloquearam muitas de suas decisões, e os estados constitutivos se opõem com sucesso aos retrocessos da federação na política ambiental e na política de migração. Em segundo lugar, nos casos em que uma constituição é morta, quando um espírito correspondente não anima a sociedade civil, deve ser sublinhado que a multiplicidade de mídias, o dinamismo econômico de primeira classe e o panorama científico dos Estados Unidos são outros fatores que se opõem fortemente à instauração de uma tirania. E, em terceiro lugar, é de mencionar que, *até agora*, na presidência de Trump, ainda não coube a ele, como presidente e comandante-chefe das forças armadas, a extraordinária tomada de decisão – uma grande guerra. Trump, diferentemente dos ditadores do totalitarismo, não é nem sanguinário, nem truculento, e dificilmente causará algo do tipo, conscientemente. Para ele, concentração a longo prazo e planejamento são desconhecidos (como relatou na rede de negócios Fox que, ao comer "o mais belo bolo de chocolate" com o presidente chinês, disse-lhe que já havia ordenado um bombardeio na Síria e, em vez de falar "Síria", falou "Iraque", um aliado dos Estados Unidos)[39] e, como prefere jogar golfe e assistir televisão (especialmente se ele mesmo for o assunto) a estudar planos de batalha, Trump não possui a personalidade de se interessar pela conduta de guerra. Isso não significa, de modo algum, que possui a espertez de escapar de um deslize rumo à guerra – um grande número de guerras começou assim. E ele gostaria de arquitetar uma guerra para sua reeleição.

Mas, ainda que Trump seja destituído em 2020 e sua presidência venha a ser primariamente algo a permanecer na memória como um episódio clownesco, não é fácil ser confiante, a longo prazo, no futuro político dos Estados Unidos, pois o país, hoje, apresenta uma polarização política muito mais intensa do que, por exemplo, há vinte anos. É normal que as pessoas possuam ideias políticas diferentes, que governos alternem diferentes partidos; isso é, verdadeiramente, a seiva de uma democracia. Todavia, as oscilações de pêndulo em uma mudança de presidente serão cada vez maiores, e a capacidade de políticos inteligentes fazerem acordos entre adversários políticos se reduzirá de maneira alarmante. A Constituição norte americana pressupõe, sem dúvida, em grande medida essa capacidade, pois o presidente não é eleito pelo congresso e, por isso, é frequente que um dos partidos domine a Casa Branca e o outro, ao menos uma das duas câmaras parlamentares. Entretanto, as duas câmaras e o

---

39. MERICA, D. Trump, Xi talked Syria strike over "beautiful" chocolate cake. Disponível em: <https://edition.cnn.com/2017/04/12/politics/donald-trump-xi-jingping-syria-chocolate-cake/index.html>. Acesso em: 7 out. 2019.

presidente devem trabalhar em conjunto (o veto presidencial só pode ser anulado com a raríssima maioria de dois terços em ambas as câmaras). Durante os oito anos de presidência de Ronald Reagan, a Câmara dos Representantes sempre foi determinada por uma maioria democrática, e o Senado o foi durante dois anos; os planos do governo poderiam ser quase destruídos por causa disso. Nos últimos seis anos de sua Presidência, quando já não desfrutava de uma maioria nas duas câmaras, os planos de política interna de Obama chegariam a um impasse. Não é previsível como, sob dessas condições, por exemplo, uma política orçamentária responsável de longo prazo pode se realizar. Mesmo que Trump seja substituído por um presidente ou uma presidenta democrata, não é provável que ele ou ela tenha a maioria do próprio partido em ambas as câmaras, ou, ainda, depare-se com republicanos dispostos a negociar. E é ainda mais improvável de, mesmo que se atestem as mais graves quebras da lei pelo presidente, se formar uma maioria apartidária para sua demissão compulsiva, pois, sem essa maioria, não se consegue a exigida maioria de dois terços no senado. Contrastem-se os anos 1970: Nixon foi obrigado, pela ameaça de *impeachment,* a renunciar, ainda que, em 1972, tivesse conseguido a maioria em 49 estados (só não conseguiu em Massachusetts e no Distrito de Columbia). Isso não impediu, todavia, de modo algum, um consenso apartidário de que as quebras da lei por Nixon já não eram aceitáveis – assim como, em 2016/2017, na demissão compulsiva da presidenta sul-coreana Park Geun-hye, um processo exemplarmente conduzido que, como as manifestações disciplinadas anteriormente e, em seguida, a condenação bem-sucedida de Park, despertou a impressão de que, nesse país do Leste Asiático, o espírito do estado de direito é mais vivo do que em muitos países ocidentais. Trump, todavia, até agora pôde deixar o congresso aos republicanos, cuja maioria silencia sobre os delitos de Trump em troca do acordo de uma redução de impostos. Além disso, é conhecida a peculiaridade da direita de se agregar por trás de seus líderes, o que traz consigo grandes vantagens na disputa com a esquerda, bem mais facilmente dilacerada. Todavia, nesse ínterim, o espírito partidário se impôs de maneira totalmente nova, à custa da atitude do Estado. O país permanecerá polarizado, o que se deve temer, e será cada vez mais difícil de governar. Com isso, diante das velocíssimas mudanças técnicas políticas globais, dificilmente conseguirá se provar capaz de realizar adequações necessárias.

A divisão do país é visível pelo fato de a candidata democrata, Clinton, ter obtido quase três milhões de votos a mais que Trump. Contudo, isso não pôde impedir a eleição de Trump, já que o presidente norte-americano, como se sabe, é eleito por um colégio eleitoral. Cada estado envia ao colégio eleitoral um número de membros proporcional à quantidade de representantes que possui na Câmara dos Representantes e no Senado, sendo que cada estado tem dois senadores e na Câmara dos Representantes a distribuição dos assentos é proporcional ao tamanho da população de cada estado, orientando-se pelo censo, realizado a cada dez anos. Nesse ínterim, a maioria da população dos estados no centro geralmente migra para regiões mais rurais na Costa Leste e na Costa Oeste, onde há bem mais empregos; assim, nos estados com menor população, a quantidade de habitantes por delegado é menos da metade do que nos estados mais populosos. (Quarenta e oito estados seguem o princípio de "o vencedor leva tudo", portanto deixam todos seus eleitores ou eleitoras votar pelo candidato do partido que obtém a maioria dos votos. Entretanto, isso é uma decisão que compete ao estado, e não é prescrita pela Constituição; nos Estados Unidos em geral, a organização das eleições federais é da alçada dos estados constituintes).

É muito simples estigmatizar esse fato como injusto, porque não democrático, mas a constituição norte-americana é inteiramente consciente de um equilíbrio entre o princípio democrata e o princípio federal: os países mais ricos populosamente não devem dominar os países com população menor. Para Trump, de fato, a vitória não se deu por maioria dos eleitores norte-americanos, mas conforme a maioria em um claro maior número de estados individuais. Pode-se, com bons motivos, ser da opinião de que o país hoje cresceu tanto que favorecer os moradores das regiões menos povoadas já não é adequado. Em particular, uma das consequências mais negativas do sistema é que a decisão depende dos poucos estados decisivos[40] – o Texas vota em republicanos, Nova York vota em democratas, e as campanhas eleitorais se concentram nos poucos estados com maior população, e também nos estados econômica e cientificamente menos importantes, nos quais a população é bastante dividida entre os dois partidos principais, em seu comportamento eleitoral. A vitória de Trump teve a ver com isso, pois conquistou, pela primeira vez há muito tempo para os republicanos, Wisconsin, Michigan e Pensilvânia, que pertencem ao tradicional "muro azul", ou seja, ao grupo de estados eleitores democratas geograficamente próximos. Como é bastante difícil mudar a Constituição dos Estados Unidos, é ilusório crer que, no próximo século, ela sofra uma reforma – os poucos estados com população maior não perderiam seu privilégio. É marcante que uma divergência entre as relações de maioria no país e no colégio eleitoral já tenha ocorrido quatro vezes (1876, 1888, 2000 e 2016), portanto duas vezes nas duas últimas décadas. Ela pode muito bem se repetir na próxima campanha eleitoral, de 2020, pois a divisão política tem, hoje, uma forte base geográfica: os estados no Nordeste e na costa do Pacífico, com grandes metrópoles que sempre lucraram com a globalização, votam em democratas, mas os estados do Sul e cada vez mais estados do centro do país votam em republicanos. Mesmo que Califórnia e Nova York, nas próximas eleições, mobilizem dez milhões a mais de eleitores para os candidatos democráticos, isso não muda a maioria nos estados decisivos, e não impede uma reeleição de Trump. E, mesmo que Trump não seja reeleito, terá feito escola, e modificou duradouramente o tom dos políticos no país. É necessário compreender que Trump, infelizmente, é mais que um episódio.

---

40. *Swing states*, expressão em inglês no original, é um termo que se refere a estados estratégicos na campanha eleitoral nos Estados Unidos, pois neles não há candidato com maioria absoluta no que tange às intenções de voto. (N. do T.)

A frustração que resulta dessa situação é grande, e pode levar a uma grave crise da legitimidade social da Constituição. Em março de 2017, o diplomata Keith Mines escreveu um notável artigo na revista *Foreign Policy*, no qual estimou em 60% o risco de uma guerra civil nos Estados Unidos nos próximos dez a quinze anos. Deve-se acrescentar, de imediato, que, nesse aspecto, "guerra civil" é entendida como proliferação da violência política com tentativas de restringir a autoridade política vigente em domínios territoriais e/ou legais. Com isso, não se quer dizer nenhuma guerra civil longa, como a que ocorreu entre 1861 e 1865 nos Estados Unidos, nem a queda de um governo, mas uma situação em virtude da qual explosões de violência dificultam consideravelmente o funcionamento do poder estatal. Mines considera, com base em suas experiências em países com guerra civil, cinco indicadores de tal conflito como dados nos Estados Unidos. São os seguintes: a extrema polarização dos cidadãos (que ali, no entanto, hoje não se baseia diretamente no território, algo que, felizmente, torna improvável um conflito de maior porte); um fluxo de informações que já não é contínuo, mas se pulveriza em diversos canais, sendo percebido cada vez por um grupo político diferente; aceitação crescente da violência (possível, em grande parte, graças ao número estimado de 300 milhões de armas de fogo em propriedade privada)[41]; enfraquecimento de instituições como a imprensa e a justiça; colapso de lideranças políticas, sobretudo entre os republicanos[42]. Outros especialistas estimam a possibilidade de uma guerra civil entendida nesses moldes de modo diferente – de

---

41. ALPERS, P.; ROSSETI, A.; SALINAS, D. *United States – Gun Facts, Figures and the Law. Sydney School of Public Health, the University of Sidney*. Disponível em: <https://www.gunpolicy.org/firearms/region/united-states>. Acesso em: 7 out. 2019.
42. RICKS, T. E. Will we have a civil war? A SF officer turned diplomat estimates chances at 60 percent. Disponível em: <https://foreignpolicy.com/2017/03/10/will-we-have-a-civil-war-a-sf-officer-turned-diplomat-estimates-chances-at-60-percent/>. Acesso em: 7 out. 2019.

5% a 95%[43]. No que diz respeito à aceitação da violência, basta mencionar que Trump preparou, caso perdesse, seus apoiadores para se precaverem de uma suposta fraude eleitoral, e também sustentou a tese, mantida após a eleição, de que a maioria da população eleitora votou nele, mas milhões de não cidadãos foram autorizados a votar[44]. Certamente, agora se pode falar de uma "guerra fria civil" – em ambos lados, há uma expectativa de violência inconstitucional vinda do outro lado e uma prontidão para reagir.

O que, em todo o caso, é ocasião de uma situação inquietante é a vasta perda de confiança nos representantes democraticamente eleitos da política. Nas pesquisas de confiança em dezessete instituições norte-americanas, há tempos o Congresso apresenta os piores resultados. Em 2004, ele ainda desfrutava de grande ou enorme confiança de 30% dos norte-americanos; o número correspondente em 2014 caiu para 7%. Em todo caso, em 2018, aumentou 11%. O cargo presidencial obteve 37% em 2018 (em 2004, eram ainda 52%); as igrejas, 38% (em 2004, eram 53%); a Suprema Corte, 37%; as escolas públicas, 29%; os bancos, 30%; a televisão, 20%; o sistema de direito penal, 22%; pequenas firmas, 67%; a polícia, 54% e o exército, 74%[45]. Das organizações estatais, portanto, apenas as que estão encarregadas de violência física gozam de alta confiança, e, dos três poderes estatais mais importantes, o valor do Executivo e o do Judiciário são essencialmente maiores que o do Congresso. O que é espantoso nisso? Que o Congresso – diferentemente do presidente e da

---

43. WRIGHT, R. Is America headed for a new kind of civil war? Disponível em: <https://www.newyorker.com/news/news-desk/is-america-headed-for-a-new-kind-of-civil-war>. Acesso em: 07 out. 2019.

44. SHUGERMAN, E. Trump's voter fraud commission "the most bizarre thing I've ever been a part of", senior official says. Disponível em: <https://www.independent.co.uk/news/world/americas/us-politics/trump-voter-fraud-commission-matthew-dunalp-maine-kris-kobach-mike-pence-trump-voter-fraud-a8477716.html>. Acesso em: 8 out. 2019.

45. GALLUP. Confidence in Institutions. Disponível em: <https://news.gallup.com/poll/1597/confidence-institutions.aspx>. Acesso em: 8 out. 2019.

Suprema Corte, não mencionando a polícia e o exército – é diretamente eleito pelo povo. Mas precisamente isso parece ser a causa: o povo desconfia mais de si mesmo que dos órgãos em que a promoção se dá por competências objetivas. De fato, a desconfiança explícita mais provavelmente se direciona a outros eleitores do que a si mesmo (assim como na conhecida anedota segundo a qual todo estudante de psicologia diz que seus colegas estudam a disciplina por possuírem questões psicológicas, porém ele mesmo estuda psicologia para ajudar pessoas com problemas psicológicos). Mas isso não muda o fato de que muitos eleitores devem crer, ao menos implicitamente, que a determinação de um órgão estatal por meio de eleição geral não necessariamente escolhe pessoas nas quais se pode depositar confiança. Aqui não cabe responder se essa desconfiança é justificada ou não. Nesse contexto, basta afirmar que essa desconfiança existe. E, a longo prazo, essa desconfiança apenas solapará a legitimidade da democracia. Um passo relativamente inócuo é a ampliação das competências da justiça em relação ao Legislativo, pois o poder da justiça, naturalmente, é limitado; será muito mais perigoso se o Executivo, que tem o monopólio do uso da força, começar a substituir a legislação.

Permanece extraordinariamente difícil, de acordo com a célebre lei de Maurice Duverger[46], transcender o sistema de dois partidos por causa do sistema de voto majoritário, pois quem dá voz a um terceiro partido arrisca desperdiçá-lo, já que apenas o candidato com a maioria relativa do distrito eleitoral vence. Tal sistema torna a ascensão de novos partidos muito difícil e traz a vantagem de facilitar a formação do governo (ainda que deputados eleitos diretamente tenham, mais provavelmente, a coragem de se rebelar diante de líderes de facção no parlamento). Apesar disso, o Reino Unido, com o mesmo sistema eleitoral que os Estados Unidos,

---

46. Maurice Duverger (1917-2014) foi um sociólogo, jurista e cientista político francês. Segundo a lei de Duverger, um sistema de eleição majoritário conduz a um sistema bipartidário, ao passo que o sistema de representação proporcional induz ao multipartidarismo. (N. do T.)

atualmente possuem um "parlamento enforcado"[47], pela segunda vez desde 2010. Antes disso, situação similar havia ocorrido em 1974, pouco antes das reeleições. Com esse tipo de situação, surgiu um governo de minoria tolerada. O descontentamento com os dois partidos principais deve ter alto grau de influência nessa situação. Na maioria dos países democráticos com sistema de representação proporcional, a divisão de partidos progride, e, com isso, a formação do governo se tornou bem mais difícil. A Bélgica esteve sem governo eleito após as eleições parlamentares de junho de 2010 a dezembro de 2011; a Holanda, durante duzentos dias de 2017; a Alemanha, após as eleições da Dieta Federal Alemã, de setembro de 2017 a março de 2018. A Espanha possui, desde 2016, governos de minoria que se alternam. O declínio dos partidos social-democratas, bem como a nova ascensão dos partidos populistas de direita e de esquerda (e também de partidos populistas como o Movimento 5 Estrelas[48], da Itália, que não se enquadram no esquema cada vez mais ultrapassado de "direita-esquerda"), está em curso na União Europeia. Nos Estados Unidos, no entanto, o sistema de dois partidos permanece estável na superfície. Mas os conteúdos dos dois grandes partidos se modificaram totalmente, o que já ocorreu anteriormente com a base geográfica de ambos os partidos. Os estados do Sul eram tradicionalmente orientados democraticamente (o libertador dos escravos, Abraham Lincoln, era republicano); ainda nos anos 1960 e 1970, um racista como o democrata George Wallace se candidatou para a indicação democrática à Presidência. Mas, com a ascensão do movimento dos direitos civis no Partido Democrata, os republicanos conseguiram ganhar o Sul para si por muito tempo. No entanto, nos anos 1980,

---

47. *Hung parliament*, expressão em inglês, é um termo utilizado no sistema parlamentarista britânico para indicar uma situação na qual nenhum partido político ou coalizão possui maioria absoluta de legisladores no Parlamento. (N. do T.)
48. O *Movimento 5 Stelle*, ou M5S, é um partido político italiano fundado em outubro de 2009 por Beppe Grillo, comediante e blogueiro, e Gianroberto Casaleggio, estrategista da web. É um movimento considerado populista, ambientalista, cético em relação à União Europeia. (N. do T.)

os republicanos eram o partido amigável à globalização, ao passo que os democratas eram, devido ao seu contato com sindicatos, bem mais fechados em relação ao assunto. Sob Bill Clinton, todavia, teve lugar uma mudança radical dentro do Partido Democrata, cujas elites agora professavam, tal como as elites republicanas, a globalização, prosseguindo-a e tendo se esquecido, em grande parte, da classe trabalhadora do país. A ancoragem de Trump no Partido Republicano por sua posição antiglobalização só foi possível porque o movimento populista de direita *Tea Party*[49] começou a determinar o Partido Republicano desde 2009. A classe alta econômica tradicional, que se identificou com os republicanos "aristocratas", seria, com isso, substituída por forças nacionalistas, antiuniversalistas e anti-intelectuais, que se passam por voz do povo contra as elites corruptas em Washington.

Ainda maiores que os danos no que tange à política interna são os danos da Presidência de Trump para as relações internacionais. Apenas um ano e meio após sua posse, já se pode dizer que, graças a esse charlatão no maior cargo, o exemplo e o papel de liderança dos Estados Unidos na política mundial desmoronaram, e não se vê um substituto aceitável em lugar algum. A arena internacional, a curto prazo, se tornou imprevisível; e os países não governados democraticamente sentem-se encorajados em suas constituições, pois eleições democráticas podem produzir chefes de Estado tão incompetentes quanto Trump. A hegemonia norte-americana desde 1991, de fato, dificilmente poderia ser mantida por décadas; uma duração mais longa, todavia, ser-lhe-ia concedida se o país tivesse cooperado de maneira confiável com as Nações Unidas e se tivesse criado uma imagem de guardião do direito internacional. Com os megalomaníacos que reforçam para sempre a já existente desigualdade a favor

---

49. O movimento *Tea Party* ("festa do chá", alusão à Festa do Chá de Boston, evento de 1773 de revolta contra impostos do governo britânico) é um movimento político conservador no interior do Partido Republicano dos Estados Unidos. (N. do T.)

dos Estados Unidos, exigindo a "Estratégia de Segurança Nacional" (*National Security Strategy*) de setembro de 2002 e a guerra ilegal, moralmente injustificada e politicamente inacreditável contra o Iraque de 2003, o país perdeu sua posição moral de liderança; e a lenta recuperação por Obama foi, a longo prazo, desperdiçada por Trump, uma vez que ele também afastou, em grande parte, os aliados tradicionais dos Estados Unidos. Seria irresponsavelmente otimista supor que esses danos não aumentarão de volume nos anos em que ainda se terá de tragar Trump. Se é permitido falar em termos de teologia da história, pode-se ousar a conjetura de que, primeiro com o segundo Bush e depois especialmente com Trump, sejam meios sutis da Providência divina de levar ao fim a hegemonia dos Estados Unidos. Na eleição de uma figura cartunesca como Trump, Deus mostra um espantoso senso de humor.

O Ocidente transatlântico está em sua crise mais grave desde 1945. Essa crise será fortalecida pelo fato de que, como indicado, também os próprios Estados Unidos estão divididos como não ocorria há muito tempo e, no caso da União Europeia, forças centrífugas estão interrompidas, o que pode conduzir a seu completo colapso. Ainda que muitos europeus sintam uma superioridade cultural diante dos Estados Unidos – o que é plenamente compreensível diante das esplêndidas façanhas científicas e artísticas do passado –, de todo modo já não se pode apoiar em méritos correspondentes no presente e, por isso, [esse sentimento de superioridade] exerce, sobretudo, uma função compensatória diante das próprias fraquezas políticas e militares. Em seguida, indica-se a ênfase com que a maioria das patologias psicossociais e políticas dos Estados Unidos, em pouco tempo, transbordam para a Europa. A lembrança do próprio passado pode, provavelmente, poupar mais os alemães de cair nas teias de demagogos do que os norte-americanos, cujo orgulho nacional inquebrantável condicionou, de fato, a maior vitalidade do país, mas possui uma tendência a obcecar e mesmo a emburrecer. Todavia, seria negligente acreditar que o tipo de político que Trump representa não seria possível na Europa. Marine Le Pen, do radical Front National (Rassemblement

National, desde junho de 2018) conseguiu, na segunda votação para a Presidência da França, em maio de 2017, 33,9% dos votos (já seu pai, em 2002, havia conseguido 17,79% dos votos no segundo turno para o cargo de presidente). Decerto, sua derrota por Emanuel Macron é nítida. Macron, de um lado, defende uma globalização universalista e uma política amigável à Europa; de outro lado, ganha as pessoas com a elegância de sua fala, sua inteligência e sua formação: Macron estudou com o importante filósofo Paul Ricoeur e escreveu sua tese sobre Hegel. Como personalidade, e também por suas ideias políticas, Macron é o antítipo de Trump. Todavia, uma afinidade entre ambos é surpreendente e inquietante. Ambos são pessoas que exercem uma profissão diferente de sua formação. Mesmo assim, Macron foi ministro da Economia durante dois anos, mas deve sua ascensão meteórica ao maior cargo político da França à fundação de um movimento próprio, *En marche* (cuja abreviatura, E.M., lembra seu nome), apenas um ano antes do ano presidencial. No início de 2017, ninguém esperava que ele fosse vencer todos os concorrentes, e isso demonstra um forte desejo de mudança, que teve como consequência, entre outras, o fato de que que o candidato do Partido Socialista – ao qual pertenciam o presidente e o primeiro-ministro até 2017 –, Benoît Hamon, conseguiu apenas 6,36% dos votos. Dito de outro modo: a eleição de Macron foi, após duas escolhas erradas de candidato para o cargo de presidente, um verdadeiro caso de sorte para a França e para a União Europeia, e refreou as "revoltas antiglobalização" de 2016. Mas seria ingênuo não querer ver que essa eleição revelou uma enorme volatilidade do sistema político, também na França, que pode conduzir, em outra ocasião, a resultados igualmente imprevisíveis, mas que podem pressionar em uma direção totalmente diferente.

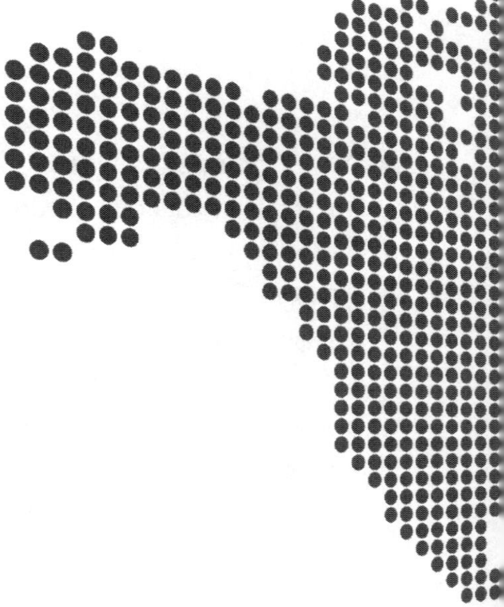

3

QUAIS SÃO AS CAUSAS DA ASCENSÃO DOS POPULISTAS?

Os aspectos negativos da globalização
O declínio da classe trabalhadora nos países desenvolvidos e a insegurança dos homens

Como Trump conseguiu se tornar presidente? Não há dúvida de que ele trabalhou com determinação para essa meta, e percebeu, instintivamente, que 2016 seria o momento certo para sua candidatura, uma vez que, após dois mandatos do mesmo presidente nos Estados Unidos, há uma tendência geral a mudar o partido do presidente. Além disso, após um presidente afro-americano, os norte-americanos conservadores não gostariam de ver uma mulher no cargo. No verão de 2016, o diretor de documentários Michael Moore foi um dos pouquíssimos que previram corretamente a eleição de Trump em seu texto pequeno e genial "5 razões pelas quais Trump vencerá", que compensa, em sua compreensão, bibliotecas inteiras de literatura em ciência política e se fundamenta nos seguintes cinco argumentos[1]. Em primeiro lugar, há o cinturão da ferrugem (*rust belt*) do Centro-Oeste, que em grande parte sofreu com a globalização e onde a classe média se encolheu, desenvolvendo uma alergia profundamente arraigada em relação às elites de Washington. A mudança dos estados da Pensilvânia, Michigan e Wisconsin, tradicionalmente "azuis", portanto democratas, para "vermelhos", ou seja, republicanos, foi, como já dito, decisiva para a vitória de Trump. Ele prometeu aos trabalhadores levar a sério suas preocupações com a realocação de vagas de trabalho no exterior. Com certeza, é certo que seu meio – a ameaça com tarifas aduaneiras – não se mostra duradouramente efetivo, mas, antes, pode conduzir ao aumento dos custos e, portanto, também à perda de vagas de trabalho (prevendo, também, consequências políticas como a corrosão do papel de liderança norte-americano no Ocidente e a ascensão de outras potências). Mas, para o ser humano em necessidade, uma promessa tão absurda é muito mais atraente que a igualdade. Moore possui uma intuição peculiar para as atitudes das pessoas do Centro-Oeste, sendo ele de Flint, Michigan, outrora um polo de produção da General Motors e, hoje, um estado que, de 1960 a 2010, perdeu quase metade de sua população, várias vezes demonstrou um dos maiores índices de criminalidade do país e no qual cerca de 40% dos imóveis estão vazios. Algo semelhante vale para a maior cidade de Michigan, a antigamente orgulhosa Detroit, que o turista nos Estados Unidos deveria visitar sem falta, pois compreenderá claramente por que o país que elegeu Jefferson, Lincoln e os dois Roosevelts pôde se entregar a um Trump.

Entretanto, não foram apenas os trabalhadores que se sentiram atraídos pelo bilionário Trump. Em segundo lugar, os eleitores masculinos, pois papéis tradicionalmente sexuais estão em mudança, e muitos homens (e também algumas mulheres) estão inseguros existencialmente. Moore apresentou o processo de pensamento (ou melhor, o fluxo emocional) de tal eleitor desta maneira: "após um negro (Obama é filho de um queniano

---

1. MOORE, M. 5 Reasons why Trump will win. Disponível em: <https://michaelmoore.com/trumpwillwin/>. Acesso em: 8 out. 2019.

e passou sua infância na Indonésia), devemos agora permitir, por oito anos, que uma mulher nos dê constantemente ordens? E, então, chegará a vez de um gay e de um transgênero na Casa Branca e, finalmente, após a concessão de direitos políticos aos animais, será a vez um hamster?"

Em terceiro lugar, Moore foi sincero ao mencionar como problema posterior a personalidade de Hillary Clinton. Suas competências profissionais são incontestáveis (segundo todas as pesquisas de opinião, ela venceu nitidamente todos os três debates de televisão contra Trump), mas isso foi mais um problema que uma vantagem, pois nem todo homem gosta de mulheres inteligentes. Além disso, Clinton, em grande parte, e não tão injustamente, foi percebida como alguém que não se responsabiliza por determinadas posições políticas com base em convicção, mas troca de postura de modo oportunista (por exemplo, sua atitude em relação ao casamento de pessoas do mesmo sexo). Seu apoio à Guerra do Iraque de 2003, sobre o qual Obama havia alertado nitidamente, a fez impopular diante de muitos liberais e, sobretudo, entre jovens eleitores. O ódio contra ela foi mais forte que o medo de Trump.

Em quarto lugar, Michael Moore menciona a frustração daqueles que, nas eleições primárias, haviam votado em Bernie Sanders como candidato do Partido Democrata. O sucesso desse solitário – que de modo interessante compartilhava algumas posições com Trump, como a recusa ao livre-comércio, mas que, por seus interesses pessoais, exercia sobre os jovens uma inesperada força de atração, apesar da idade bem avançada – deixou a candidatura de Hillary em apuros. Ela venceu a indicação democrata de maneira apertada, e reforçou-se a suspeita – vale dizer, graças à obtenção amigável de informações com os russos – de que as lideranças do partido, que são obrigadas à neutralidade, favoreceram injustamente Hillary. A vice-presidente do Comitê Nacional Democrata, Debbie Wasserman Schultz, precisou, por isso, entregar o cargo em julho de 2016.

Em quinto lugar, Moore se recorda da vitória do ex-lutador de luta livre, guarda-costas dos Rolling Stones e mestre de cerimônias, Jesse

Ventura, eleito governador do Minnesota em 1998, como candidato de um pequeno terceiro partido, entre outros motivos por ter se sido um dos primeiros a usar sabiamente a internet. Tais eleições ocorrem em sigilo, portanto sem deixar espaço para reações de desaprovação dos outros, e, por isso, é possível aproveitá-las sem responsabilidade. Isso permite ao indivíduo dar expressão ao desejo de mostrar a uma elite política, com a qual já não se consegue identificar, o próprio desprezo profundo, ainda que com risco de consequências seriamente negativas para ele mesmo.

Com efeito, Moore menciona os fatores decisivos. Mas vale a pena aprofundar suas análises, pois o que foi referido, infelizmente, de modo algum se limita aos Estados Unidos e à situação imediata. Trata-se de mudanças sociais gerais que atrairão para si enormes consequências políticas mundiais, pois, ainda que o subsistema político seja capaz de estipular condições subjacentes da sociedade, ele próprio é dependente de parâmetros do ambiente social, que ele só pode dominar temporariamente. O que diz respeito ao primeiro ponto é que provavelmente a transformação social mais importante da atualidade seja o declínio da classe trabalhadora. Essa classe é relativamente jovem, em termos de história mundial – existe graças à Revolução Industrial. Nos Estados Unidos, em 1810, 80,9% da classe trabalhadora era ativa na agricultura e apenas 2,8% era ativa na indústria. Em 1920, os números haviam, respectivamente, caído para 25,9% e subido para 26,9%; em 1960, houve, respectivamente, queda para 8,1% e queda para 23,2%[2]. Diante desse deslocamento do setor primário para o secundário (industrial) no curso do século XIX na Europa Ocidental e nos Estados Unidos, foi evidente que, no marxismo, a classe trabalhadora seria glorificada como o único motor da história mundial. Como, sem ela, a industrialização não poderia ter se desenvolvido, sua exploração seria considerada algo particularmente injusto. O orgulho do trabalhador por seu trabalho manual, todavia, de modo algum foi reduzido

---

2. LEBERGOTT, S. *Labor Force and Employment, 1800-1960*. Disponível em: <https://www.nber.org/chapters/c1567.pdf>. Acesso em: 8 out. 2019.

a sistemas econômicos socialistas. Também o trabalhador norte-americano, que compreende de maneira inteiramente correta as vantagens de uma economia de mercado, tem uma forte autoconsciência de que se alimenta porque ele merece. Mas não é apenas a ascensão do setor terciário, ou seja, o setor de prestação de serviços – e, sobretudo, aquele subconjunto do terciário que às vezes é chamado setor quaternário, isto é, o setor da informação –, a que pertencem, por exemplo, engenheiros, faz recuar o setor secundário, no decorrer do século XX. Os desenvolvimentos técnicos que se resumem sob o conceito de "Indústria 4.0"[3] podem suprimir quase inteiramente o setor secundário e, com isso, conceder a ele uma duração de vida de cerca de dois séculos, ao passo que a revolução neolítica iniciou mais de 10 mil anos em que a agricultura era o setor dominante.

Do fim dos anos 1940 até 1973, nos Estados Unidos a renda do trabalhador médio crescia em consonância com o crescimento da produtividade, e isso era considerável. Todavia, de 1973 a 2016, a produtividade aumentou 73,7%, ao passo que a renumeração por hora aumentou apenas 12,5%. Aquela, portanto, cresceu seis vezes mais do que esta[4]. Isso significa que o trabalhador foi desatrelado do crescimento do valor, e, inevitavelmente, com isso a desigualdade na distribuição de renda do país aumentou. O primoroso Joseph Stiglitz, vencedor do Prêmio de Ciências Econômicas em Memória de Alfred Nobel, fornece os seguintes dados em seu trabalho "Inequality and Economic Growth" (Desigualdade e crescimento econômico)[5]: entre 1980 e 2013, o 1% mais rico dos

---

3. Termo usado para se referir ao projeto de uma Quarta Revolução Industrial. A inteligência artificial seria o elemento central dessa mudança, relacionada ao uso de grandes massas de dados (*big data*), uso de algoritmos e de armazenamento em nuvem. (N. do T.)
4. EPI. The Productivity Pay-Gap. Disponível em: <https://www.epi.org/productivity-pay-gap/>. Acesso em: 8 out. 2019.
5. STIGLITZ, J. Inequality and Economic Growth. Disponível em: <https://www8.gsb.columbia.edu/faculty/jstiglitz/sites/jstiglitz/files/Inequality%20and%20Economic%20Growth.pdf>. Acesso em: 8 out. 2019. Os dados seguintes procedem desse texto.

norte-americanos viram aumentar sua renda média em 142%, o 0,1% mais rico, em 236% – porém a renda familiar média aumentou apenas 9%. Vale dizer, esse aumento sucedeu nos primeiros anos do dado espaço de tempo; entre 1989 e 2013, ela encolheu 0,9%. Ao mesmo tempo, deve-se considerar que, entre 1980 e 2012, o número de recém-formados na faculdade quase duplicou para 30% e que, entre 1979 e 2007, o quinto mais baixo de assalariados elevou a própria jornada anual de trabalho em 22%; entretanto, isso não contribuiu para limitar o aumento da desigualdade. A concentração de patrimônio é ainda mais densa que a da renda: já em 2013, aqueles com mais patrimônio já possuíam 35% do patrimônio geral. Particularmente assustador é que as chances de ascensão de um jovem também dependem, em grande medida, da renda e grau de instrução de seus pais – com isso, todavia, a ideologia do "sonho americano", que remete ao século XVIII, segundo a qual a ascensão está aberta para os talentosos, cada vez mais castiga com mentiras[6]. De fato, a (não simples de medir) elasticidade intergeracional de renda, que correlaciona a renda dos pais com a dos filhos, foi estimada nos Estados Unidos em 0,47 – o que (talvez significativamente) é maior que nos países europeus, exceto na Itália e no Reino Unido[7]. Todavia, o Coeficiente de Gini, que mede a desigualdade na distribuição de renda, aumentou em quase todos os países da Organização para a Cooperação e Desenvolvimento Econômico (OCDE) desde 1985[8]. Também é alarmante que, presumivelmente, 2019

---

6. Ver, sobre isso, CHOMSKY, NOAM. *Requiem for the American Dream. The Principles of Concentrated Wealth and Power*. Org. P. Hutchinson, K. Nyks e J. P. Scott. New York: Seven Stories Press, 2017. (Trad. bras.: *Réquiem para o sonho americano. Os 10 princípios de concentração de riqueza & poder*. Trad. M. C. de Almeida. Rio de Janeiro: Bertrand Brasil, 2017.)
7. Cf. CORACK, MILES. Inequality from Generation to Generation: The United States in Comparison. In: RYCROFT, R. S. (org.). *The Economics of Inequality, Poverty, and Discrimination in the 21st Century*. Santa Barbara: Praeger, 107-125, 109 ss.
8. OECD. An Overview of Growing Income Inequalities in OECD Countries: Main Findings. Disponível em: <https://www.oecd.org/els/soc/49499779.pdf>. Acesso em: 9 out. 2019.

será o terceiro ano seguido em que os Estados Unidos terão apresentado uma redução na expectativa de vida – algo parecido com o que ocorreu pela última vez há quase cem anos, ou seja, entre 1916-1918[9].

Quais são as causas para a crescente desigualdade nos Estados Unidos? Certamente, decisões políticas desempenham um papel importante – a permissão de pensões básicas por causa de monopólios, a socialização desavergonhada de prejuízos na crise financeira de 2008 por meio de privatização simultânea dos lucros, uma política fiscal que favorece os ricos. Essencialmente, além disso, há o declínio da organização de trabalhadores em sindicatos[10]. Finalmente, deve-se mencionar o mau estado das escolas públicas, pois quase a metade (em 2014/2015, eram 45%) dos recursos públicos para as escolas procedem de verba local, especialmente de impostos sobre propriedade (o resto procede de recursos da União, que contava com 8% em 2014/2015)[11], de modo que morar em um distrito mais pobre significa o acesso a uma escola pior, e a educação ali oferecida explica por que, também para as futuras gerações, é difícil superar o círculo vicioso da pobreza, uma vez que um crescimento de 10% das despesas por estudante durante todos os anos escolares a partir dos doze anos conduz a salários 7,25% maiores e a uma redução de 3,67% do risco de pobreza na idade adulta; e essas realidades são ainda mais manifestas em famílias com renda baixa[12].

Além desses fatores, outros dois desempenham um papel decisivo – globalização e automatização. Uma consequência da globalização é que as empresas podem facilmente ameaçar trabalhadores ocidentais,

---

9. STOBBE, M. U.S. Life Expectancy Will Likely Decline For Third Straight Year. Disponível em: <https://www.bloomberg.com/news/articles/2018-05-23/with-death-rate-up-us-life-expectancy-is-likely-down-again>. Acesso em: 9 out. 2019.
10. OECD. Trade Union. Disponível em: <https://stats.oecd.org/Index.aspx?DataSetCode=TUD#>. Acesso em: 9 out. 2019.
11. MCFARLAND, JOEL. Public School Revenue Sources. Disponível em: <https://nces.ed.gov/programs/coe/indicator_cma.asp>. Acesso em: 26 nov. 2019.
12. JACKSON, C. K.; JOHNSON, C.; PERSICO, C. The Effects of School Spending on Educational and Economic Outcomes: Evidence from School Finance Reforms. Disponível em: <http://www.nber.org/papers/w20847>. Acesso em: 9 out. 2019.

deslocando suas fábricas para países em desenvolvimento, quando as exigências salariais forem muito altas; e elas frequentemente as deslocam mesmo quando as exigências são modestas, pois a diferença de salário muitas vezes é maior que a diferença de produtividade. Certamente, o motivo por trás de tais decisões empresariais poucas vezes é altruísta. Mas já vimos, no primeiro capítulo, que as consequências dessa globalização foram, no conjunto, positivas para os países pobres – ou seja, de modo algum para cada classe individual: a desigualdade global se reduziu. O aumento da desigualdade nos países da OCDE é associado com isso – na China, a classe média se tornou tão forte porque a economia chinesa se expandiu imensamente; e essa expansão colocou pressão sobre o preço de mercado do trabalho assalariado nos países ocidentais. As consequências para os trabalhadores ocidentais são certamente algo a lamentar. Todavia, quem é universalista, portanto, quem parte do princípio de que toda pessoa possui direitos iguais, entre outros o direito de adquirir prosperidade por meio do trabalho, deve dar prioridade à superação da pobreza absoluta em países em desenvolvimento, e não ao combate à pobreza relativa em países ricos. De fato, pode ser correto que algumas pessoas em pobreza relativa sofram tanto subjetivamente quanto outras em pobreza absoluta; mas, do ponto de vista objetivo, a pobreza absoluta, que impossibilita até mesmo a satisfação de necessidades básicas, é um mal moral maior. Tudo isso, naturalmente, não significa que nos países ricos a distribuição interna dos ganhos da globalização até agora ocorreu de maneira moralmente correta. Já mencionei alguns dos parafusos que se devem girar para reduzir a desigualdade – uma política educacional melhor, uma redistribuição mais forte mediante impostos, um combate enérgico aos monopólios. Mas, se de um lado a humanidade precisa de uma melhor globalização, que amorteça as consequências para os que perdem com ela, tanto nos países mais ricos quanto nos países mais pobres, e distribua simetricamente seus lucros da globalização, de outro lado seria errado, por esses motivos, tomar distância da globalização como um todo. A direita nacionalista e a esquerda nacionalista tendem a fazer isso, e o liberalismo clássico possui, em oposição às duas, uma razão refletida – tanto econômica quanto moralmente. Mesmo quando não se pensa na economia mundial, mas na própria economia nacional. Naturalmente, com uma eventual ruptura da globalização, as vagas de trabalho transferidas para o estrangeiro só seriam parcialmente devolvidas às economias nacionais mais desenvolvidas e com fluxo de capital mais intenso, sem considerar as consequências dos custos inevitavelmente altos dos produtos e o fato de que os países parceiros até então se defenderiam contra o protecionismo com medidas análogas[13].

A automatização já se tornou amedrontadora para a classe trabalhadora ocidental, tendo sido consequência da terceira revolução industrial, isto é, da revolução digital (a primeira revolução industrial se baseou na mecanização graças à energia hidráulica e à energia a vapor e a segunda, na produção em massa graças à energia elétrica e à linha de montagem). O pensamento central da quarta revolução industrial, a chamada Indústria 4.0, é a interconexão de pessoas, instalações, logística e produtos com a meta de otimizar a cadeia de valor inteira, desde o desenvolvimento do produto até sua reciclagem, por meio de recursos como a fusão entre mundo virtual e real. A produtividade será, dessa maneira, ainda mais intensificada por meio de configuração inteligente e manterá o respeito ao meio ambiente. O trabalho físico duro e também provavelmente o trabalho intelectual monótono e mecanizável serão cada vez mais deixados às máquinas. Empregos que deverão se tornar supérfluos com os próximos progressos da automatização, por exemplo, serão os de metalúrgicos, taxistas e caminhoneiros, serviços de entrega, funcionários administrativos e de escritório, contadores e bancários. Os cientistas professores em Oxford, Carl Benedikt Frey e Michael A. Osborne predizem que, nos Estados Unidos, 47% dos empregos estão ameaçados[14]. O que acontecerá

---

13. Cf. as excelentes análises de Sachs, Jeffrey D. *A New Foreign Policy. Beyond American Exceptionalism.* New York: Columbia University Press, 2018, 133 ss.
14. Frey, C. K.; Osborne, M. A. The Future of Employment: How Susceptible are Jobs to Computerisation? Disponível em: <https://www.oxfordmartin.ox.ac.uk/downloads/academic/The_Future_of_Employment.pdf>. Acesso em: 9 out. 2019.

com esses milhões de desempregados? Simplificadamente, podem-se apresentar três formas de lidar com o problema. Uma é a desaceleração desse desenvolvimento. Uma destruição de máquinas como a que ocorreu pela primeira vez no início do século XIX com o ludismo dificilmente seria benéfica; e, em um mundo globalizado, é inteiramente convincente o argumento de que quem se opõe às racionalizações perde a competição mundial. Apesar disso, parece-me que seria irresponsável deixar as coisas simplesmente seguirem livremente seu curso natural – e isso significa, nesse caso, técnico –, pois, provavelmente, a Indústria 4.0 poderá gerar formas totalmente diferentes de desemprego das que até aqui se veem, sendo no mínimo justo endossar alguns dos custos sociais resultantes desse desenvolvimento. Impostos ambientais são justos[15], uma vez que, ao menos em parte, previnem a externalização das consequências do próprio consumo – cuja disseminação se dá em gerações futuras ou em pessoas que vivem muito longe, e que sofrem muito mais com a mudança climática do que aqueles que contribuíram para ela – e, por meio da internalização dos custos, criam incentivos para uma maneira de administrar de forma compatível com o meio ambiente. De maneira análoga, um imposto sobre máquinas seria algo a considerar. A objeção alegada contra o pensamento geral de um imposto sobre o valor acrescentado, porque este reduziria o ritmo do acúmulo de capital, não cabe aqui, porque a desaceleração das novas técnicas de modo que a sociedade possa se adaptar às mudanças técnicas é precisamente a meta. Nesse contexto, também algumas violações do princípio de livre-comércio, como tarifas alfandegárias e subvenções, são legitimáveis – elas deveriam ser justificadas de maneira análoga aos impostos ambientais: proporcionar externalização de custos a partir de benefícios gerais.

---

15. Cf. Hösle, V. *Philosophie der ökologischen Krise*: *moskauer Vorträge*, 101-119. München: C. H. Beck, 1991, 101-119. (Trad. bras.: *Filosofia da crise ecológica. Conferências moscovitas*. Trad. G. Assumpção. São Paulo: LiberArs, 2019, 100-115.) (N. do T.).

Em segundo lugar, deve-se mencionar a ideia de um mínimo de subsistência garantido para todos (para começar, ao menos no próprio país). Quanto mais rica uma sociedade pode ser sem trabalho humano, mais injusto é fazer com que a distribuição da propriedade dependa apenas do trabalho (ao menos em teoria, já que no capitalismo atual a herança e lucros do mercado, assim como o desempenho, têm um papel). Reduzindo a demanda por trabalho, deve-se receber uma renda mínima, independentemente do trabalho exercido ou não por uma pessoa – o crescimento econômico possibilitaria isso, ao menos se o crescimento demográfico abrandar. Todavia, por mais inevitável e justo que esse desenvolvimento seja, seria também ingênuo acreditar que ele resolveria todos os problemas da redução de emprego, ou até mesmo os problemas decisivos. Não só de pão vive o homem, ele também precisa, pelo menos, do reconhecimento de seus próximos (não me pronunciando, aqui, sobre a dimensão religiosa), e esse reconhecimento, via de regra, é dado pelo desempenho no trabalho. A esperança dos utopistas do século XIX de que um mundo sem trabalho, por si só, possibilitaria uma vida feliz e espiritual é ingênua; é mais provável que um ser com redução de instintos tão grande como o ser humano, sem o trabalho e sem a alta cultura que o vincula e enquadra, entregue-se a seus impulsos. Por causa do anseio mimético do ser humano, é ilusório supor que aqueles que vivem em um nível economicamente inferior (uma vez que seria inevitável atribuir maior renda aos que assumissem trabalhos não realizáveis por máquinas, para poder encontrar pessoas dispostas a isso) não ficariam atormentados pela inveja daqueles que exercem uma atividade que goza de reconhecimento e, portanto, recebem maior renda. O potencial do ódio e da raiva que está adormecido se tornará, para demagogos, uma boca – tal como o enorme desemprego na Alemanha de 1933 favoreceu a ascensão de Hitler – e ainda engendrará políticos completamente diferentes de Trump. É decisivo que, contra concorrentes, imponha-se um caráter que inspire confiança – não, por exemplo, por meio de sugestões racionais, mas por meio da vivificação de instintos que ele (ou ela) compartilha com os frustrados e que pode assegurar, a esses, a satisfação daqueles. Todavia, por meio da identificação com o líder, ocorre uma satisfação vicariante que possui, como consequência, alta disposição para fazer sacrifícios por ele. Não é necessária familiaridade especial com a natureza humana para explicar por que os depreciados não veem na automatização, mas na globalização, o seu verdadeiro inimigo, seja na forma de imigrantes ilegais mexicanos, seja na forma de novos concidadãos de fé islâmica, que supostamente são terroristas, seja na forma de chineses que comerciam de modo injusto (que, segundo Trump, "estupram" os Estados Unidos[16]). Afinal, diferentemente do que ocorre com as máquinas, é possível bater nesses grupos de forma que se machuquem e se imaginar superior a eles – distintamente do caso do engenheiro inteligente norte-americano, cujo *software* prepara a próxima rodada da automatização. A fuga no nacionalismo é, em si, uma reação óbvia, quando a própria autoestima é ferida; pois, como Schopenhauer escreve em *Aforismos para a sabedoria de vida*: "Todo idiota que não possui nada no mundo de que possa se orgulhar recorre ao último recurso: orgulhar-se da nação à qual ele já pertence"[17]. Mas, se a ameaça da própria força econômica e, portanto, da própria identidade é atribuída à globalização, então o impulso nacionalista se torna ainda mais natural e muito mais difícil de refrear.

Profissões como a de engenheiros, médicos, enfermeiros, educadores ou professores não poderão ser substituídas por máquinas que só consigam assumir trabalhos rotineiros físicos ou intelectuais, mas ainda não consigam se engajar em atividades criativas e sociais. Em terceiro lugar, quanto a isso, a quarta revolução industrial não tornará o trabalho supérfluo, mas apenas o reduzirá e transformará a forma exigida. Cada inovação

---

16. Trump: "We can't continue to allow China to rape our country". Disponível em: <https://edition.cnn.com/2016/05/01/politics/donald-trump-china-rape/index.html>. Acesso em: 9 out. 2019.
17. Schopenhauer, Arthur. *Zürcher Ausgabe. Werke in zehn Bänden*. Zürich: Diogenes, 1977. (Trad. bras. do livro específico: *Aforismos para a sabedoria na vida*. São Paulo: Martins Fontes, 2002.)

por meio de empresas dinâmicas conduz a destruição criadora, para usar o termo do conhecido economista Joseph Schumpeter; e o que só aumentará, como certamente o ser humano terá mais tempo livre, é a indústria do lazer. Não é certo que o deslocamento do foco da própria ocupação para o entretenimento em vez do trabalho fará bem para a alta cultura, mas a aparição de ainda mais séries de crime na televisão, *talk shows* e *reality shows*, como os diversos *Dschungelcamps*[18], poderá absorver alguns dos futuros desempregados. Provavelmente, de todo modo, não será maior o número daqueles cujo entretenimento é caracterizado pelo desejo ao estrelato, e, por definição, nem todos podem ser uma estrela. Ainda não está claro quais serão as consequências políticas dessa civilização do entretenimento; mas não é necessário muito tato para prever que ainda mais políticos serão recrutados do *show business*, além daqueles com que somos presenteados. De resto, ainda mais ocupações que possibilitam a indústria do entretenimento permanecerão importantes. Engenheiros que desenvolvem *softwares* cada vez mais complexos manterão a produção em funcionamento; e ocupações sociais se debruçarão, sobretudo, sobre as pessoas nas primeiras duas décadas e na última década de vida, pois um dos paradoxos da civilização técnico-científica é que, originada da luta do ser humano moderno pela autonomia, ela mesma, por causa do progresso médico-farmacêutico, prolongou a fase de dependência, e às vezes até mesmo a fase do desamparo devido à demência no fim da vida.

Não seria surpreendente se o prolongamento das ocupações que, antes de exigir força física demandam habilidades sociais, fortalecesse a feminização do mundo do trabalho, pois, ainda que papéis sexuais sejam fluidos e que nada impeça a suposição de que a maioria dos homens do século XXII apresentará mais características hoje associadas às mulheres,

---

18. Trata-se de uma versão alemã do *reality show* britânico "I'm a Celebrity... Get Me Out of Here!". *Dschungelcamp* é o nome como espectadores se referem a essa série. O nome completo é uma tradução literal da versão britânica: *Ich bin ein Star – Holt mich hier raus!*. Nessa série alemã, celebridades mais ou menos famosas devem passar duas semanas em um acampamento na selva australiana. (N. do T.)

tal mudança precisa de seu tempo; e, ao menos segundo minha observação (auto-observação, inclusive), não é implausível que as mulheres sejam, em média, mais empáticas que os homens. Isso pode ser explicado de modo relativamente simples do ponto de vista da biologia evolucionista, se for correto, pois o papel especial das mulheres na criação de crianças pequenas selecionou aquelas com maior sensibilidade na comunicação não verbal. Hanna Rosin, no livro *O fim do homem e a ascensão das mulheres*, de 2012, e no artigo predecessor, de 2010[19], defende a tese de que vivemos o fim da época da dominação dos homens que vem desde a pré-história. No início de 2010, pela primeira vez na história dos Estados Unidos, havia mais mulheres empregadas do que homens, e, para cada dois homens que conseguiram concluir a faculdade, havia três mulheres, e, de quinze categorias de emprego que tiveram um crescimento previsto por economistas, as mulheres dominaram em treze (uma das duas categorias nas quais elas não são dominantes é a engenharia de computação). Na escola, há muito tempo, as garotas obtêm as melhores notas, e isso na maior parte dos países[20]. Christina Hoff Sommers já advoga, desde 2000, pela maior preocupação com os garotos negligenciados na escola[21]. Certamente, ainda há uma lacuna salarial entre homens e mulheres e a maioria das posições de liderança na economia ainda está nas mãos de homens. Mas a situação está mudando, e a recessão após a crise financeira de 2009 não agravou somente a situação da classe trabalhadora, mas também, e significativamente, a dos homens. Mencionei anteriormente

---

19. ROSIN, HANNA. *Das Ende der Männer und der Aufstieg der Frauen*. Berlin: Berlin--Verlag, 2012 (original em inglês: ROSIN, H. *The End of Men and the Rise of Women*. New York: Penguin, 2012). O artigo a partir do qual o livro se desenvolveu e cujos dados utilizei é ROSIN, H. The End of Men. Disponível em: <https://www.theatlantic.com/magazine/archive/2010/07/the-end-of-men/308135>. Acesso em: 9 out. 2019.
20. APA. Girls Make Higher Grades than Boys in All School Subjects, Analysis Finds. Disponível em: <https://www.apa.org/news/press/releases/2014/04/girls-grades>. Acesso em: 9 out. 2019.
21. SOMMERS, CHRISTINA HOFF. *The War against Boys. How Misguided Policies are Harming Our Young Men*. New York: Simon & Schuster Paperbacks, 2000.

(capítulo 1) a tese de Pinker de que o respeito crescente pelos valores femininos seria uma das causas para a redução da violência. Se o índice menor de testosterona contribui para uma política mais pacífica, homens inteligentes, *ceteris paribus*, devem dar as boas-vindas e promover a ascensão de cada vez mais mulheres em posições de liderança política. De todo modo, duas ressalvas são importantes. Em primeiro lugar, a paz não é engendrada apenas de um lado; não basta apenas um dos lados ressaltar sua disposição à paz. Deve-se conservar a capacidade de defesa diante de sistemas políticos dominados por homens, e, talvez, por essa razão, menos pacíficos; se um sistema político sobrevive, sua estratégia também deve ser evolutivamente estável. E, em segundo lugar, em uma democracia é impensável que a maioria da população e, com isso, também um número não pequeno de homens deva estar de acordo com uma feminização do político. Não é o caso de contar aqui com uma dinâmica psicossexual que seja potencialmente trágica para o sistema político.

Isso nos conduz, naturalmente, ao segundo ponto de Michael Moore, a insegurança dos homens em relação às mulheres como motivo da eleição de Trump e a aversão a uma presidenta mulher. Que Trump é um machista e, como tal, inevitavelmente orgulhoso de ser um machista, é evidente. O descomedimento com que ele feriu os tabus do politicamente correto no trato com as mulheres – por exemplo, quando, em agosto de 2015, afirmou, sobre a jornalista Megyn Kelly, que sangue estava escorrendo dos olhos dela e "saindo do negócio dela"[22] e, em setembro de 2015, exigiu de seu público que olhasse para o rosto de sua concorrente republicana, Carly Fiorina – foi parte de uma estratégia consciente, de torná-lo herói daqueles que, como trabalhadores *e* homens, correm o risco de se

---

22. "Blood coming out of her wherever", disse Trump. Cf. YAN, H. Donald Trump's "blood" comment about Megyn Kelly draws outrage. Disponível em: <https://edition.cnn.com/2015/08/08/politics/donald-trump-cnn-megyn-kelly-comment/index.html>. Acesso em: 2 dez. 2019. (N. do T.)

tornar os perdedores da história[23]. Por isso, não é surpresa que nem mesmo seu difundido comentário próximo da eleição, de que ele, como estrela, poderia fazer tudo o que quisesse com as mulheres, por exemplo, pegar em suas genitálias, impediu sua vitória. Ainda assim, apenas a maioria dos homens votou em Trump, e não a maioria das mulheres – todavia, a maioria das mulheres brancas, sim (entre as quais, é particularmente nítido o número de mulheres sem graduação)[24].

De fato, um dos aspectos menos convencionais da disputa eleitoral de 2016 foi sua extrema sexualização. Já ouvimos em discursos políticos de Duterte que ele soube destacar o desempenho de seu membro. Putin explicou, em 2006, seu reconhecimento e sua inveja do presidente israelita Mosche Katsav, por ter sido acusado de cometer vários estupros[25] (ele seria, por isso, condenado a sete anos). A alma gêmea norte-americana de Duterte e de Putin informou a seu público, em março de 2016, contrariamente às insinuações de seu concorrente, o senador Marco Rubio, que seu membro não é pequeno[26].

Quando seus apoiadores berram em coro "prendam-na!"[27] (isto é, prendam Hillary), indica uma obstinada antecipação das tarefas da justiça

---

23. Quem tem interesse nos machistas mais inseguros em suas estratégias de compensação, mas mesmo assim mais alfabetizados, pode se remeter à chamada "androsfera" ou "machosfera" da internet.
24. Jaffe, S. Why Did a Majority of White Women Vote for Trump? Disponível em: <https://newlaborforum.cuny.edu/2018/01/18/why-did-a-majority-of-white--women- vote-for-trump/>. Acesso em: 9 out. 2019; Tison, A.; Maniam, S. Behind Trump's victory: Divisions by race, gender, education. Disponível em: <https://www.pewresearch.org/fact-tank/2016/11/09/behind-trumps-victory-divisions-by-race--gender-education/>. Acesso em: 9 out. 2019.
25. SZ.de. Politiker in der Fettnäpfchen-Falle – Oktober 2006: Putins Glückwunsch zur Vergewaltigung. Disponível em: <https://www.sueddeutsche.de/politik/politiker-in-der-fettnaepfchen-falle-einfach-mal-die-klappe-halten-1.1472069-9>. Acesso em: 9 out. 2019.
26. Krieg, G. Donald Trump defends the size of his penis. Disponível em: <https://edition.cnn.com/2016/03/03/politics/donald-trump-small-hands-marco-rubio/index.html>. Acesso em: 9 out. 2019.
27. "*Lock her up*", expressão em inglês, no original. (N. do T.)

pelo povo; e, quando seguem com "supera essa cadela"[28], o ódio é inteiramente acompanhado de fantasias masculinas. Isso ficava ainda mais nítido quando apareciam homens com broches políticos[29] nos quais lia "finalmente, um presidente com colhões"[30]. Era possível admirar fãs muitas vezes obesas e nem sempre atraentes, com broches escrito "gatinhas por Donald Trump"[31]. Particularmente esclarecedores foram os ataques a Clinton, como: "Se a Hillary não pode satisfazer o marido dela, como pode satisfazer nosso país?"[32]. Uma camiseta que eu mesmo vi em South Bend, quando Trump falou nessa cidade, empregava, no verso, a expressão "A porra do Donald Trump"[33]. Em primeiro lugar, achei que fosse direcionado contra Trump, até que vi o lado da frente, onde constava *"Hillary sucks, but not like Monica"*[34]. Diante da ambiguidade da palavra *"sucks"*[35] em inglês, abandonei toda a esperança de traduzir esse lampejo de inspiração, e vou me contentar em lembrar que "Monica" é o nome da antiga amante de Bill Clinton. Como pode alguém afundar tão baixo a ponto de vestir uma camiseta desse tipo em um evento político? Ora, o homem da classe trabalhadora, que já resvalou da classe média para a classe baixa ou está para fazê-lo, orgulhando-se de duas coisas: seu trabalho manual e sua sexualidade normal, graças à qual pode pôr

---

28. *"Trump that bitch"*, expressão em inglês, no original. Há um trocadilho entre o substantivo próprio "Trump" e o verbo *"to trump"*: triunfar sobre, sobrepujar, superar. (N. do T.)
29. Encontra-se uma rica seleção em CAFEPRESS. *Anti Hillary Clinton Buttons*. Disponível em: <https://www.cafepress.com/+anti-hillary-clinton+buttons>. Acesso em: 9 out. 2019.
30. *"Finally, a President with Balls"*, expressão em inglês, no original (N. do T.)
31. *"Hot chicks for Donald Trump"*, expressão em inglês, no original. (N. do T.)
32. *"If Hillary can't satisfy her husband, how can she satisfy our country?"* Expressão em inglês, no original. (N. do T.)
33. *"Donald fucking Trump"*, expressão em inglês, no original. (N. do T.)
34. Expressão em inglês, no original. Seguiremos o autor na ideia de não traduzir essa passagem, como ele menciona logo adiante (N. do T.)
35. O verbo *"to suck"* pode ser usado como "ser ruim", mas também como "chupar". (N. do T.)

crianças no mundo. Socialmente, ambos já não desfrutam da reputação de outrora, e era disso que esse homem nutria a consciência de seu valor, o que significa uma insegurança existencial, da qual o ídolo Trump o liberta, pois, presume-se, ele copula de modo tradicional.

Moore, nós vimos, reconstrói o medo do eleitor de Trump (e daquele que odeia Clinton) de que, após um negro e a mulher, um homossexual e, finalmente, um transgênero se tornem presidentes. De fato, há aqui um medo que não é totalmente absurdo. Por quê? Ora, de um lado, a igualdade de direitos dos homossexuais – inclusive o direito ao casamento e à adoção –, racional e justa, há muito tempo já está atrasada. Certamente, o Estado, como uma das instituições que sobrevive às gerações, possui interesse vital na reprodução dos cidadãos. Todavia, havendo muitos casais heterossexuais conscientemente desistindo de ter filhos, não há, de forma alguma, razão para lidar com casais homossexuais de outro jeito (e bons motivos para substituir a prerrogativa financeira do casal pela da família). Isso é tão evidente que, em muitas democracias liberais, entre outras, nos Estados Unidos, os tribunais constitucionais obrigaram o casamento de pessoas do mesmo sexo – mesmo contra a maioria do Parlamento, nos Estados Unidos mesmo contra as emendas constitucionais aprovadas pelo eleitorado em nível nacional. O direito constitucional da República se rompe, em uma República, pelo direito constitucional da nação. Por outro lado, a imposição dessa igualdade de direitos também é boa. A alta atenção da mídia de que os ativistas LGBT[36] desfrutam nos Estados Unidos e os privilégios que conseguiram graças a suas reivindicações foram sentidos por muitos como injustificados; há, essencialmente, problemas mais graves do que a questão que prossegue na Suprema Corte: transgêneros possuem um direito ao uso do banheiro do gênero ao qual se sentem psiquicamente pertencentes, ainda que suas características sexuais biológicas apontem para outra direção, ou serão construídos novos banheiros próprios para transgêneros? A indignação moral que se mostra

---

36. LGBT significa "Lésbicas, gays, bissexuais e transgêneros".

nos liberais, quando eles se queixam de injustiças desse tipo em relação às minorias, deixa transparecer a suspeita (que deverá ser buscada empiricamente) de que a necessidade de indignação moral com questões sexuais é espantosamente constante: quando já não é possível, como nas sociedades tradicionais, por exemplo, indignar-se com adultério e promiscuidade, então, ao menos, se indignam com o tratamento desigual de transgêneros. No entanto, em termos de psicologia moral, permanece para o trabalhador a tese de que seu lugar foi perdido e se põe a questão de se ele ainda pode pagar seu plano de saúde e enviar seus filhos a uma faculdade, sendo longas discussões, como a do banheiro, uma exigência descabida [para o trabalhador]. Não é inesperado que ele vote naquele que ri disso. O filósofo político norte-americano, Mark Lilla, designou a obsessão com política de identidade como a verdadeira causa para o declínio dos partidos democráticos dos Estados Unidos, em seu livro *The Once and Future Liberal: After Identity Politics*[37]. Se um partido já não esboça nenhuma política plausível para o todo da nação, mas se estilhaça na defesa de grupos de interesse cada vez menores, cujos direitos à própria identidade são mais importantes que algo como um bem-estar comum, ele já não alcança a maioria. Claro que toda pessoa de uma minoria também pode ascender a posições econômicas, culturais e políticas importantes. Mas isso, desde que qualificado, e seu sexo, sua orientação sexual, sua raça, sua religião nunca devem ser obstáculos a isso. Entretanto, tampouco deve ser motivo para favorecimento. As inscrições mencionadas mostram que, sem dúvida, há um ódio primitivo às mulheres em muitos eleitores de Trump. Mas a constante ênfase de Clinton no fato de que ela será a primeira presidenta dos Estados Unidos irrita tantos, que o pertencimento a uma minoria (se é que se pode considerá-las como tal por estarem

---

37. LILLA, MARK. *The Once and Future Liberal. After Identity Politics.* New York: C. Hurst & Co., 2017. (Trad. bras.: *O progressista de ontem e o do amanhã: desafios da democracia liberal no mundo pós-políticas identitárias.* Trad. Berilo Vargas. São Paulo: Companhia das Letras, 2018.)

sub-representadas em posições de liderança) não é tido como uma característica relevante de qualidade.

Com isso, aproximamo-nos do terceiro motivo de Moore, o ódio propagado em relação a Clinton. Sem dúvida, a ruína de Clinton se deu em dois âmbitos, e, como isso era previsível, pode-se recriminar tanto o Partido Democrata quanto Obama por haverem escolhido uma candidata inapropriada. Em primeiro lugar, o possível regresso de Bill Clinton à Casa Branca como marido da presidenta (primeiro-cavalheiro) perturbou muitos norte-americanos, pois a vigésima segunda emenda à Constituição norte-americana, de 1951, limita o número admissível de mandatos de presidente a dois. Certamente, o próprio Bill Clinton não se tornaria presidente, com a eleição de Hillary. Mas, pela primeira vez, um ex-presidente – que, durante seu cargo, não foi exatamente marcado por glória, mas foi um dos únicos dois chefes de Estado norte-americanos contra os quais foi executado (em vão) um processo de *impeachment* – moraria novamente nesse prédio simbólico, sem o cargo. Na Argentina, ocorreu algo do tipo com Néstor Kirchner, que foi sucedido, em 2007, por sua esposa, Cristina; para os Estados Unidos, isso é considerado profundamente inapropriado. Deve-se dizer que nenhum dos três presidentes norte-americanos cujo filho ou sobrinho se tornou presidente (ou seja, John Quincy Adams, Benjamin Harrison e George W. Bush) obteve, em sua primeira eleição à Presidência (e apenas Bush foi eleito uma segunda vez), uma maioria dos votos da população. Por causa das tradições democráticas norte-americanas, formações dinásticas não são bem-vistas. Também por isso, Jeb Bush não possui chance alguma. Dois Bush já foram o suficiente.

Mas, ainda mais que a história familiar, em segundo lugar, o caráter de Hillary Clinton desempenhou um papel decisivo. Seu empenho por justiça social não é considerado autêntico, diante de seu próprio estilo de vida e da avareza que lhe atribuem: em um discurso no qual lamentou a injustiça social crescente, ela vestia um paletó Armani que custava mais de US$ 12.000,00[38] (não se sabe se ela pagou o valor integral por ele). Seu riso artificial, que demonstra de modo demasiado nítido o desejo do cargo presidencial, sua conduta frequentemente parecida com diretora de escola (ela chamou uma parte dos fãs de Trump, em um discurso para um grupo LGBT em setembro de 2016, de "balaio de deploráveis"[39]), sua incapacidade de se comunicar com multidões, que ela com frequência evitou ao longo da disputa eleitoral: todos esses fatores não serviram, de modo algum, para elevar seu grau de popularidade. Após ter perdido as eleições preliminares dos democratas em Wisconsin para seu concorrente do mesmo partido, Bernie Sanders, ela não retornou a esse estado, o que hoje, sabemos, foi um erro. Esse estado, de qualquer maneira, votara pelos democratas. Como candidato a vice-presidente, ela se decidiu pelo senador Timothy Kaine, um homem sem carisma.

Para muitas pessoas religiosas, Clinton era inelegível, entre outras coisas, por sua defesa do direito ao aborto, ainda que não seja fácil detectar sinais de religiosidade em Trump, pois ele – seja dito em sua honra – não se esforça, de modo algum, em fingir religiosidade, algo que não é menos distinto de sua natureza do que no caso de Clinton. Contudo, a poderosíssima direita religiosa dos Estados Unidos, em 2016, não se empenha tanto a favor de Trump, mas contra Clinton. Sob as denominações cristãs, apenas os hispânicos católicos votam, majoritariamente, em Clinton, pelo evidente motivo de medo da xenofobia de Trump; entre os católicos em geral, 52% votaram em Trump, entre os protestantes em geral, foram 58%, entre os evangélicos brancos, 81%[40]. O autor evangélico

---

38. WHITEN, S. Hillary Clinton wore a $ 12,495 Armani jacket during a speech about inequality. Disponível em: <https://www.cnbc.com/2016/06/06/hillary-clinton-wore-an-armani-jacket-during-a-speech-about-inequality.html>. Acesso em: 9 out. 2019.
39. "*Basket of deplorables*", expressão em inglês, no original. (N. do T.)
40. MARTÍNEZ, J.; SMITH, G. How the faithful voted: a preliminary 2016 analysis. Disponível em: <http://www.pewresearch.org/fact-tank/2016/11/09/how-the-faithful-voted-a-preliminary-2016-analysis/>. Acesso em: 9 out. 2019.

Eric Metaxas, autor de um livro sobre Dietrich Bonhoeffer, explica que o globalismo possui, hoje, feições de fascismo, e que o referendo do Brexit foi um ato incrível de coragem, sendo Trump, dos males, o menor[41]. Votar em alguém, segundo ele, não significa, necessariamente, vê-lo de modo positivo. No entanto, em março de 2018, cerca de 75% dos evangélicos brancos possuíam uma imagem positiva de Trump; ele já não é simplesmente o mal menor[42]. Franklin Graham, o filho do conhecido pregador batista William Graham, declarou, ao mesmo tempo, que a eleição inesperada de Trump foi um sinal de uma intervenção divina[43]. Presumivelmente, a acentuada feição antirracionalista da teologia evangélica, o sentimento, cujo rumo no próprio coração não poderia, de qualquer maneira, ser entendido pelo mundo, transcendendo toda a razão, é corresponsável por essa orientação política.

É de destacar o fato de que, na disputa eleitoral, Clinton gastou quase o dobro do que Trump; entre outros doadores, estavam os correspondentes *lobbies*, os chamados Super Political Action Committees (Supercomitês de Ação Política), que doaram mais do que o dobro para Clinton do que para Trump[44]. De modo algum, portanto, é correto que

---

41. BRIERLEY, J. *Eric Metaxas on Bonhoeffer, Brexit, & Backing Trump*. Disponível em: <http://ericmetaxas.com/media/articles/eric-metaxas-bonhoeffer-brexit-backing-trump/>. Acesso em: 9 out. 2019.
42. BURTON, T. A. *Pool: white evangelical support for Trump is at an all-time high*. Disponível em: <https://www.vox.com/identities/2018/4/20/17261726/poll-prriwhite-evangelical-support-for-trump-is-at-an-all-time-high>. Acesso em: 9 out. 2019.
43. ONE NEWS NOW. Franklin Graham: God put Trump in office. Disponível em: <https://onenewsnow.com/politics-govt/2018/05/04/franklin-graham-god-put-trump-in-officehttps://www.pewresearch.org/fact-tank/2016/11/09/behind-trumps-victory-divisions-by-race-gender-education/>. Acesso em: 9 out. 2019.
44. ALISSON, B. et al. Tracking the 2016 Presidential Money Race. Disponível em: <https://www.bloomberg.com/politics/graphics/2016-presidential-campaign-fundraising/>. Acesso em: 9 out. 2019. Sobre a dubiedade de algumas de suas fontes financeiras, ver WEIGEL, D. What's behind the claim that Hillary Clinton got "$84 million of potentially illegal contributions"? Disponível em:

Trump pôde "comprar" as eleições graças a seu patrimônio – o dinheiro de Clinton é que não foi suficiente para superar a aversão profundamente arraigada contra ela. É claro que isso não é nenhuma defesa das leis que permitem o gasto de cada vez maior nas disputas eleitorais. A decisão da Suprema Corte, no ano de 2010 – no caso "Cidadãos Unidos contra a Comissão de Eleições Federais" –, foi de que limitações de financiamento para políticos, da parte de doadores privados para pagar a publicidade política, seriam uma intervenção na liberdade de expressão protegida pela primeira emenda. Ora, tal decisão se baseou em uma recusa a distinguir entre informação e manipulação por meio de mídias particularmente poderosas. Contudo, por mais que as mídias, como a televisão, distorçam o processo democrático, não se pode questionar que a maioria dos eleitores de Trump estava bem consciente de outras influências em sua decisão por seu herói.

Se os homens brancos desempregados de fato acreditaram que sua situação econômica melhoraria sob Trump, só eles mesmos podem saber. Mas, em todo caso, é inadmissível supor que as pessoas votam apenas segundo seus interesses econômicos. Isso pode estar em conformidade com determinada forma de pensamento marxista, mas de modo algum corresponde aos fatos, pois os seres humanos possuem também um senso de honra. Os chamados "eleitores de valor"[45], que se reúnem anualmente em Washington, D.C., desde 2006, são adeptos do conservadorismo social e se empenham contra o aborto, contra o casamento de pessoas do mesmo sexo e a favor de um exército mais forte. Para isso, estão dispostos a aceitar até mesmo desvantagens econômicas. Desde 2004, George W. Bush assegurou sua apertada reeleição ao organizar referendos contra o matrimônio de pessoas do mesmo sexo; os eleitores

---

<https://www.washingtonpost.com/news/powerpost/wp/2017/12/27/whats-behind-the-claim-that-hillary-clinton-got-84-million-in-illegal-contributions/>. Acesso em: 9 out. 2019.
45. "*Value-voters*", expressão em inglês, no original. (N. do T.)

altamente motivados que foram às urnas por causa dessa questão – e que, costumeiramente, provavelmente ficariam em casa – votaram, então, pelo republicano. Entretanto, além de valores e de interesses, no comportamento eleitoral, simpatia e o sentimento de ser aceito e reconhecido desempenham um importante papel. Enquanto Clinton era sentida como desdenhosa, a ênfase habitual de Trump nos próprios bilhões contava ao menos como não hipocrisia, e até mesmo como autenticidade. Trump pode mobilizar massas e comunica-se com elas em seu nível; fala sua língua. Imediatamente, se envolveu de maneira bem habilidosa entre os "deploráveis" e declarou: "somos os gostosos agora!"[46]. A propósito, é necessário apontar que Trump não finge, quando diz, por exemplo, como em Las Vegas, em fevereiro de 2016, que ama os incultos[47]; seus fãs imediatamente perceberiam isso. Ele se sente – inteiramente com razão – mais reconhecido por eles do que por intelectuais da Costa Oeste. Carl Zuckmayer escreve, sobre a ascensão do nazismo: "não se imagina que uma propaganda tenha sucesso quando seus próprios iniciadores não estão convencidos dela"[48].

Trump é uma tela de projeção: ninguém precisa se envergonhar, agora, de simplicidade do próprio gosto, da brutalidade do senso moral, da vulgaridade da fala e do comportamento; o chefe de Estado demonstra tais coisas a todos, e nenhum outro o transmitiu tão amplamente. Por isso, talvez se possa também ter as mesmas chances de ascensão social, e, ainda que não seja o caso, faz bem à autoestima saber da própria imagem especular engrandecida na Casa Branca. O fato de alguém

---

46. Krueger, K. Trump Tells His supporters: "Deplorables" Are So "Hot" Right Now! Disponível em: <https://splinternews.com/trump-tells-his-supporters-deplorablesare-so-hot-righ-1826549017>. Acesso em: 9 out. 2019.
47. Hafner, J. Donald Trump loves the "poorly educated" – and they love him. Disponível em: <https://www.usatoday.com/story/news/politics/onpolitics/2016/02/24/donald-trump-nevada-poorly-educated/80860078/ >. Acesso em: 9 out. 2019.
48. Zuckmayer, Carl. *Als wär's ein Stück von mir. Horen der Freundschaft*. Frankfurt: Fischer Taschenbuch, 2013.

tão parecido consigo mesmo, que não discursa de maneira moralista e grandiloquente, mas que fala sem inibição, como em uma conversa de bar, ter se tornado representante dos Estados Unidos serve, em grande medida, à autoafirmação do *homo trumpicus* e contrabalança as poucas vantagens econômicas que talvez fossem esperadas sob liderança democrática, como a manutenção de um plano de saúde mais generoso. Mencionei, mais acima, os traços de personalidade narcisista de Trump. Quando adentra na arena política, ele realiza uma expansão de sua personalidade: agora, já não se trata dos despeitos pessoais a ele, mas sim dos insultos aos Estados Unidos da parte de seus inimigos. Sua avareza, que sempre o caracterizou, agora se tornará avareza pelos Estados Unidos, ele proclamou em um discurso em Iowa, em janeiro de 2016[49]. O vício frequentemente individual se transforma em uma boa ação para o povo, pois passa a ser vivido coletivamente. Fãs de Trump veem sua fúria como projetada sobre uma tela gigante, que concentra milhões de vozes e se faz carne em Donald Trump. Agora, é-lhes permitido gritar em voz alta, pois milhões berram juntos e um homem maior os conduz ao que sempre sentiram: os problemas do país não são caseiros, por exemplo, mas o lar é injustamente tratado. Todavia, os Estados Unidos se tornarão grandes novamente, apesar de todos os seus inimigos. Compreende-se que, com isso, a decadência dos Estados Unidos, que eles sentem aos poucos, tende a se acelerar rapidamente.

Já em 2004 Thomas Frank[50] explicou o declínio dos democratas entre seus próprios eleitores originais, os trabalhadores, dizendo que, em termos de política econômica, eles se aproximaram amplamente, nas últimas décadas, dos republicanos (ambos os partidos dependem do dinheiro dos

---

49. WOLFFE, R. Donald Trump's economic pitch to Iowa is simple: the blessing of his Midas touch. Disponível em: <https://www.theguardian.com/us-news/2016/jan/25/donald-trump-economic-pitch-to-iowa-is-simple-the-blessing-of-his-midas-touch>. Acesso em: 9 out. 2019.
50. FRANK, THOMAS. *What's the Matter with Kansas? How Conservatives Won the Heart of America*. New York: Henry Holt and Company, 2004.

lobistas, que financiam suas campanhas eleitorais). No entanto, são bem mais alheios às questões culturais e sociais do que os conservadores tradicionais. Por isso, os trabalhadores votam nestes, ainda que eles firam seus interesses de maneira ainda mais forte. Isso, pode-se explicar, intensifica a fúria quanto à própria situação, o que desencadeia ainda mais desprezo diante dos elegantes, mobilizados, globalizados – na maioria, ricos de esquerda –, ao que se segue ainda mais ira e ódio. Uma virada contra Trump, já por esse motivo, será difícil, pois é mais fácil a maioria das pessoas ser enganada uma segunda vez do que aceitar a explicação de que foram enganadas: isso é muito prejudicial à autoestima.

Moore supõe – e, com isso, chegamos a seu quarto ponto – que a maioria dos eleitores de Sanders votariam em Clinton, todavia, sem entusiasmo, não se empenharam por ela. Nisso, ele errou: na verdade, 12% dos eleitores de Sanders, em novembro de 2016, votaram em Trump[51]. Como se explica isso? Ora, já vimos que Sanders, apesar de seu verossímil engajamento pelos socialmente frágeis e de uma personalidade moralmente atrativa, concorda com Trump em um ponto: ele se opõe à globalização e ao livre-comércio. Além dessa interseção no que tange ao conteúdo, Sanders e Trump são conectados pelo fato de que ambos renunciam os grandes gastos de lobistas e, por isso, reivindicam ser independentes – Trump, graças a seus bilhões, Sanders, graças aos muitos pequenos gastos de seus admiradores. Ambos são, além disso, pessoas que entram em um campo de trabalho diferente daquele de sua formação. No entanto, Sanders não conseguiu a candidatura a presidente pelo Partido Democrata, ao qual, anteriormente, não pertencia de fato. Quando se aproximou do partido, produziu-se uma desilusão

---

51. Kurtzleben, D. Here's How Many Bernie Sanders Supporters Ultimately Voted For Trump. Disponível em: <https://www.npr.org/2017/08/24/545812242/1-in--10-sanders-primary-voters-ended-up-supporting-trump-survey-finds>. Acesso em: 9 out. 2019.

particularmente amarga em alguns de seus apoiadores: preferiam votar em outra pessoa que veio de um campo diferente do que na bem conhecida e corrupta elite política[52]! Os apoiadores de Sanders, que após sua derrota na nomeação, não apareceram mais para votar em novembro, ou que votaram em um terceiro candidato sem esperança, podem ser caracterizados pela categoria hegeliana de "bela alma". Sua postura é: se nós não pudermos trazer o único político puro para a Casa Branca, então é indiferente quem vence; não iremos sujar as mãos votando em alguém que desprezamos tanto como Hillary Clinton. Parece-me que essa postura é imatura, e mesmo imoral. Política moral é, na maioria dos casos, infelizmente, a escolha do mal menor; e quem recusa isso é em parte cúmplice na ascensão de um mal maior.

Um conhecido, que nas pré-eleições votou em Bernie Sanders, explicou-me, após a nomeação de Clinton, que em novembro tinha certeza de que não votaria nela, mas provavelmente em Trump. À minha pergunta sobre o porquê, deu-me uma resposta acompanhada de uma risada, de que nunca me esquecerei, pois me transmitiu a ideia de uma experiência do infinito (se, pois, Ernest Renan tem razão ao afirmar que a única coisa que dá uma ideia do infinito é a estupidez humana): "porque ele é muito engraçado"[53]. Com isso, tocamos no quinto e último motivo de Moore. Trump já recebeu, muito cedo, um ganho monstruoso de atenção pelo fato de que todos os seus comentários provocadores foram transmitidos e comentados por todas as mídias, frequentemente com um arrepio de desaprovação – uma publicidade gratuita, com a qual lucrou enormemente (como, em 2018, Bolsonaro fez a partir de boletins sobre seu estado de saúde

---

52. Algo muito semelhante ocorreu no Brasil, em eleições recentes. Cf. CAMAROTTI, G. Discurso "não sou político" turbinou Kalil no segundo turno em BH. Disponível em: <http://g1.globo.com/politica/blog/blog-do-camarotti/post/discurso-nao-sou-politico-turbinou-kalil-no-segundo-turno-em-bh.html>. Acesso em: 4 dez. 2019. (N. do T.)
53. "*Because he is so funny*", expressão em inglês, no original. (N. do T.)

após o atentado contra ele). Trump não simplesmente pisa por descuido em quase todas as gafes do politicamente correto; ele as pisoteia ou lhes dá pontapés estrondosos. O que ele diz agrada substancialmente pessoas que defendem ideias racistas e sexistas; mas que também não o fazem abertamente. Contudo, essas pessoas têm a impressão de que a ideologia do politicamente correto se alastrou como um mofo espiritual, que dificulta as discussões livres, e sempre riem das provocações de Trump. Suas grosserias foram ocasião de divertimento para seus concorrentes republicanos; estava-se ansioso pelo próximo debate como se fosse um *show* satírico que agora, todavia, era real, e não foi possível se conformar com o pensamento de que tudo poderia ter um fim. O *show* devia continuar, e isso só ocorreria se o homem se tornasse presidente.

Toda consulta preocupada à própria consciência moral foi apagada graças à convicção de que a política também obedece apenas ao imperativo da diversão geral, que só a indústria do entretenimento oferece. De fato, já em 2012, a disputa eleitoral intrarrepublicana à candidatura contraiu traços de um *show* de aberrações; mas, naquela ocasião, ao menos os observadores mais inteligentes tinham claro que alguns dos candidatos mais incompetentes – como, por exemplo, Herman Cain, muito bem-vindo como candidato negro dos republicanos – não possuía chance séria alguma. No caso de Cain, deixaram-no agir por um tempo, para mostrar ao mundo inteiro que não há racismo no partido, mas sabia-se que, logo, ele despencaria (pela acusação de assédio sexual). O romance de Timur Vermes, *Er ist wieder da* [*Ele está de volta*][54], de 2012, levado às telas de forma brilhante por David Wnendt, narrou, antes de Trump e de maneira terrivelmente verossímil, a história do retorno do verdadeiro Hitler, que foi interpretado pelas mídias como um genial imitador de Hitler. Ele atacou todo o politicamente correto e,

---

54. VERMES, TIMUR. *Er ist wieder da: Der Roman*. Bergisch Gladbach: Bastei Lübbe, 2012. (Trad. bras.: *Ele está de volta*. Trad. P. Rissatti. Rio de Janeiro: Intrínseca, 2014.) (N. do T.)

com isso, ganhou enorme popularidade. Se, finalmente, por meio da eleição de Trump, a em geral desprezada classe política – para além de todas as diferenças partidárias, cada vez mais sentidas como irrelevantes – de ambos partidos recebe um soco na boca do estômago, o sentimento de alegria do eleitor com a infelicidade alheia[55] foi ainda maior. A diversão ligada ao risco valeu a pena. Sim, mesmo tendo certeza de que, com isso, se pagará um preço bem alto, muitos ainda votariam no homem que, ao menos temporariamente, vingaria sua humilhação, pois não só de pão, eu repito, vive o homem.

---

55. A expressão alemã do original para esse sentimento é *Schadenfreude*. (N. do T.)

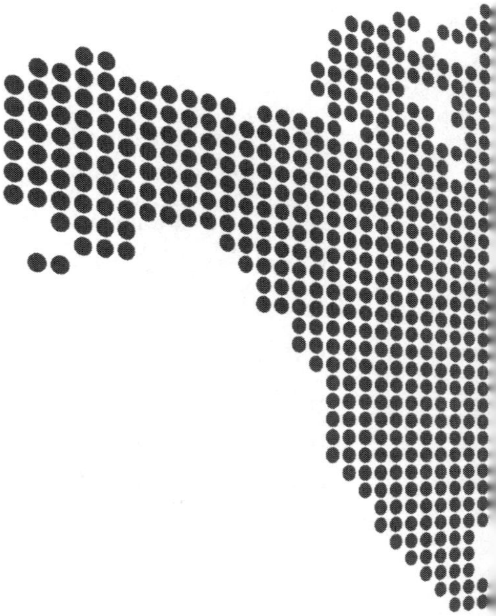

4
A DESINTEGRAÇÃO DA RACIONALIDADE POLÍTICA

Que tipo de político a democracia midiática moderna seleciona?
McLuhan Reloaded[1]: como a nova mídia define conteúdo
O vácuo das ideologias, o culto do eu e o anseio por respostas simples

Trump, por si só, não é importante. O que, todavia, justifica o estudo desse fenômeno é o fato de ser sintomático e de que as democracias ocidentais se reorientam na ascensão de outros políticos que têm seu meio de cultura na desorientação e no ódio e que, paralelamente, serão bem mais propensos à violência que Trump. O que paira como grave perigo é a autodestruição da democracia liberal, tal como a conhecemos, pois ela vive de complexas pressuposições espirituais, cuja erosão é cada vez maior;

---

1. Hösle alude ao título do segundo filme da trilogia *Matrix*, "*The Matrix Reloaded*" ("A Matrix recarregada"), de 2003. A escolha do filme, notar-se-á pela leitura do capítulo, é adequada, uma vez que é uma distopia sobre como a realidade e o nosso comportamento são manipulados por máquinas. (N. do T.)

e é uma ilusão crer que sobreviverá por muito tempo a essa erosão. Formalmente, um sistema político pode permanecer, como a Rússia, que está familiarizada com eleições periódicas de chefe de Estado. Tal democracia controlada, todavia, só possui, em comum com a real democracia, o nome. Quais são os pressupostos de uma democracia funcional?

Em primeiro lugar, deve-se notar que a democracia, tal como o Ocidente a desenvolveu desde o século XVIII, é uma democracia liberal. Isso ocorreu em recusa consciente do modelo da antiga Atenas, que apresentava uma democracia não liberal direta, com pouca separação dos poderes. Porém, entre outros motivos, isso se deu por causa da forte dimensão religiosa da vida política, de natureza totalmente distinta das democracias iliberais do presente. A ideia fundamental do liberalismo e a ideia fundamental da democracia se baseiam em princípios distintos. Por isso, pode haver um liberalismo não democrático (por exemplo, na forma da monarquia constitucional do século XIX, com uma câmara que se constituía da nobreza); e pode haver uma democracia iliberal. Felizmente, todavia, ambos os princípios, ainda que distintos, são compatíveis logicamente; e nisso repousa o modelo bem-sucedido de democracia liberal. Mas esse modelo é complexo intelectualmente, uma vez que se funda na síntese de princípios independentes; e é decisivo para sua sobrevivência que um número suficiente de cidadãos compreenda sua natureza.

O pensamento fundamental do liberalismo é que cada cidadão possui determinados direitos, como o direito à vida, à liberdade, à propriedade (em versões posteriores, cada pessoa, como tal, também possui direitos fundamentais que, todavia, não vão muito além dos direitos do cidadão). A fundamentação desse princípio é diferente; na Declaração de Independência Norte-Americana de 1766, é considerado evidente que Deus criou o ser humano com tais direitos. Historicamente, é certo que a ideia de direitos humanos também possui raízes teológicas, ao lado das raízes iluministas[2];

---

2. JOAS, HANS. *Die Sakralität der Person. Eine neue Genealogie der Menschenrechte*. Berlin: Suhrkamp, 2011. (Trad. bras.: *A sacralidade da pessoa. Nova genealogia dos direitos humanos*. Trad. N. Schneider. São Paulo: Editora Unesp, 2012.)

e aqui deve ficar em aberto se a ideia deve ser desatrelada dessas raízes teológicas e fundamentada de outra maneira (o que é preferível, pois mesmo para uma pessoa religiosa pode surgir a questão de saber por que Deus conferiu esses direitos). O poder estatal está presente para proteger esses direitos, e a questão decisiva é, por isso, como uma constituição deve ser, para evitar o mais possível que esses direitos possam ser feridos pela instituição mais capaz de fazê-lo – e essa instituição, segundo a produção do monopólio do uso da força, agora é o governo. Desde Montesquieu, a exigência de separação dos poderes e, especialmente, da independência do Judiciário é a ideia crucial do liberalismo (na Grã-Bretanha, a irrevogabilidade fática dos juízes já foi garantida em 1701 pelo Decreto de Estabelecimento). A Constituição norte-americana, que nos primeiros três artigos trata dos três poderes, corresponde às ideias fundamentais liberais. Para proteger o cidadão não só do Executivo, que é vinculado ao direito e à lei, mas também do Judiciário, a Suprema Corte dos Estados Unidos, desde 1803, declara nulas leis que violam a Constituição. A maioria das democracias liberais atuais possui, para esse fim, um tribunal constitucional específico, cujos membros são juristas treinados e instruídos. Também o Banco Central deve ser independente para poder resistir a medidas populares a curto prazo, porém nocivas a longo prazo; e não surpreende que Trump, em agosto de 2018, tenha posto em questão essa independência ao criticar o Sistema de Reserva Federal dos Estados Unidos. Algumas democracias liberais, além disso, mantêm um chefe de Estado hereditário, não considerando isso injusto com base na pressuposição de que, em uma monarquia parlamentarista, a Coroa enriquece o concerto da separação de poderes com uma voz adicional.

Além disso, o liberalismo clássico pressupõe que as leis da elite da nação, que com efeito são delegadas ao Parlamento, poderão ser discutidas de maneira racional acerca do quanto contribuem para o bem comum. O princípio democrático é integrado nesse sistema liberal, na medida em que a ideia de direitos fundamentais iguais também é estendida aos direitos políticos; isso conduz ao postulado do sufrágio universal. Todavia, como os fundamentos da democracia liberal são todos os direitos do cidadão, o sufrágio universal não pode ser utilizado para deteriorar essa estrutura fundamental; por isso, por exemplo, na Alemanha (Lei Fundamental da República Federal da Alemanha, artigo 21), partidos inconstitucionais são proibidos. Além disso, uma vez que, segundo esse modelo, é desejável que cargos políticos sejam preenchidos pelos mais qualificados, é imaginável que o direito de voto passivo para determinados cargos seja vinculado a determinadas qualificações factuais. Na Roma Antiga, por exemplo, desde 180 AEC, havia o *cursus honorum*, segundo o qual só se poderia chegar aos cargos mais elevados se tivesse desempenhado o cargo inferior. Ainda hoje, um cargo jurídico exige, geralmente, um estudo de direito, assim como um tribunal "político" pressupõe um tribunal constitucional. No passado, em democracias liberais como os Estados Unidos, o direito ativo de voto – e em sistemas de voto plural, como o Reino da Saxônia, até 1918, a atribuição de um direito coletivo ao voto – estava vinculado a determinadas pressuposições de grau de instrução.

A ideia fundamental da democracia é bem mais simples – a maioria decide. Se esse for único pensamento a considerar para a legitimação da soberania política, será difícil para o programa do liberalismo. Afinal, por que deveria ser permitido a um pequeno grupo de juízes em um tribunal constitucional invalidar leis que foram estatuídas por uma maioria do Parlamento ou, dependendo do caso, pelo próprio povo? Por que deveria uma medida do tribunal administrativo bloquear medidas de um governo que possui o apoio popular? Por que um político muito mais popular não poderia se candidatar ao cargo mais elevado do país, ainda que tenha sido preso, julgado por força de lei por causa de corrupção? Mesmo assim, em agosto de 2018, o Partido dos Trabalhadores brasileiro escolheu o detento Luís Inácio Lula da Silva como seu candidato à Presidência. Ainda assim, Lula retirou sua candidatura em setembro, uma hora antes do fim do prazo; por meio dessa decisão atrasada, contudo, ele reduziu consideravelmente as chances do agora novo candidato do Partido dos Trabalhadores, Fernando Haddad. Com isso, Lula carregou uma corresponsabilidade pela eleição de Jair Bolsonaro a presidente do Brasil, em outubro de 2018. Trata-se de um sujeito ao gosto de Trump e de Duterte que, entre outras coisas, é reconhecido por ter se expressado a favor da tortura durante a Ditadura Militar e por ter dito a uma adversária política que ela não merecia ser estuprada.

Por que os meios de comunicação poderiam criticar opiniões da maioria, se a maioria se sente ferida por isso? A resposta é, naturalmente, que só assim os direitos da minoria poderão ser protegidos contra usurpações da maioria. Isso pressupõe, todavia, que esses direitos desfrutem de uma posição constitucional e não sejam favores da maioria, que, por isso, não pode se limitar a uma maioria qualificada, difícil de alcançar, como se, via de regra, fosse necessária uma emenda constitucional. Quem luta pela autocracia em sistemas políticos nos quais ideais democráticos não refletidos prevalecem e uma tomada do poder pelos militares não é fácil, provavelmente irá alcançá-la rejeitando os mecanismos da separação dos poderes como antidemocráticos e invocando a maioria que os apoia. Uma censura aos juízes é o primeiro passo para a destruição da democracia liberal, frequentemente por meio de corruptos políticos que ameaçam puni-los, e que expressam, muitas vezes em nome da realidade e vitalidade política, seu desprezo pela forma de vida do magistrado, orientada por normas objetivas. Juízes são antropologicamente diferentes, foi uma das poucas frases corretas de Silvio Berlusconi[3]. Ainda que ele não tenha dito com essa intenção, é um grande elogio ao terceiro poder.

Como os adversários da democracia liberal preveem que, se passarem a uma posição minoritária, seus próprios direitos serão pisoteados da mesma forma que eles fizeram com os de seus oponentes, fazem tudo para impedir a perda de poder; e, se os tribunais constitucionais, tribunais administrativos e mídias de oposição são colocados na geladeira, não será

---

3. Corriere della Sera. "Mussolini no ha mai ammazzato nessuno". Disponível em: <https://www.corriere.it/Primo_Piano/Politica/2003/09_Settembre/11/berlusconi.shtml?refresh_ce-cp>. Acesso em: 9 out. 2019.

difícil ao adversário da democracia, via de regra, fazer o possível para isso – na pior das hipóteses, por meio de falsificação eleitoral. Mas essas frequentemente nem sequer são necessárias, pois há meios que suficientemente bem comprovados para a ascensão à tirania: manipulação dos eleitores, criação de medo de um inimigo interno ou externo, benefícios sociais de curto prazo, plebiscitos demagogicamente convocados (em caso extremo, a criação de uma nova Assembleia Constituinte, que substitui o Parlamento, como ocorreu inconstitucionalmente na Venezuela, em 2017) e disponibilização de uma ideologia segundo a qual o próprio grupo é o povo autêntico e apenas nele se pode encontrar uma identidade dotada de sentido. Uma [nova] *Gestapo* pode, então, ser estabelecida em um segundo passo.

Não há dúvida, portanto, de que democracias iliberais são mais perigosas que Estados liberais não democráticos. O número de infrações aos direitos humanos em países liberais não democráticos, assim como nas monarquias constitucionais do século XIX, é incomparavelmente menor do que em Estados totalitários do século XX, alguns dos quais se realizaram plenamente por via democrática. A nomeação de Hitler a *chanceler* do *Reich* em 30 de janeiro de 1933 corresponde à vitória eleitoral do NSDAP[4] diante de todas as tradições do parlamentarismo; e também a Lei de Concessão de Plenos Poderes de 1933, por meio da qual o Parlamento transferiu seus direitos de decisão ao governo, conservou a aparência de legalidade (precisamente por essa razão, a Lei Fundamental de 1949, no artigo 79, III, conserva os direitos fundamentais com uma garantia de eternidade). Ora, quem esquece completamente a história pouco pode estimar os perigos de uma democracia iliberal. Quem, porém, possui uma boa memória, ao ler sobre a reorganização do tribunal constitucional polonês descrita anteriormente, inevitavelmente se lembra do desapossamento do tribunal constitucional austríaco, em maio de 1933, pelo

---

4. Partido Nacional-Socialista dos Trabalhadores Alemães, ou seja, o partido nazista, partido alemão de extrema direita. (N. do T.)

governo austrofascista de Engelbert Dollfuß (ele seria, em 1934, totalmente desfeito). A vivência de *déjà-vu* se rende ao simples fato de que há um roteiro geral para a transição a democracias iliberais. Contudo, o desenvolvimento de uma opinião pública internacional conduz ao fato de que as transições abruptas, hoje, são mais provavelmente evitadas; golpes militares são hoje desatualizados, mas, pelo contrário, podem ser usados, como na Turquia, para a concentração silenciosa do poder no Executivo e para dilapidar a oposição alegando luta contra uma tentativa de golpe de Estado.

Contudo, nesse ínterim, entregam-se outros perigos da democracia iliberal. A democracia pressupõe, além da separação dos poderes, também a convicção, por meio do discurso racional de cidadãos qualificados, de que um povo poderia decidir qual política é a mais propícia ao bem comum. Que isso é uma representação ideal, da qual só se pode lentamente aproximar, era algo de que os pais do liberalismo, naturalmente, estavam conscientes. A depuração do conceito de bem comum, de fato, não é simples; mas a concepção de que, nessa tarefa, se lida com apenas uma palavra vazia inevitavelmente conduziu a uma redefinição individualista de política de esquerda e de direita. Os políticos de esquerda prometem a seus eleitores benefícios sociais, que raramente apresentam investimentos no futuro, ainda que não seja claro como o financiamento deve ser – frequentemente, às custas de uma elevada dívida pública, cujo reembolso será preocupação de outros e cuja consequência é que uma parte cada vez maior do orçamento do Estado servirá ao pagamento de juros, com os quais os detentores de capital lucrarão, ao passo que cada vez sobrará menos para questões sociais. Os de direita, pelo contrário, representam os interesses de lobistas – entre os quais a redução de impostos –, o que, sem nenhum sentimento de vergonha, é o verdadeiro cerne da vida parlamentar. Com isso, nos Estados Unidos, particularmente, é possível financiar as reeleições ou, após a destituição, uma existência despreocupada como consultor de uma empresa cujos interesses se defenderam.

Em 1947, 3% dos parlamentares do Congresso, após o fim do mandato, tornaram-se lobistas; em 2013, o número era de 42% dos ex-membros da Câmara dos Representantes e de 50% dos ex-membros do Senado. O número oficial de lobistas em Washington subiu de 5 mil, nos anos 1950, para 12 mil, em 2013, ano em que lobistas não oficiais, que se ocultavam sob o nome de "conselheiros", não foram incluídos. Os rendimentos por dólar investido no lobismo é de 22.000%. Não só em tempos de juros mais baixos, isso é bastante alto, nada mais pode superá-lo. Para gastos de lobbies de 3,5 trilhões em um ano, os cofres públicos foram aliviados em 3,5 bilhões[5].

Luigi Zingales[6] identificou três razões para a influência de lobistas nas últimas décadas ter se tornado ainda maior. Em primeiro lugar, ocorreu uma concentração de poderio econômico que torna muito mais difícil articular interesses opostos. Em segundo lugar, a matéria de regulação se tornou tão complexa que apenas poucos parlamentares a compreendem de fato; eles seguem, por isso, os interesses intuitivos de seus benfeitores. E, em terceiro lugar, a postura crítica em relação à economia, que antigamente inspirou, por exemplo, o socialismo, sucumbe em grande parte. Eu gostaria, nesse contexto, de mencionar o desmoronamento do conceito de bem comum. Afinal, por que alguém que é financiado por empresas e que parece ser autorizado a participar na decisão sobre as leis que, por exemplo, aumentam suas propriedades privadas por meio de redução de impostos e desregulações, deveria colocar o bem comum à frente de seu egoísmo, se o bem comum, de qualquer maneira, só vale como bolha de sabão ideológica? As movimentações na sua própria conta parecem incomparavelmente mais reais. Também cabe aduzir que desapareceu a compreensão clássica de que o mercado só funciona se suas condições

---

5. MAYYASI, A. The Rate of Returning on Lobbying. Disponível em: <https://priceonomics.com/the-rate-of-return-to-lobbying/>. Acesso em: 9 out. 2019.
6. ZINGALES, LUIGI. Towards a Political Theory of the Firm. *Journal of Economic Perspectives*, v. 31 (2017) 113-130. Disponível em: <https://pubs.aeaweb.org/doi/pdfplus/10.1257/jep.31.3.113>. Acesso em: 13 out. 2019.

gerais são dadas de fora, quando elas mesmas não dependem dos interesses de mercado. Caso contrário, os mais ricos podem comprar a sentença dos juízes, a fixação dos juros do Banco Central, as decisões de investimento do país; todas as vantagens que os mercados possuem em função de sua competição concretizada não dão resultado, e implode a confiança, sem a qual os custos de transação sobem imensuravelmente e o capitalismo, a longo prazo, já não pode existir. Se a única ideia política com perspectiva de sucesso é reduzir os impostos, em vez da ideia mais inteligente e mais complexa de planejar eficientemente as despesas públicas, então uma reforma fiscal que desonere sobretudo os mais ricos mas também preste algumas migalhas de assistência aos mais pobres pode ser-lhes recomendada como "fantástica", sem que esses compreendam que serão incomparavelmente mais afetados pelas novas inevitáveis limitações nos gastos sociais. Hoje, para os Estados Unidos, já não é certo que a redução de impostos por meio do estímulo do crescimento econômico conduz a renda estatal igual[7]. Quando for repetido aos mais pobres, contra todos os fatos, que o sonho americano de ascensão social ainda é aberto a eles, eles irão querer aprovar reduções de impostos para bilionários, em antecipação afoita de sua própria existência como bilionário.

Todavia, o colapso da ideia de bem comum ainda não é de modo algum o fim da questão. No século XX, alastrou-se um ceticismo metaético crescente diante da pergunta sobre como as normas morais podem ser fundamentadas ou, ao menos, reconhecidas. O liberalismo clássico partiu de uma crença nos direitos fundamentais da pessoa, o que pressupõe, por exemplo, algo como uma teoria da dignidade humana. De fato, o perigo do abuso de poder também poderá ser plausível com base em uma ética puramente egoísta, pois a maioria das pessoas não gostaria de estar à mercê de tiranos. Mas alguns poderiam, diante disso, ter menos medo,

---

7. SMITH, N. Trump's Tax Cut Hasn't Done Anything for Workers. Disponível em: <https://www.bloomberg.com/view/articles/2018-07-18/trump-stax-cut-hasn-t-done-anything-for-workers>. Acesso em: 9 out. 2019.

pois poderiam prometer a si mesmos vantagens na cooperação com o tirano; e outros poderiam com prazer correr grandes riscos, se com isso obtivessem a chance de um trampolim rumo a uma posição de poder extraordinária. Nada, parece-me, é uma garantia mais forte do estado de direito do que o respeito incondicionado, isto é, não dependente do interesse pessoal, pela dignidade humana do próximo, ou seja, um imperativo categórico. Mas o que ocorre não é só a desintegração da confiança na validade objetiva da lei moral e da ideia de direito fundada nessa lei, pois, o que vivenciamos, sobretudo na última década, é a dissolução até mesmo da crença em fatos e em verdades empiricamente testáveis. O que não se aceita é condenado como "*fake news*"; quando uma evidência é apresentada para os fatos, insiste-se que há "fatos alternativos"[8]. O termo foi aplicado, como se sabe, pela conselheira de Trump, Kellyanne Conway, quando ela defendeu, em janeiro de 2017, a declaração (facilmente refutável por fotos) do então porta-voz de Trump, Sean Spicers, de que, em nenhuma tomada de posse, houve tanta gente quanto na de Trump, o que seu advogado, Rudy Giuliani, expressou ainda mais claramente com sua declaração "verdade não é verdade"[9]. Tem razão quem se lembrar da distopia de George Orwell, *1984*: o totalitarismo será perfeito quando for capaz de aniquilar a crença em uma moral objetiva e em uma verdade objetiva. Uma vez desmoronados o estabelecimento da verdade e a jurisdição, a busca comum da melhor solução no discurso democrático passa a ser, de antemão, absurda, pois não há valores comuns, nem mesmo fatos sobre os quais se pode entrar em acordo, o mentiroso não precisa mais ter um sentimento de culpa[10], e

---

8. "*Alternative facts*", expressão em inglês no original. (N. do T.)
9. AP News. Giuliani on hazards of Trump interview: "Truth isn't truth". Disponível em: <https://apnews.com/678cf65e53c1406482284f1fef2a0f8f>. Acesso em: 9 out. 2019. ["*Truth isn't truth*", expressão em inglês no original. (N. do T.)]
10. *Ein schlechtes Gewissen*, no original. Ao pé da letra, uma "má consciência", essa expressão se traduz melhor por sentimento de culpa, sendo *Gewissen* a consciência moral, diferente de *Bewusstsein*, consciência no sentido cognitivo, epistemológico. (N. do T.)

pode-se prosseguir com a destruição ambiental sem hesitação, pois os prognósticos dos cientistas não precisarão ser levados a sério. A única questão é como ser capaz de manipular tanto as opiniões dos outros a ponto de eles se tornarem obedientes a suas próprias vontades de poder (pelo menos desde a "*Propaganda*" de Edward Bernays, de 1928, há uma própria ciência para isso). Estabelece-se uma imagem de mundo naturalista, segundo a qual a história não é senão uma luta pelo poder, na qual as formas de vida mais astutas e assertivas vencem. Nesses moldes, utilizam-se bolhas de sabão como verdade e justiça na medida em que, por meio delas, pode-se aumentar seu próprio poder. O Executivo, no qual o poder físico é agrupado, é colocado em uma posição superior ao Poder Judiciário, uma vez que o superou sem hesitação; e sujeitos "com colhões" assumem a autoridade do Estado. Compreende-se, levando em conta esses desdobramentos, por que as culturas antigas, como a indiana, concediam à verdade ("*Rita*") uma posição verdadeiramente divina. Apenas o reconhecimento de uma medida objetiva além dos próprios instintos doma o animal mais perigoso e o transforma em algo potencialmente abençoado.

Na discussão sobre esse desdobramento, muito se fala que a dissolução de conceitos fundamentais decisivos da razão teórica e da razão prática não é, de modo algum, apenas um passatempo intelectual, mas possui vastas consequências para o sistema político. Claramente, apenas poucos compreendem isso, o processo de decomposição vencendo quase sem nenhuma tentativa de resistência. Nas últimas décadas, isso veio especialmente da esquerda. Desde que Nietzsche e seus epígonos pós-modernos franceses, como Foucault, removeram Marx do posto de farol intelectual, a esquerda propagou um construtivismo social e a ideia de que um acesso teórico objetivo e não distorcido por interesses de poder à verdade é algo de que se ri como ilusão. De fato, essas ideias originariamente provêm da ideologia antiuniversalista, portanto, em um certo sentido, da "direita" – essa palavra imprecisa; mas a esquerda a fez circular mundialmente, até que ela retornou a seus donos legítimos, que agora aplicam-na apenas para os próprios fins. Isso ocorre porque a direita colhe os frutos da desconstrução pós-moderna, que ela sabe organizar institucionalmente de modo muito mais organizado do que a esquerda. Também a esquerda tradicional, ainda lamentando a perda do marxismo, está totalmente desgarrada, pois deve reconhecer que, uma vez que não tem à disposição "fatos alternativos", a força mais forte de revolta contra as ideias universalistas, hoje, é precisamente a classe trabalhadora, existencialmente amedrontada. Sem dúvida, o declínio de uma religião racional é um fator importante nesse processo. A raiva da direita religiosa em relação à esquerda não se funda apenas no fato de que os de esquerda, além de criticar, de modo algum levam a sério aquilo que [os religiosos de direita] têm como mais importante em suas vidas. Inclusive, nas mídias dominantes, a esquerda comenta depreciativamente, e, em uma discussão objetiva, o tema religião se torna verdadeiramente tabu. Muitas das pessoas religiosas sentem, com razão, que o sentimento de superioridade dos que pensam secularmente não é tão bem fundado quanto eles acham, pois as duas ideologias dominantes entre eles – um naturalismo inspirado em Darwin, que não reconhece nada além da natureza, e um construtivismo social, que em última instância torna a verdade em uma função de culturas – não se sustentam filosoficamente. Nenhuma delas, por exemplo, faz justiça à natureza de obrigações morais[11].

Também o ingênuo otimismo secular de que a superação definitiva das religiões criaria o bem natural do ser humano, sem obstáculos, já não pode ser comprovada pelos sistemas totalitários ateus do século XX. O engajamento da esquerda secular na questão da justiça em relação às pessoas trans anda lado a lado, por exemplo, com uma insensibilidade diante da questão da proteção de vidas humanas não nascidas, e isso prejudicou bastante sua credibilidade moral, pois os melhores argumentos

---

11. Demonstrar isso não é tarefa deste livro. Argumentos mais detalhados se encontram na coletânea organizada por Fernando Suarez Müller e por mim: Hösle, Vittorio; Suarez Müller, Fernando (orgs.). *Idealismus heute. Aktuelle Perspektiven und neue Impulse*. Darmstadt: WBG, 2015.

de modo algum estão do lado daqueles que querem fazer com que uma questão tão crucial quanto o direito à vida passe a depender de uma data-limite escolhida arbitrariamente no desenvolvimento do embrião. O clima político nos Estados Unidos foi duradouramente prejudicado pela famigerada decisão do caso Roe v. Wade, feita pela Suprema Corte em 1973, que declarou como inconstitucional uma penalização do aborto pelo Estado até que o embrião logre a capacidade de vida fora do ventre materno, desde que isso não coloque em perigo a saúde da mãe. A decisão do Tribunal Constitucional Federal da Alemanha, em 1975, em oposição, rejeitou como inconstitucional a lei permitindo o aborto dentro dos três primeiros meses de gravidez. Todavia, reconheceu que o legislador poderia canalizar a desaprovação legal do aborto também por outros meios além do recurso à penalidade, que pode ser menos eficaz que ajuda positiva; pois, dificilmente se salva o embrião contra a vontade da mãe. Isso foi uma decisão incomparavelmente mais sábia que a sentença norte-americana, segundo a qual a vida do embrião, nos primeiros seis meses, não possui direito algum de proteção legal, e isso não indigna apenas as pessoas religiosas. Entre outros motivos, a irreconciliabilidade dos partidos nos Estados Unidos alcançou tal nitidez porque os contrastes ideológicos, que eclodiram nas "guerras culturais"[12] dos anos 1960, em que se tratava de questões sobre religião e sexualidade, se sobrepuseram às questões políticas. Quem sustenta que o outro lado é ateu e promíscuo, ou hipócrita e pudico, raramente tem a capacidade de chegar a um acordo sobre questões econômicas ou financeiras, ainda que os temas correspondentes tenham, realmente, pouco a ver uns com os outros. A capacidade de diálogo, em grande parte, sofre um colapso porque a preterição intelectual da direita religiosa pela esquerda forçou o caminho com ainda mais força para uma forma "etnorreligiosa" de religiosidade. O que quero

---

12. Esse termo ganhou sentidos diferentes ao longo do tempo. No caso dos anos 1960, refere-se ao conflito ideológico entre conservadores e progressistas, tanto no Ocidente quanto em países não ocidentais. (N. do T.)

dizer com isso? Enquanto as formas mais sutis de religião incentivam proezas morais elevadas, a variante etnorreligiosa dos Estados Unidos cultiva um orgulho nacionalista pelo próprio modo de ser norte-americano, com todos os seus vícios; e isso aumenta, com bons motivos, o desprezo pela direita. Um holofote foi claramente posto sobre a consistência insuficiente das ideologias religiosas, por exemplo, quando se soube que Paul Ryan – representante da Câmara dos Representantes dos Estados Unidos entre 2015 e 2018 e, em 2012, candidato dos republicanos à vice-presidência, professado católico – reconheceu, em 2005, Ayn Rand como sua influência intelectual mais significativa (em 2012, contudo, ele se distanciou dela) – uma ateia libertária, cujo ódio do Estado de bem-estar social contradiz diametralmente a doutrina social católica. Para muitos norte-americanos, Cristo é, além da complexidade das decisões eleitorais políticas, reduzido a uma verificação da posição de partidos em relação ao problema do aborto – o que é demasiado absurdo, na medida em que o direito ao aborto é assunto dos estados constituintes, pois uma revogação do caso Roe v. Wade com base na nomeação de um novo juiz na Suprema Corte, portanto, conduziria quase a um turismo do aborto, de um estado para outro.

Na Europa Ocidental, ainda não se chegou a esse grau de envenenamento do discurso político, também porque a energia religiosa, característica dos Estados Unidos desde sua formação, já está vastamente apagada. Apenas na questão dos refugiados se observa uma degradação da capacidade de diálogo em virtude de arrogância recíproca, que recorda o debate norte-americano sobre o aborto. O que abaixa significativamente o nível dos debates em ambos os lados do Atlântico, contudo, é a inflamação dos adversários por meio das mídias, que atiçam o conflito, uma vez que os insultos recíprocos aumentam os índices de audiência. Isso vale, sobretudo, para aqueles que querem principalmente se entreter com a política, e que veem debates como substitutos de uma luta de boxe que diz respeito a ideias políticas, e se deliciam quando os oponentes se espancam mutuamente. Que eles desconfiem da classe política, não é sem fundamento; pois já se espalhou a notícia de que o lobismo e também a corrupção pública são generalizados (entre ambos, há uma grande zona cinzenta). Um exemplo: em 2008, o governador democrata de Illinois, Milorad Blagojevich, chegou ao ponto de tentar vender a vaga de Barack Obama no Senado, após sua eleição a presidente; ele foi, por isso, condenado a 14 anos de prisão, em 2011[13]. Em 2013, seu predecessor imediato no cargo, o republicano George Ryan, foi solto após ter cumprido de seis anos de pena, igualmente por corrupção. Nada disso aumenta a confiança em políticos; e isso vale também para a maneira como, por exemplo, o parlamentar da Geórgia, Jason Spencer, ou o ex-senador Trent Lott foram enganados pelo comediante Sacha Baron Cohen a ser fascinarem com os comportamentos mais indignos ou as declarações mais absurdas sobre o armamento de crianças talentosas de jardim de infância com armas de fogo (as chamadas "*kinderguardians*"[14])[15]. Talvez ainda mais medonho que as teorias que esses políticos defendem seja o fato de que puderam cair nas teias de Cohen, grotescamente disfarçado de coronel do Mossad, algo que, de fato, um menino inteligente do jardim de infância poderia compreender que era *fake*. Mesmo assim, Lott se tornou líder parlamentar republicano.

E, no entanto, só posso repetir que, para nenhum cargo político, o povo tem uma responsabilidade mais forte do que por seus parlamentares. O nível baixo destes, do qual ao mesmo tempo se zomba, indica que o povo,

---

13. Ele pode ser solto mais cedo, pois Trump levou em consideração o indulto de Blagojevich – se a partir de um sentimento de Estado apartidário ou a partir de simpatia pelo crime de que foi acusado, é outra questão. Cf. ANAPOL, A. Illinois GOP delegation asks Trump not to commute Blagojevich's sentence. Disponível em: <https://thehill.com/homenews/state-watch/391741-illinois-republican-delegation-asks-trump-not-to-pardon-blagojevich>. Acesso em: 9 out. 2019.
14. O termo é uma brincadeira com as palavras do inglês "*kindergarden*" (que vem, inclusive, do alemão, "*Kindergarten*") e "*guardian*", guardiã. (N. do T.)
15. REED, R. Watch Sacha Baron Cohen Get Georgia State Rep to Shout Racial Slur, Drop Pants. Disponível em: <https://www.rollingstone.com/tv/tv-news/watch-sacha-baron-cohen-get-georgia-state-rep-to-shout-racial-slur-drop-pants-702442/>. Acesso em: 9 out. 2019; CHORTLE. *Guns for Kids*. Disponível em: <https://www.chortle.co.uk/video/2018/07/16/40483/guns_for_kids>. Acesso em: 9 out. 2019.

no fim, prefere essas pessoas a indivíduos mais qualificados intelectual e moralmente. Isso resulta do fato de que, sociopsicologicamente, as democracias, exceto em épocas de crise, não têm facilidade de suportar personalidades que excedam claramente a média. De fato, na transição da aristocracia de nascimento à democracia, desempenhou importante papel o argumento de que não o nascimento, mas o desempenho deveria contar e, por isso, uma democracia meritocrática seria o único governo dos melhores – que é o significado de "aristocracia". Todavia, a capacidade de reconhecer a superioridade e notar as grandezas não é natural às pessoas, sobretudo quando ela não é religiosa. Graças ao ataque pós-moderno à verdade, compreende-se cada vez menos que é necessário um treino metodológico e um conhecimento factual para responder, por exemplo, a questões de economia nacional, questões jurídicas e questões geopolíticas. Com isso, escancara-se o portão para a superestimação de si mesmo, da parte de incultos e de estúpidos. Disso, sofrem igualmente a política e a alta cultura. As antigas sociedades hierárquicas aristocráticas mantinham a virtude da sincera admiração pelas façanhas superiores, ao menos como ideal erigido, e, com o declínio da capacidade de buscar e respeitar a grandeza, alastra-se uma postura que prefere como políticos, inicialmente, pessoas que são, em caráter, iguais à pessoa comum, no entanto, possuem uma aptidão especial para trabalhar, portanto, pessoas medianas acima da média[16]. No fim, os charlatães resplandecentes se revelam ainda mais atraentes, formando-se uma "caquistocracia", ou seja, um governo dos piores, para usar um termo com o qual o ex-diretor da CIA, John Brennan, designou o grupo regente em torno a Trump[17]. Plutarco relata, no capítulo 7 de sua *Vida de Aristides*, que ele foi banido de Atenas como

---

16. No original, "... *also auf überdurchschnittliche Weise durchschnittlich sind*". (N. do T.)
17. Treene, A. War of words: Trump vs. former intelligence officials. Disponível em: <https://www.axios.com/war-of-words-trump-vs-former-intelligence-officials-james-comey-john-brennan-95ea2b7c-0a1c-4112-8b18-0e9f92e6d048.html>. Acesso em: 9 out. 2019.

um político particularmente elogiado por ser justo; e, na votação, um analfabeto que não conhecia Plutarco virou-se para ele, pedindo o favor de escrever o nome de Aristides. Plutarco o fez sem dificuldade, e perguntou ao homem: "então, por que exatamente você quer esse político banido? O que ele fez de errado?". A resposta foi: "Ele não fez nada contra mim, mas estou cheio de ouvir os outros chamarem-no de 'justo' em todo lugar". Isso pode ser humano, mas a consequência necessária de tal postura é que, então, passa a governar um político que não é justo, mas faz do Estado sua presa. E, dificilmente, pode-se contestar que tais povos (não todos os indivíduos pertencentes a eles) possuem o governo que merecem.

Nos Estados Unidos, os primeiros presidentes, de Washington ao segundo, Adams, possuíam uma aura intelectual e moral de que o fundador do Partido Democrata e sétimo presidente do país, Andrew Jackson, desviou-se completamente. Em todo caso, esse primeiro populista norte-americano, em cuja conta estão uma política de genocídio indígena, o desmantelamento do banco nacional (com desastrosas consequências para a economia) e o sistema de patronagem, ou seja, a ocupação de todas as vagas na administração pública por colegas do partido, foi um general importante. Uma populista como Sarah Palin, que foi candidata a vice-presidente dos republicanos em 2008 e, desde então, um ícone do movimento *Tea-Party*, pelo contrário, só pode ser considerada representativa – ela representa, à maneira de um tipo ideal, a ignorância, estupidez e vulgaridade de norte-americanos médios. Que ela tenha sido escolhida por um político definitivamente mais inteligente como John McCain mostra a pressão que uma concepção de democracia já não meritocrática exerce sobre um sistema político: não quer personagens que o rebaixem por serem um pouco melhores do que ele. Felizmente, em 2008, os republicanos não tiveram êxito. Todavia, ninguém se surpreende de, após a eleição de Trump, todo mundo que tem um nome se considerar presidenciável. Enquanto isso, o *rapper* afro-americano Kanye West anunciou que irá se candidatar, em 2024, à Presidência dos Estados Unidos (em 2020, ele quer preservar seu amigo Trump). Sua justificativa é notável, pois pressupõe uma adaptação original da tese platônica sobre a soberania do filósofo: "*rappers* são os filósofos do nosso agora"[18]. Não é impossível, na situação atual dos Estados Unidos, que se forme uma coalizão inesperada de pessoas de direita e amigos da multiculturalidade, para apoiar essa candidatura.

Importações desse tipo, do setor de entretenimento para a política, não se limitam, de modo algum, aos Estados Unidos. No Paquistão, o partido do ex-jogador de críquete, Imran Khan, venceu as eleições parlamentares em 2018, e ele se tornou primeiro-ministro do país. No Canadá, o homem de negócios Kevin O'Leary quase se tornou o líder do Partido Conservador do Canadá – ele se tornou uma estrela graças, entre outras coisas, à série de televisão *Shark Tank*[19], que superou o *The Apprentice*, de Trump. Nas eleições presidenciais da Ucrânia de 2019, o ator Wolodymyr Selenskyj foi eleito – ele atuou, em uma popular emissora, como um presidente ucraniano fictício; e, como o mundo da mídia é mais importante que o mundo real para muitas pessoas, a seus olhos ele era, com isso, qualificado para o verdadeiro cargo. Em Taiwan, o líder de banda Freddy Lim, após fundar um novo partido nacionalista, tornou-se um deputado com altas ambições. Kukiz, na Polônia, já foi tratado nesta obra (capítulo 2). Na Itália, um comediante, Beppe Grillo (que foi, por força da lei, condenado por homicídio culposo de três homens e por várias calúnias), é confundador do partido Movimento 5 Stelle, que desde 2018, em Roma, formou um governo de coalizão com o partido Lega (antes Lega Nord), outrora separatista. O ministro do Interior é Matteo Salvini, que abandonou a universidade, assim como alguns políticos de sua

---

18. No original, em inglês: "*Rappers are the philosophers of our now*" (N. do T.); Hooton, C. Kanye West reaffirms vow to run for president in 2014. Disponível em: <https://www.independent.co.uk/arts-entertainment/music/news/kanye-west-us-president-run-bid-2024-twitter-campaign-latest-a8321106.html>. Acesso em: 9 out. 2019.
19. Literalmente, "Tanque de tubarões". O programa tem versão brasileira, *Shark Tank Brasil*. (N. do T.)

geração, como o jovem chanceler austríaco, Sebastian Kurz. É completamente cabível se perguntar se é significativo que ministro e líder de governo sejam aliviados de exigências de qualificação que, por exemplo, a Alemanha impõe aos funcionários públicos que buscam ocupar funções mais elevadas. Por trás do sistema atual, está a concepção de que competências fatuais são, para um político, menos importantes que habilidades sociais. Essas são, certamente, imprescindíveis para formar coalizações e se impor em disputas de poder – todavia, é o suficiente para resolver, de forma competente, questões fatuais? E, não importa o quanto habilidades de negociação sejam indispensáveis para um político, só são uma benção quando utilizadas em uma conduta pautada por princípios. Se os princípios também são liquidados, cai drasticamente a expectativa de vida do estado de direito.

Sem dúvida, na democracia midiática moderna, adaptação à mídia se tornou um critério de seleção central para os políticos. O número de personalidades relevantes que deseja se sujeitar ao estresse e às inevitáveis humilhações de uma carreira política é pequeno, entre outros motivos, porque as possibilidades criativas políticas são muito limitadas. Além disso, esse número se reduzirá ainda mais, uma vez que o interesse dessas pessoas diminui proporcionalmente ao aumento de pessoas que buscam reconhecimento no sistema político, com as quais ora se deve concorrer, ora se deve cooperar. Um político, hoje, deve poder aguentar inúmeros *talk shows* que raramente cativam pela qualidade dos argumentos presentes. Neles, perguntam-se generalidades que, em uma democracia do consenso, não devem magoar ninguém e, ainda assim devem soar, de qualquer modo, autênticas; o político ou a política, hoje, deve, ao mesmo tempo, passar por eles sendo simpático, portanto sem parecer um sabe-tudo (o que é mais fácil, quando ele/ela de fato sabe pouco); deve possuir uma aparência externa adequada, e deve poder lidar com os jornalistas habilmente – pois estes lhe convidam aos *talk shows* e entrevistas, além de escrever notícias sobre ele/ela. O que vivenciamos hoje, no entanto, é o rápido declínio do jornalismo tradicional. Certamente, as mídias continuam sendo indispensáveis como mediadoras entre os políticos e o povo – mas a paisagem da mídia se modificou rapidamente, graças ao desenvolvimento das novas mídias sociais. Em parte, a confiança no tipo de político escorregadio, que até o presente era selecionado, está em colapso, e em parte, a confiança nos jornalistas, que contribuíram para a seleção daquele, também desmoronou. Em parte, reduziu-se a capacidade intelectual, que é cada vez mais exigida para acompanhar um debate concentrado de uma hora ou mesmo para a leitura de um artigo mais longo de jornal.

Obama venceu a eleição de 2008 devido, entre outros fatores, ao fato de ter sido excepcionalmente talentoso no uso do Facebook, diferentemente do seu rival bem mais velho, John McCain. Ele contratou Christopher Hughes, então com 24 anos, um dos cofundadores do Facebook, como conselheiro estratégico. Obama tinha 2 milhões de apoiadores no Facebook, McCain tinha apenas 600 mil. No YouTube, a presença de Obama era quatro vezes mais forte que a de McCain, e ele dominava perfeitamente os *podcasts*, ou seja, a oferta de arquivos de mídia assináveis pela internet[20]. No entanto, desde 2016, só na campanha eleitoral, um político essencialmente mais velho indicou que também domina virtuosamente uma nova mídia social: Donald Trump, o "alto-falante em chefe"[21]. Essa expressão indica, que, em tempos de paz, ainda mais importante que a posição de "comandante em chefe" das forças armadas, é aquela posição que permite a alguém, todo dia e toda noite, emitir mensagens sobre o sentido da realidade, que milhões

---

20. Dutta, S.; Fraser, M. Barack Obama and the Facebook Election. Disponível em: <https://www.usnews.com/opinion/articles/2008/11/19/barack-obama-and-the-facebook-election>. Acesso em: 9 out. 2019.
21. *"Tweeter in Chief"*, expressão em inglês no original. Hösle brinca com três termos: *"commander in chief"* (comandante em chefe); *"tweeter"*, um alto-falante que reproduz faixa de alta frequência, especialmente sons agudos, e "Twitter", a rede social que Trump é famoso por usar com frequência. (N. do T.)

esperam ansiosamente e que também serão transmitidas para as mídias tradicionais, com pouca crítica, fortalecendo a soberania de interpretação do alto falante em chefe. Na Itália, a ascensão do Movimento 5 Stelle decididamente se deve ao empenho do cofundador e estrategista de mídia Gianroberto Casaleggio.

O que diferencia as mídias sociais dos meios de comunicação de massa clássicos como jornal, rádio e televisão é, em primeiro lugar, sua acessibilidade. Em princípio, qualquer pessoa pode criar um *blog* ou tuitar, ao passo que muito capital e conhecimento especializado é exigido para produzir um jornal ou uma emissora de televisão. O que é publicado no jornal ou na televisão precisa de uma autorização da parte de seus proprietários; precisamente esse "porteiro" deixa de existir nas redes sociais. O autor pode permanecer anônimo e, por isso, dizer tudo o que pensa – ainda que o autocontrole, via de regra, conduza a menos veracidade, porém a mais verdade. Todavia, quando já não se acredita na verdade, seu substituto se torna a veracidade. Também o destinatário pode conduzir o fluxo de informação, por exemplo exigir novos conteúdos – fala-se, nesse caso, de mídia passiva (*pull media*). As informações em forma multimídia podem, sem atraso, ser publicadas e atualizadas ininterruptamente. Tudo isso explica a grande atratividade das mídias sociais, que, primeiramente, foram favoráveis, também, a uma influência benéfica no desenvolvimento das democracias – pessoas com causas políticas semelhantes puderam se conectar rapidamente e, dessa maneira, se tornar ativas. O problema, porém, é que as técnicas, em primeiro lugar, são neutras. Também os adversários da democracia podem se apoderar dessas mídias para, em parte, propagar ideias explicitamente direcionadas contra a democracia e o estado de direito e para, em parte, espalhar informações falsas ou incorretas, como teorias da conspiração que, a longo prazo, deterioram a confiança no estado de direito e pressionam decisões políticas em uma determinada direção. Exércitos inteiros de *trolls* trabalham, nesse ínterim, para países que não se organizam democraticamente ou que, ao menos, já não são democracias liberais[22]. Os filipinos sob Duterte são um bom exemplo de uso na política interna[23]. Na política internacional, como se sabe, a Rússia é a campeã. Quem leu o Relatório da Equipe Minoritária para o Comitê de Relações Internacionais do Senado dos Estados Unidos, de 10 de janeiro de 2018, chamado "O ataque assimétrico de Putin à democracia na Rússia e na Europa: implicações para a segurança nacional dos Estados Unidos"[24], encontra, entre muitas outras informações, comprovação de que a Rússia não influenciou só os países da Europa Central e Europa Oriental, mas também, entre outras coisas, o referendo do Brexit na Inglaterra, a eleição presidencial francesa de 2017, as tentativas de separação da Catalunha (que culminaram em um referendo de independência em outubro de 2017, declarado ilegal pelo Tribunal Constitucional espanhol) e o referendo constitucional italiano de dezembro de 2016. Se essas manipulações se tornassem evidentes, em princípio, seria possível se defender delas. Em fevereiro de 2017, Macron rechaçou explicitamente a insinuação das mídias russas de que ele seria homossexual, e a maioria dos franceses tinha claro as razões de a Rússia ter interesse na calúnia[25]. Todavia, mesmo das declarações absurdas,

---

22. Ver o documento de trabalho n. 2017.12 da Universidade de Oxford: BRADSHAW, S.; HOWARD, P. N. *Troops, Trolls and Troublemakers: A Global Inventory of Organized Social Media Manipulation*. Disponível em: <http://comprop.oii.ox.ac.uk/wp-content/uploads/sites/89/2017/07/Troops-Trolls-and-Troublemakers.pdf>. Acesso em: 9 out. 2019.
23. PALATINO, M. Beware Duterte's Troll Army in the Philippines. Disponível em: <https://thediplomat.com/2017/11/beware-dutertes-troll-army-in-the-philippines/>. Acesso em: 9 out. 2019.
24. CORKER, B. et al. *Putin's Asymmetric Assault on Democracy in Russia and Europe: Implications for U.S. National Security*. Disponível em: <https://www.foreign.senate.gov/imo/media/doc/FinalRR.pdf>. Acesso em: 12 out. 2019. Ver também o importante livro: SNYDER, TIMOTHY. *Der Weg in die Unfreiheit. Russland, Europa, Amerika*. München: C. H. Beck, 2018. (Trad. bras.: *Na contramão da liberdade. A guinada autoritária nas democracias contemporâneas*. Trad. B. Vargas. São Paulo: Companhia das Letras, 2019.)
25. HAMANN, G. Macron Is Gay, Not! Disponível em: <https://www.zeit.de/politik/2017-02/fake-news-emanuel-macron-russia-history>. Acesso em: 12 out. 2019.

algo sempre permanece; a simples repetição de uma opinião contribui para sua aceitação. Também um número baixo de *bots* já põe a espiral do silêncio em movimento: a coragem cívica é rara, já não se ousam expressar algumas opiniões divergentes – alguns até mesmo acreditam que não se pode, de modo algum, ter razão, quando as pessoas que se consideram maioria pensam de outra forma.

No entanto, creio que, ainda mais perigoso que o alastramento de falsas notícias, é a mudança da forma de pensar que ocorre por meio das mídias sociais. Já no século V AEC, o teórico da música Damon pronunciou uma frase citada, com aprovação, por Platão, segundo a qual, em nenhum lugar os modos da música são mudados sem que isso influencie as mais importantes leis estatais. De modo algum isso vale só para a música: pelo menos desde Berlusconi, sabemos que o lixo na TV favorece o lixo na política. O colapso da alta cultura possui consequências políticas, como Neil Postman já havia previsto em 1985[26]. Há mais de meio século, surgiu o livro mais influente do comunicólogo canadense Marshall McLuhan, *Understanding Media. The Extensions of Man* [*Os meios de comunicação como extensões do homem*]. Sua frase mais famosa é "o meio é a mensagem"[27]. Entendida como afirmação da identidade, essa proposição é absurda, pois, então, simplesmente não seria possível transportar mensagens diferentes pelo mesmo meio. Todavia, o que McLuhan quis dizer, apesar da formulação desajeitada, é o seguinte – e que, justamente hoje, em uma era de rápida modificação da mídia, mostra-se de grande significado: o meio não é neutro diante da mensagem que ele

---

26. POSTMAN, NEIL. *Wir amüsieren uns zu Tode. Urteilsbildung im Zeitalter der Unterhaltungsindustrie*. Frankfurt: Methuen, 1988 (original em inglês: *Amusing Ourselves to Death. Public Discourse in the Age of Show Business*. New York: Penguim, 1985).

27. MCLUHAN, MARSHALL. *Die magischen Kanäle. Understanding Media*. Düsseldorf/Wien: ECON, 1968. (Original em inglês: *Understanding Media*. New York: McGrawl-Hill Education, 1964. Trad. bras.: *Os meios de comunicação como extensões do homem*. Trad. Decio Pignatari. São Paulo: Cultrix, [9]1998.)

media, mas a influencia. Um exemplo primoroso é o tuíte. Originariamente limitado a 140 caracteres, passando ao limite de 280 em novembro de 2017, o ato de tuitar obriga o emissor a uma extrema redução da complexidade. De qualquer maneira, argumentos, ou mesmo descrições corretas, porém laboriosas, são incompatíveis com o meio; e, uma vez que a realidade é percebida por muitas pessoas principalmente pela filtração de seu meio favorito, aquele que percebe e avalia a realidade política por intermédio desse meio simplesmente já não consegue ver determinados fenômenos. Evidentemente, isso não quer dizer que esses fenômenos deixam de existir – o recalcamento, por exemplo, do problema ambiental não o expulsa do mundo, mas apenas o intensifica, até que já não seja solúvel e o contra-ataque da natureza, sobre parte da qual o ser humano, durante muito tempo, teve o controle, seja especialmente brutal. Já o Facebook promove a autocomercialização, aliás um subjetivismo sem limites, uma vez que pressionar o botão "curtir" alivia todos do esforço de buscar argumentos para suas próprias preferências. Que por trás dessa promoção de inclinações subjetivas estejam disfarçados interesses concretos, é sabido: após o estudo de 70, 150 ou 300 curtidas de uma pessoa, é possível saber mais sobre ela do que sabem os amigos, membros da família ou parceiros afetivos[28]. Isso possibilita formas totalmente novas de propaganda e manipulação direcionadas, também, e precisamente, no âmbito político. Essa chamada microfocalização[29] foi a verdadeira meta da empresa de análise de dados, Cambridge Analytica, que apoiou em peso a vitória eleitoral de Trump e, entre outras coisas, foi financiada pela família bilionária Mercer, que também é coproprietária do *site* de notícias populista de direita, Breitbart News Network. A Cambridge Analytica precisou solicitar solvência em maio de 2018, após

---

28. COLLINS, K.; DANCE, G. J. X. How Researchers Learned to Use Facebook "Likes" to Sway Your Thinking. Disponível em: <https://www.nytimes.com/2018/03/20/technology/facebook-cambridge-behavior-model.html>. Acesso em: 12 out. 2019.
29. "*Microtargeting*", termo em inglês, no original. (N. do T.)

terem se tornado públicas suas práticas escandalosas de aquisição de informações. No entanto, a ideia de negócio seria levada adiante por uma nova empresa, com uma liderança em grande parte sobreposta à anterior. Em todo o caso, o Facebook possibilita ainda a comunicação de ideias mais complexas. Isso é suprimido, como já foi dito, no Twitter, em que a possibilidade de expressão é drasticamente reduzida, em relação ao Facebook. Todavia, aqui ainda é o caso de se comunicar em palavras. O futuro consistirá no compartilhamento não verbal de *emoticons*, imagens, fotos e *gifs* animados, que têm um efeito maior nos afetos do que as palavras.

Como a internet aumentou de forma imensurável a riqueza de informações disponíveis e cativou a tendência moderna ao infinito, é decisivo para todos o desenvolvimento de critérios para seleção de informação. Critérios racionais são, certamente, verdade e materialidade. Todavia, no momento em que a busca dessas categorias é considerada tarefa vã, o critério decisivo de confirmação passa a ser o que se quer acreditar, ou ao menos a compatibilidade com as próprias opiniões. O desejo se torna pai do pensamento. Ignora-se, deliberadamente, o que contradiz as próprias convicções, e interpreta-se cada repetição daquilo em que se acredita, ainda que venha de desvios da mesma fonte, como confirmação adicional. Já não há nenhum lugar comum para a assembleia popular (nem física, como na democracia direta ateniense, nem transmitida, como em geral se tomou conhecimento nas mídias tradicionais da era burguesa), nenhum lugar no qual os cidadãos podem se reunir e intercambiar as ideias diferentes. Agora, só existem mundos paralelos, nos quais, graças às bolhas e câmaras de eco, contra-argumentos são rechaçados e, para isso, as próprias opiniões ressoam de volta à internet. A limitação intelectual daquele que já não se dispõe a estudar minuciosamente um grande livro e a refletir sobre um argumento complexo traz consigo o sentimento megalomaníaco de que o universo do saber está à disposição de alguém, quando se surfa na internet e, em princípio, se está conectado com todas as pessoas do mundo. Esse sentimento é, o mais provável, comparável com o de uma pessoa que estava confinada em uma pequena câmara, cheia de espelhos em todo lugar e que, uma vez que o tempo todo só vê a si mesma duplicada, começa a pensar que é deus. É claro que um diálogo frutífero entre moradores de diferentes câmaras com espelhos já não é possível, apenas a suspeita recíproca e insultos mútuos, que factualmente são sem nível, mas, no chat on-line em tempo real, em princípio, podem vir a ser propagados pelo mundo inteiro. A fofoca habitual política sempre existiu, mas que cada própria opinião, ainda que seja estúpida e prejudicial, possa ser sibilada pelo globo inteiro, em questão de segundos, é algo novo; não faz bem à natureza humana que não se coloque nenhum limite à mensagem dos mais primitivos. Cada lado de um conflito político é, daqui em diante, irrefutável, pois os fatos a que os outros se referem são tomados, desde o começo, como *fake news*. Mesmo as mais absurdas teorias da conspiração, como a teoria radical de direita *QAnon* (por exemplo, Obama, Hillary Clinton e o investidor George Soros praticam orgias com crianças e preparam um golpe), puderam transmitir o sentimento de que, finalmente, entende-se o mundo, tornando-se superior ao próximo, que ignora ou recusa a própria chave original para a realidade.

    Sem dúvida, a superação de algumas das grandes ideologias do século XX foi uma benção para a humanidade. Mas o ser humano é um ser tão complicado e enigmático que, por baixo do balcão, a benção rapidamente se torna em maldição. Esse ser vivo esquisito pode, sem um espartilho de normas morais rígidas, tornar-se muito mais perigoso do que o mais voraz predador. As grandes ideologias apelaram, ainda, a ideais muitas vezes falsos, mas que, todavia, pretendiam elevá-las a uma forte dimensão normativa, graças à qual era possível se comunicar na busca comum de uma sociedade justa. Elas garantiam uma reconhecida coerência teórica. Tornavam a relação dos indivíduos previsível. A crença no progresso da história orientava e motivava uma transcendência dos próprios interesses. Certamente, muita hipocrisia estava ligada a isso; mas La Rochefoucauld tem razão quando, em seus conhecidos aforismos, enfatizou o papel da virtude que opera por meio da hipocrisia. Ela é um mal menor que um cinismo nu, pois autoriza um apelo a uma norma – seja essa a responsabilidade por gerações futuras, seja o orgulho por tradições de séculos, seja a beleza da natureza, a riqueza espiritual de culturas humanas ou o valor inerente a todo ser humano. Tudo isso desapareceu junto com as grandes ideologias. Como menor denominador comum ideológico, restou a ideia de que cada um pode fazer o que quer, desde que não fira a lei – e isso significa, para os ricos e poderosos, que devem mudar a lei por meio de lobistas, que cada vez mais podem fazer o que quiserem. A época que sucede a era das ideologias não é uma era na qual agora, sem os grilhões de antigos preconceitos, descobrem-se novas e libertadoras verdades. A política, nesse admirável mundo novo, já não repousa na disputa produtiva sobre o que constitui o bem comum, mas se desfaz em objetos narcisistas, em reações afetivas de manipulação e em estratégias psicologicamente astutas de manipulação ativa. A questão é que o próprio "*meme*" é selecionado positivamente na luta darwinista pela sobrevivência. Também a ciência, nessa perspectiva, é desatrelada da busca da verdade e se reduz a uma formação de redes de contato e ao *marketing* dos próprios produtos. Todos confessam o egoísmo, mas alguns são mais habilidosos para atingir suas metas. A manipulação do próximo se realiza de maneira mais fácil quando a ideologia libertária admite que cada decisão tem a mesma importância – tanto faz se ela se baseia em compreensão ou em capricho, ou até mesmo se é resultado de uma manipulação em massa. De um lado, o culto do eu possui possibilidades inteiramente novas – qualquer um pode, enquanto posta novidades sobre sua vida, ter a impressão de que o mundo inteiro se interessa por ele. Como bilhões de outras pessoas fazem o mesmo, de outro lado, a pressão de concorrência por atenção é consideravelmente grande, e quem se interessa por isso não são amigos reais, mas, sobretudo, Cambridge Analytica e outras empresas, e certamente não por causa de amor cristão ao próximo. Pertinente a esse tema é o que escreveu Christoph Türcke, presumivelmente o herdeiro mais perspicaz do potencial crítico da antiga Escola de Frankfurt, em um estudo sobre o admirável mundo novo das mídias[30]: "plataformas como Google e Facebook não escravizam seus usuários. Elas os sugam. Contudo, com isso, elas os tornam mais dependentes do que qualquer força político-militar"[31].

Quanto mais tempo é consumido para expor a si mesmo nas mídias sociais, menos tempo resta para os próximos reais e para a compreensão teórica da realidade; e o sentimento de solidão e de alheamento cresce, apesar da interconexão de alcance mundial. O contato quase instantâneo com pessoas totalmente desconhecidas em um continente totalmente distinto proporciona, de um lado, fantasias de onipotência e, de outro lado, dificulta a prudência em relação à lenta construção do próprio capital espiritual, do qual se precisa para navegar na altamente complexa modernidade. Afoga-se no oceano da superinformação para lá estar em todo lugar ao mesmo tempo; e, como é possível receber desde vídeos da decapitação de pessoas inocentes pelo Estado Islâmico até toda forma de sexo em imagens concretas e pequenos filmes, surgem *voyeurs* digitais, graças aos exibicionistas digitais, como os que transmitiram ao vivo, em março de 2018, em Christchurch, Nova Zelândia, até mesmo o massacre cometido por eles. Esse tipo de gente hoje em dia realmente acredita que representa uma forma de intelectualidade nunca alcançada até então. Apenas poucas pessoas conseguem ficar felizes com uma situação desse tipo. A ascensão do regime fascista na Europa não foi favorecida apenas pela crise econômica e pela ameaça comunista, mas também pelo vácuo ideológico resultante do colapso de quatro impérios e, em alguns países europeus, pelas ideias de legitimação monárquica. De um lado, o ser humano, em primeiro lugar, desfruta da libertação de vínculos. De outro lado, precisa de uma orientação normativa, em parte para saber o que ele deve iniciar com sua vida – o que, graças à redução dos instintos, não é

---

30. "[...] *in seiner Studie der schönen neuen Medienwelt*", expressão em alemão, no original. (N. do T.)
31. Türcke, C. *Digitale Gefolgschaft*. München: C. H. Beck, 2019.

tão fácil quanto no caso dos animais – e em parte para experienciar o reconhecimento e o amor. Na lacuna aberta pelo vácuo normativo, frequentemente avançam, de forma bem-sucedida, ideologias autoritárias e totalitárias, desde o bolchevismo até o fascismo italiano e alemão até o Estado Islâmico. Em comum a todas elas, há uma oferta de sentido por meio da experiência de uma comunidade fechada, que luta contra todos os outros grupos como inimigos. Tal ideologia pode liberar energias vitais, pois o preparo à luta pelo próprio grupo pertence à configuração fundamental do ser humano, sobretudo do homem, e as experiências de comunidade, que arrancam o indivíduo do isolamento, podem compensar todo o labor e perigos, até o da própria morte.

Não é errado que essas ideologias exijam a transcendência do próprio eu. O que é errado e profundamente imoral é que elas se desvinculam do princípio da ética universal e, por isso, a lealdade ao próprio grupo vigora como mandamento incondicionado, pois nenhuma norma além da moral do grupo é reconhecida. Partidos antiuniversalistas precisam, de fato, de um adversário, para conservar o próprio movimento em uma motivação duradoura. Frequentemente, eles acham esses oponentes em grupos antiuniversalistas análogos, mas definidos de outro modo. Ocasionalmente, no entanto, esses grupos se associam – por exemplo, os nacionalistas antieuropeus – para lutar contra o inimigo comum, a União Europeia. O estrategista-chefe anterior de Trump, Stephen Bannon, que anteriormente operava na Breitbart News Network, atualmente parece trabalhar em uma frente mundial contra a globalização: nacionalistas do mundo todo, uni-vos! Porém se deve sublinhar uma importante diferença entre o fascismo de então e os fenômenos políticos hodiernos. O fascismo dispõe, em suas diversas variantes, de uma ideologia estável e de uma organização política sólida. O que vivenciamos hoje é influenciado pela pós-modernidade: trata-se mais de uma manipulação oportunista de instintos antiuniversalistas do que de uma ideologia política elaborada. Bannon seria, finalmente, suprimido pelas forças globalistas, às quais pertence a filha de Trump, Ivanka. Isso, todavia, de modo algum ocorreu por princípios morais, mas devido às possibilidades de lucro do capitalismo global. Negócios tornam alguém global, ao passo que as eleições se vencem nacionalmente. E campanhas eleitorais não se baseiam tanto em estruturas rígidas de partido, mas na transferência manipuladora da indústria de entretenimento para a política. Isso torna o pós-moderno fascistoide muito menos previsível que o fascismo clássico, pois aquele carece não só de uma ideologia, mas também de um laço partidário claro.

Em um dos melhores artigos sobre a campanha eleitoral de 2016, "Democracies end when they are too democratic" (Democracias terminam, quando elas são democráticas demais)[32], o jornalista norte-americano de ascendência britânica, Andrew Sullivan, recorre, para explicar a ascensão de Trump, à teoria de Platão sobre a mudança da democracia em tirania, desenvolvida no final do oitavo livro da *República*[33], obra fundante da filosofia política ocidental. Certamente, muito do que foi dito por Platão só é compreensível e válido no contexto de sua própria época, pois ele não conhecia nenhuma democracia liberal com separação de poderes. Mas algumas de suas conclusões são plenamente atemporais, ainda que a modernidade, na maioria das vezes, se recuse a levar a sério essas ideias, pois, como vimos no primeiro capítulo, uma filosofia da história do progresso é característica da modernidade. Mas, ainda que seja inteiramente correto, no conjunto, que o universalismo moral é um resultado tardio da história mundial (por isso, a democracia de Atenas não era universalista, uma vez que pressupunha a escravidão para seu funcionamento), exige honestidade intelectual reconhecer que, dentro da história do progresso do direito, desde a Revolução Norte-Americana e a Revolução Francesa, também houve períodos de recaída: a época do totalitarismo é o exemplo

---

32. SULLIVAN, A. Democracies end when they are too democratic. And right now, America is a breeding ground for tyranny. Disponível em: <https://nymag.com/intelligencer/2016/04/america-tyranny-donald-trump.html>. Acesso em: 12 out. 2019.
33. 577a ss. Da paginação canônica Stephanus. Trad. bras.: PLATÃO. *A república*. Trad. L. Vallandro. São Paulo: Nova Fronteira, 2016.

mais frutífero disso. A autodestruição de inúmeras democracias liberais e de monarquias constitucionais nos anos 1920 e 1930 deve servir como aviso; e, ainda que seja claro que, nos últimos cem anos, houve e há outras causas específicas que outrora não existiam, é plausível que os processos de mudança dos antigos e dos modernos apresentem algumas semelhanças, pois a natureza humana conhece constantes que o historicismo radical frequentemente não é capaz de perceber. E a crença no progresso será, então, insensata, se ela se esquecer de que o progresso na reflexão ética não se reflete, de modo algum, automaticamente no comportamento humano. Hoje, provavelmente, há uma barreira contra toda teoria geral convincente da escravidão, mas isso não significa, de modo algum, que tal haja tal barreira contra a escravização ou mesmo o genocídio do próximo. A tendência a isso possui raízes antropológicas profundas, cuja repressão é sempre uma tarefa a se renovar. Essa tarefa será negligente, caso se entregue à convicção errada de que essas experiências, hoje, "chegaram ao fim".

A análise de Platão se baseia em uma teoria de afinidade estrutural entre alma e Estado. Mesmo que a articulação concreta dessa teoria pressuponha um Estado de estamentos e, portanto, não seja generalizável, ainda assim mantém-se como proeza de Platão sua compreensão das pressuposições sociopsicológicas de uma forma de governo. Segundo ele, há um tipo de pessoa democrática e um tipo de pessoa tirânica, e é a afinidade entre as duas estruturas de personalidade que explica a passagem da democracia a uma tirania. Segundo a concepção platônica, é decisivo para o tipo de pessoa democrática a recusa de toda autoridade, uma rejeição que também é internalizada e aceita por aqueles que ocupam posições tradicionais de liderança, como pais, professores, cidadãos. Mas mesmo esse desejo ilimitado de liberdade reconhece a liberdade dos outros, cada vez mais, como limitação do próprio arbítrio; por isso, é apenas uma consequência que alguém busque ampliar a própria liberdade de arbítrio, se possível, às custas dos outros; e isso sucede da maneira mais completa quando ele mesmo consegue a tirania. Para isso, precisa de adeptos que se ligam a ele com benefícios sociais, não só guarda-costas que o protegem fisicamente, como também intelectuais que legitimam a nova forma de governo. Adversários, tidos como inimigos do povo, são forçados à fuga, ou serão mortos. Espíritos independentes são sistematicamente detectados e eliminados. Para dificultar ideias de uma oposição, o tirano regularmente incita guerras – ele se torna, com isso, indispensável, seus súditos ficam ocupados com a sobrevivência, e seus opositores podem ser entregues à espada.

O que, creio, ainda é plausível na teoria simplificada de tipo ideal de Platão é a tese de que aquele para quem a liberdade consiste exclusivamente na satisfação dos próprios caprichos, agarrar-se-á a toda oportunidade que aparecer de concentrar em si o poder. Para atingir a monocracia, ele precisa inicialmente do apoio de muitos, o que só pode conseguir se, em primeiro lugar, lhes prometer coisas, que eles mesmos não sabem adquirir. Em segundo lugar, deve perseguir e tratar os opositores de suas alterações constitucionais como inimigos do povo. A força de resistência de sistemas políticos contra tal vontade, que se forma quase como uma lei natural, é muito diferente; e só posso repetir meu elogio à Constituição norte-americana, que, junto com o então ainda intacto espírito do povo norte-americano, contribuiu para que as tentações totalitárias do século XX não tenham conseguido se estender aos Estados Unidos. O espírito do povo norte-americano, certamente, se modificou nas últimas décadas, e o solapamento de autoridades geralmente reconhecidas pode conduzir, também os Estados Unidos, a uma ingovernabilidade que, se causar fracassos de política externa, engendrará um desejo geral pela concentração de poder, disposto a aceitar enormes violações da constituição.

O segundo autor que lança alguma luz sobre a situação presente é o filósofo italiano da história, Giambattista Vico. Em seus *Prinzipi di scienza nouva d'intorno ala comune natura dele nazioni*[34], cuja última

---

34. VICO, G. B. *Prinzipien einer neuen Wissenschaft über die gemeinsame Natur der Völker*. 2 Bde., Hamburg: Felix Meiner, 1990. (Trad. bras.: *A ciência nova*. Trad. M. Lucchesi. Rio de Janeiro: Record, 1999.) (N. do T.)

edição, supervisionada por ele mesmo, foi publicada em 1744, encontramos um fascinante modelo de progresso e declínio de uma cultura. De um lado, Vico está profundamente enraizado no Iluminismo e vê, no lento desenvolvimento que parte da barbárie originária rumo a uma consciência moral universalista e a instituições igualitárias do direito, a essência de cada ciclo cultural isolado. Isso o diferencia agudamente de Platão, que representa uma ética pré-universalista. Tanto Platão quanto Vico veem um desenvolvimento da aristocracia à democracia, mas na *República* de Platão esse é um movimento de declínio que, segundo ele, determina a história como um todo – à aristocracia ideal, seguem, primeiro, a timocracia e a oligarquia, nas quais honra e riqueza sustentam as desigualdades políticas cruciais, e, então, a democracia igualitária, como vimos, transforma-se em tirania. Em Vico, porém, há um desenvolvimento da monarquia originária de pais de família a um sistema aristocrático, que reconhece uma diferença fundamental entre os heroicos aristocratas, os únicos que possuem direitos políticos, e o resto do povo. Com a diluição dessa diferença devido ao progresso no senso de justiça, de um lado, desenvolvem-se democracias, de outro lado, monarquias, que agora, no entanto, protegem a igualdade de direitos de todos os súditos (mas não do monarca). Todavia, se de um lado Vico defende, no conjunto, um progresso (dentro dos ciclos específicos nos quais a história se divide), de outro lado, inspirado, por exemplo, pelo declínio e queda do Império Romano, pensa que, após lograr o ápice cultural nos sistemas políticos fundados na igualdade de direitos, inicia-se uma decadência que, finalmente, pode conduzir ao colapso de uma cultura. Na "conclusão da obra", Vico aplica o fascinante termo "barbárie da reflexão", para caracterizar uma situação em que cada um só pensa em si e a reflexão é primariamente usada para se dispensar do cumprimento de normas morais, já não sendo possível, portanto, confiança mútua. Em tal condição, Vico vê três possibilidades ainda restantes: a edificação de uma monocracia; a submissão a povos menos "civilizados"; e o regresso à barbárie primitiva, como sucedeu no início da Idade Média. Vale a pena citar o relato de Vico sobre a passagem a esta última:

Dessa forma, no decurso de longos séculos de barbárie, a ferrugem consumirá a maliciosa meticulosidade dos espíritos perversos, que os tornou em animais mais terríveis com a barbárie da reflexão do que a barbárie dos sentidos fez aos primeiros homens, pois essa exibiu uma selvageria generosa, contra a qual se pode defender ou fugir ou se precaver. Aquela [isto é, a barbárie da reflexão], todavia, apresenta uma selvageria covarde, sob lisonjas e abraços, conspirando contra a vida e a fortuna de amigos e íntimos. Logo, pessoas que alcançaram esse ponto da malícia premeditada, quando recebem o último remédio da providência e são, por isso, estupefatas e brutalizadas, deixam de ser sensíveis a confortos, gozos, prazeres e pompa, sentem apenas as necessidades brutas da vida. E poucos sobreviventes, em meio a uma abundância de coisas necessárias para a vida, naturalmente se tornam bem-comportados e, retornando à simplicidade primitiva de tempos primevos, novamente são religiosos, verdadeiros e fiéis. Portanto, a providência leva de volta a eles a piedade, a fé e a verdade, que formam os fundamentos naturais da justiça...[35].

No século XX, encontra-se, na obra principal de Oswald Spengler, *Der Untergang des Abendlandes*[36], uma teoria essencialmente afim à de Platão e Vico sobre a gênese de formas de governo monocráticas. Vale dizer, a teoria cíclica da história de Spengler contém muitas declarações defeituosas, é muito mal fundamentada metodologicamente (ela se enraíza em uma filosofia da vida biologista), não faz justiça ao progresso de uma cultura a outra – por exemplo, a superação da Antiguidade pelo Ocidente – e recusa, sob influência de Nietzsche, o universalismo na ética. A diferenciação de apenas nove altas culturas é estranha, pelo estado de

---

35. Vico, G. B. *Prinzipien einer neuen Wissenschaft über die gemeinsame Natur der Völker*, 604s. Na numeração da canônica edição de Fausto Nicolini, trata-se do parágrafo 1106.
36. Spengler, O. *Der Untergang des Abendlandes*. 2 Bde. München: Beck, 1963. (Trad. bras.: *A decadência do Ocidente. Esboço de uma morfologia da história universal*. Trad. Herbert Caro. Rio de Janeiro: Zahar, 2014 [ed. condensada].) (N. do T.)

arte atual, e a atribuição de um tempo de vida de cerca de mil anos a cada alta cultura é absurdo. A grande crise do Império Romano, no segundo terço do século III EC poderia ter conduzido a essa resolução, mas uma abundância de reformas administrativas e políticas, como a abertura espiritual do Império ao cristianismo, adiou o fim do Império Romano Ocidental em mais de dois mil anos, e o do Império Romano Oriental em mais de um milênio. Apesar disso, alguns paralelos que Spengler descobre no desenvolvimento das altas culturas são espantosos; e sua análise do curso geral das épocas de decadência das culturas é convincente, quando se desatrela essa análise da tese de necessidade inevitável desse declínio. Ao importante estudioso bruxelense de história antiga, David Engels, devemos uma comparação de certo modo inspirada em Spengler, bem detalhada, entre a fase tardia da República romana e a situação atual da União Europeia[37]. Mesmo um intelectual de esquerda como Theodor W. Adorno, que é, no todo, bem crítico de Spengler, escreve, com razão, que:

> [...] o percurso da própria história mundial confirmou de tal maneira seus prognósticos imediatos que as pessoas se espantariam, se ainda se lembrassem deles. O esquecido Spengler se vinga com a ameaça de estar certo. Seu esquecimento em meio à confirmação de suas teses confere um momento objetivo à ameaça de cega fatalidade que partia de sua concepção. [...] Spengler não encontrou sequer um adversário à altura: o esquecimento funciona como evasiva[38].

---

37. ENGELS, D. *Auf dem Weg ins Imperium. Die Krise der Europäischen Union und der Untergang der römischen Republik*. Berlin: Europa Verlag, 2014.
38. ADORNO, T. W. Spengler nach dem Untergang, in: ID. *Gesammelte Schriften, Bd. 10.1: Kultur und Gesellschaft I: Prismen. Ohne Leitbild*. Frankfurt am Main: Suhrkamp, 1977, 47-71. (Trad. bras.: Spengler após o declínio, in: *Prismas*. Trad. A. Wernet e J. M. B. de Almeida. São Paulo, Ática, 43-67. A citação é da página 48 do original, e página 44 na tradução brasileira, que reproduzimos aqui com pequenas modificações.)

Em particular, a teoria de Spengler da ascensão do chamado "cesarismo", nas duas últimas seções do quarto capítulo do segundo volume, de 1922 (em que Adorno se concentra), pode plenamente reivindicar – infelizmente! – ter antecipado mais o que então se preparava na Europa do que os arautos contemporâneos do progresso. E vale a pena, a todo custo, relê-lo também hoje – na medida em que isso não conduz a uma renúncia do postulado kantiano de trabalhar pelo progresso, mas serve para enfrentar os perigos que sempre ameaçam a civilização, pois a crença no progresso será verdadeiramente contraprodutiva se ela se esquecer de que fenômenos como a alta cultura e o estado de direito não se entendem por si mesmos, mas precisam de trabalho e empenho consciente e ininterrupto. O ser humano continua, devido à sua natureza biológica, sobretudo à sua redução de instintos, um animal altamente perigoso e em perigo, e toda civilização é um verniz que pode descascar muito mais rápido do que pensa o acomodado cidadão instruído. Na medida em que a prosperidade geral faz isso cair facilmente no esquecimento, ele porta o germe da decadência cultural e, com isso, o próprio solapamento.

Spengler diferencia entre si as seguintes três formas fundamentais de política: política como compensação de interesses de estamentos, política de partido e política privada. Segundo ele, a política de partidos se desenvolve pela primeira vez no Ocidente desde a Revolução Francesa, uma vez que em um país como o Reino Unido, diferentemente da França, as velhas elites, inicialmente, permaneceram no poder, na medida em que se constituíram em dois partidos que reconheciam os princípios fundamentais do liberalismo e se diferenciavam um do outro por um "mais" ou um "menos", em vez de por um "ou/ou". Mas, em seguida, desde a Primeira Guerra Mundial, a soberania dos partidos chega a um fim; a teoria seria substituída pela vontade de poder de indivíduos, que agrupam seguidores em torno a si mesmos. Os ideais abstratos que eram fundamento dos programas de partidos, cujos bordões desfrutavam de consagração sacramental, "tornaram-se, por fim, não refutados, mas entediantes. Rousseau é |enfadonho| há muito tempo e Marx o será em breve"[39]. De fato, mesmo quando os líderes de um partido já não acreditam em seu programa, eles ainda o mantêm para o bem de seus seguidores, deixando de fazê-lo quando isso se torna um obstáculo no caminho da luta pelo poder do Estado. Inicialmente, o espírito, tendo desenvolvido as ideias programáticas como, por exemplo, o sufrágio universal, possui maior prestígio; todavia, logo se revela que o eleitorado é manipulável e que dinheiro e mídias decidem quem vence o poder real em uma democracia. Já há quase 100 anos, quando as possibilidades de influência da internet ainda não podiam ser antecipadas, Spengler viu por meio da impressa moderna um "campo de força" criado

> [...] por tensões espirituais e financeiras em direção a toda a Terra, |campo de força| em que cada indivíduo é classificado sem que isso venha à sua consciência, de modo que ele deve pensar, querer e agir da forma que, em qualquer lugar distante, uma personalidade soberana julga adequado[40].

O jornal suplantou inteiramente o livro – já vimos que estamos entre progressos posteriores e que, hoje, também o jornal já não é o meio dominante. A artilharia da imprensa determina o que é reconhecido como verdade: "seus motivos são irrefutáveis enquanto há dinheiro para repeti-los ininterruptamente"[41]. Com a perda da realidade, todavia, a cultura desaba, e uma submissão da economia com o uso de meios violentos por políticos cesarísticos, que procedem sem tecnicalidade legal, constitui a

---

39. SPENGLER, *Der Untergang des Abendlandes*, 568. Como a edição em língua portuguesa, *O declínio do Ocidente*, é uma versão condensada, não remeteremos à sua paginação, pois pode ser que os trechos não estejam disponíveis. (N. do T.)
40. SPENGLER, *Der Untergang des Abendlandes*, 577.
41. Idem, 579.

última fase[42]. "Por meio do dinheiro, a democracia nega a si mesma, na medida em que o dinheiro negou o espírito."[43]

Certamente, Spengler subestima a dependência das mídias em relação ao público – se o público estiver entediado ou enjoado da mídia, precisamente a mídia mudará. Também a "censura do silêncio", de que ele fala, por meio da qual determinadas verdades ficam caladas, na época da omissão dos "porteiros", é mais difícil de manter do que antes. E Spengler, que olha para o declínio como irreversível, não capta que as pessoas podem se modificar e se esforçar em sentido contrário: a catástrofe da Segunda Guerra Mundial impactou tanto indivíduos e nações que, por muitas décadas, novos ideais políticos importantes inspiraram a política – menciono apenas a União Europeia. Todavia, é correto que o bombardeio incessante do público com banalidades – do tipo "se o presidente de um país teve um caso ou não com uma estrela pornô" – arruína a capacidade de atenção necessária para refletir sobre problemas realmente mais perigosos e mais complexos, como o desmonte do estado de direito e a catástrofe ambiental iminente. Além de arruinar a capacidade de atenção, paralisa a vontade de mudar as coisas. E também é verdadeiro que ocorre a dispensa do espírito pelas mídias, que não mais acreditam na justiça e na verdade, e que não podem durar muito tempo sem o dinheiro. A violência brutal possui, ao menos a curto prazo, o maior poder, e ele dificilmente se deixará controlar, se a crença em normas morais e no valor do estado de direito for varrida para longe.

Não pode ser tarefa deste escrito sobre questões contemporâneas fornecer uma filosofia da história elaborada. Mas quero sugerir como, a meu ver, deverá ser concebido o único meio-termo plausível entre os teóricos do progresso e os teóricos de ciclos diante dos fenômenos de decadência atuais. Aqui, reina uma dialética peculiar entre formação de teoria e história real, pois esta não é independente da maneira como

---

42. Spengler, *Der Untergang des Abendlandes*, 634s.
43. Idem, 582.

as pessoas classificam suas próprias ações no curso da história. Isso é o chamado efeito Édipo das ciências sociais, conhecido sobretudo entre os economistas – pois atores econômicos antecipam a ação de seus concorrentes, assim como os decisores políticos do Estado, com base, entre outras, nas teorias econômicas correntes. Precisamente o êxito destas pode conduzir ao fato de que seus princípios básicos serão apreendidos em geral e os atores se comportam de forma diferente do que a teoria havia suposto – e justamente em decorrência da apropriação da teoria. Isso foi, entre outros, o motivo para o declínio do keynesianismo: como os sindicatos compreenderam que a dívida pública anticíclica, criadora de vagas de trabalho, mais tarde seria reduzida por inflação, exigiram salários mais altos, que a partir de então, contudo, aniquilavam o efeito da criação de empregos.

No caso da filosofia da história do progresso, não há dúvida alguma de que, inicialmente, ela encorajou o progresso real: quem se sente instrumento de um princípio geral que rege o mundo é mais motivado que aquele que duvida do próprio sucesso. De todo modo, a filosofia da história clássica dos séculos XVIII e XIX logrou integrar também as épocas anteriores da história humana no modelo de progresso, mesmo quando ainda não haviam sido inspiradas pela ideia de progresso[44]. Com os termos de Hegel, poder-se-ia dizer: o progresso da história mundial em si se torna, nos séculos XVIII e XIX, progresso para si, e isso contribuiu para mudanças positivas – que foram tema do primeiro capítulo. De fato, todas as teorias cíclicas, de Vico a Spengler, sofrem do fato de que possuem dificuldades em conceber um progresso abrangente dos ciclos (no caso de Spengler há o problema adicional de como a compreensibilidade de outras culturas, em geral, é possível). Todavia, não só há, evidentemente,

---

44. O esboço de uma filosofia da história do progresso, cuja abordagem dá continuidade à de Hegel, se encontra no capítulo 6.2 de minha obra: HÖSLE, V. *Moral und Politik. Grundlagen einer politischen Ethik für das 21. Jahrhundert*. München: C. H. Beck, 1997, 671-743.

tal progresso, como é mais claramente perceptível no domínio técnico e científico; mas, também na consciência moral, deixa-se constatar uma evolução rumo a uma ética universalista, que repercutiu, por exemplo, na declaração dos direitos humanos universais. Sobre isso, ademais, no mundo globalizado, parece que o tipo de progresso que se iniciou no Ocidente se alastra pelo planeta inteiro.

Todavia, precisamente nessa propagação reside um perigo. Por quê? Ora, na influente filosofia da história de Hegel, seu progresso, denominado por ele de "espírito do mundo", está acoplado à substituição de um espírito do povo por outro, por exemplo do grego pelo romano. Nessa substituição não são, de modo algum, apenas fatores exógenos, como a derrota por um adversário, que desempenham um papel. É crucia a exaustão interna, às vezes também a destruição interna explícita de uma cultura por si mesma. Nesse ponto, a teoria de Hegel também conhece momentos da decadência cultural, como os que desempenham um papel decisivo em todas as teorias cíclicas. Contudo o que se deve esperar, se o movimento de declínio ocorre em uma cultura mundial unitária e não há mais culturas novas fora dela, que poderiam surtir um efeito revigorador? De todo modo, pode-se dizer que, até agora, não há realmente tal cultura mundial, pois a globalização criou um mercado mundial, mas, de modo algum, uma cultura unitária. Nas lacunas ocasionadas pelo declínio do Ocidente, hoje, podem se inserir ainda outras culturas – entre as quais a asiática – que já haviam ganhado um lugar importante na história mundial, mas que agora, devido à sua modernização e à sua vitalidade maior em relação ao Ocidente, poderão lograr uma posição de liderança.

A inquietação e o desespero em relação ao presente não podem conduzir, por exemplo, ao séquito do Martin Heidegger tardio, que diz adeus ao pensamento do progresso e fala de um declínio contínuo, de um distanciamento cada vez maior em relação ao ser autêntico. Isso só pode se tornar uma previsão que se autorrealiza. Todavia, a obrigação moral de trabalhar pelo progresso não pode ser abalada, e não se pode contestar que, em geral, a história humana reconhece, desde os gregos, um progresso intelectual, moral e jurídico (o retrocesso científico no início da Idade Média foi compensado por importantes inovações morais). Apesar disso, a crença no progresso é absurda quando se esquece de duas coisas. Em primeiro lugar, o progresso técnico, como já foi dito, é neutro – é possível utilizá-lo tanto para fins bons quanto para fins maus. Mesmo a tese da neutralidade da técnica é, quanto a isso, uma minimização, quando a técnica se torna, por meio do capitalismo, em algo que exige pouco esforço mental, do qual de modo algum se pode privar: o capital acumulado exige investimentos em novas técnicas. E – nisto, Heidegger tem razão – a *forma mentis* técnica transformou toda nossa forma de pensamento de forma sutil. Mas, mesmo que a técnica não fosse neutra, há uma esfera na qual essa neutralidade é particularmente assustadora – refiro-me à técnica armamentista, cuja necessidade é consequência da natureza agressiva do ser humano. Inúmeras armas servem tanto para defesa quanto para o ataque, e é o privilégio de uma civilização altamente tecnológica que ela possa dar cabo de toda a humanidade – algo de que, por exemplo, as culturas antigas eram incapazes. Nessa medida, o progresso técnico, de fato, elevou o potencial de eliminação da civilização humana como um todo.

Sim, a facilitação da vida humana pelo progresso científico-técnico não conduz necessariamente a uma corrosão das virtudes de que uma comunidade precisa. A mãe de muitas virtudes pré-modernas foi a necessidade. Quando essas são superadas, aquelas não são automaticamente continuadas. A escassez força ao autocontrole e à capacidade de renúncia, a ameaça quase ininterrupta de guerra manteve a coragem reta e o sentimento de que, em determinadas situações, a própria vida deve ser sacrificada. A baixa profusão de saber permitiu o desenvolvimento da sabedoria, que possibilitou organizar conhecimentos individuais em grande conexão, sendo que, só nesse todo, os saberes individuais possuíam sentido próprio. Todavia, por mais que a modernidade também parecesse funcionar por algum tempo sem essas virtudes, não se deve supor que as culturas são zumbis. Elas devem ser animadas, e pelas pessoas, que acreditam em seus valores e que se empenham por eles. Na crise histórica, sobretudo, à qual nos direcionamos, a perda dessas virtudes agravará extraordinariamente a busca de saídas.

Em segundo lugar, a crença no progresso, diante da histeria pela inovação, pode fazer com que se tomem os últimos produtos da cultura humana pelos melhores. Entretanto, atualmente, esses são, frequentemente, produtos de um período de declínio cultural, e, dado que, cada vez mais, despedem-se tanto das ideias de progresso quanto da obrigação moral, aquele que se atém a eles por respeito ao apreço pelo progresso, põem-se em uma posição contraditória. Nada é mais absurdo que um uma visão geral da história espiritual "de Platão a Derrida" que pressupõe um progresso implícito, pois, com isso, priva-se, no fim, da possibilidade de apresentar uma interpretação do todo inteligente, ou, mais ainda, consistente do passado. Mesmo a confiança de que o progresso moral se põe por si mesmo é irresponsável, pois a própria conservação permanente de instituições racionais precisa sempre de aprendizado pessoal repetido. Quem toma isso por supérfluo acelera o progresso de decadência.

Quais são fatores que impulsionam o evidente declínio do Ocidente? É crucial, como dissemos, a perda da coesão social que é consequência do desaparecimento dos valores comuns e, até mesmo, da crença em uma verdade objetiva. Fases céticas dominam, periodicamente, a história da filosofia, e frequentemente andam de mãos dadas com uma paralisia na autoconfiança da cultura correspondente. A sofística grega é o primeiro, e de modo algum o último, exemplo. Goethe já captou o conceito de modo bem simplificado: "Todas as épocas de retrocesso são subjetivas, todavia, todas as épocas de avanço possuem uma direção objetiva"[45]. A crise do conceito de razão, que remete aos gregos, foi iniciada por Nietzsche e

---

45. ECKERMANN, Johann Peter. *Gespräche mit Goethe in den letzten Jahren seines Lebens 1823-1832*. 2 Bde., Leipzig: F. Brockhaus, 1837, I 177 (de 29 de janeiro de 1826) (trad. bras.: *Conversações com Goethe nos últimos anos de sua vida, 1823-1832*. Trad. Mario Luiz Frungillo. São Paulo: Ed. Unesp, 2016). Apresentei uma teoria cíclica específica para a história da filosofia em: HÖSLE, V. *Wahrheit und Geschichte. Studien zur Struktur der Philosophiegeschichte unter paradigmatischer Analyse*

Schopenhauer e envolveu a cultura ocidental com maior proeminência por causa dos pós-modernos, fortemente influenciados por Heidegger. Essa é a variante específica que a crise subjetivista adotou no presente. Ainda que Nietzsche com certeza não tenha sido democrata algum, o presente subjetivismo possui raízes democráticas, como Platão já observou analogamente na democracia ática, pois a ideia correta de que todos os cidadãos possuem direitos fundamentais iguais pode facilmente transportar para a opinião de que, com os mesmos direitos, todas as opiniões e a verdade estão em um mesmo nível. O maior fardo da aristocracia foi a arrogância dos aristocratas, já o maior problema da democracia é a inveja diante de feitos importantes, vinculada com a recusa de reconhecer diferenças de nível intelectual e moral. De um lado, isso conduz inevitavelmente ao caos e ao colapso, com uma ideia objetiva e obrigatória de bem comum, e a uma irritabilidade maior, que Thomas Mann marca, na penúltima seção do último capítulo de *A Montanha Mágica*, na véspera da Primeira Guerra Mundial. De outro lado, o tédio irritadiço, que vê tudo como igualmente válido e, com isso, indiferente[46], é inteiramente suscetível à opinião, diferente de tudo o que ele mesmo ensina, de endeusar, sobretudo, a diferença e a alteridade. Ao invés de se defender dos inimigos do estado de direito, o tédio irritadiço se comporta como as traças em direção à luz, sendo atraído por aqueles que põe em questão o estado de direito, por exemplo, por ele ser apenas um resultado da soberania de homens brancos, portanto uma herança falocrática. A necessidade de entretenimento é de tal modo grande que, em uma transferência dialética, o inteiramente Outro se acorrenta na arena política – ainda que seu último resultado seja apenas uma situação que subordina em peso o imperativo do entretenimento ao imperativo brutal da sobrevivência.

---

der Entwicklung von Parmenides bis Platon. Stuttgart/Bad Cannstatt: Fromman/Holzboog, 1984.
46. Aqui, há um trocadilho: "*Anderseits ist die gereizte Langeweile, der alles gleich gültig und damit gleichgültig ist* [...]". "*gleich gültig*" = igualmente válido; "*gleichgültig*" = indiferente. (N. do T.)

Quem quer pensar conceitualmente o momento presente da cultura ocidental, deve ser advertido da contradição que há entre a maioria das suas instituições e o espírito ao qual estão ligadas. As instituições, em grande parte, são devedoras do racionalismo do Iluminismo; este, todavia, viveu e foi tecido em confianças frequentemente ingênuas, mas, precisamente por esse motivo, incontestadas na capacidade da razão, no discurso comum de se descobrir a verdade e em uma motivação de se mover coletivamente – em um caso ideal, toda a humanidade – ao comércio justo. Precisamente essas instituições são vítimas de uma lei da inércia existente para as estruturas sociais, segundo a qual o culto sempre sobrevive à dogmática. Mas o espírito vivificador se retirou delas, e, por isso, não é difícil derrubá-las. Já na primeira grande crise do liberalismo moderno, a dos anos 1920 e 1930, os desafiadores fascistas triunfaram porque acreditavam em sua missão de forma totalmente diferente daquela dos liberais adoecidos, cujos ideais políticos haviam perdido credibilidade pela catástrofe da Primeira Guerra Mundial (ainda que sua remoção só tenha preparado a Segunda Guerra Mundial). O Prêmio Nobel de Literatura, William Butler Yeats, nos últimos versos da primeira estrofe de seu conhecido poema de 1919, "The second coming" [A segunda vinda] apreendeu conceitualmente esse ponto, e antecipou também a situação atual: *"The best lack all conviction, while the worst / are full of passionate intensity"* ("Aos melhores, falta toda convicção, ao passo que os piores/ são cheios de intensidade apaixonada"). Carl Zuckmayer descreveu de maneira bem marcante as diferentes fisiognomias das pessoas de esquerda e das de direita no fim da República de Weimar:

> Entre os radicais de esquerda, a expressão era mais um sorriso irônico permanente no canto da boca [...] os radicais de direita, no entanto, mostram os lábios apertados com firmeza, um queixo levantado resoluto e rugas verticais da testa, de modo que sua vontade de destruição dos inimigos é implacável, mesmo que tenham, primeiro, de criar inimigos à força[47].

---

47. ZUCKMAYER, CARL. *Als wär's ein Stück von mir. Horen der Freundschaft*. Frankfurt: Fischer Taschenbuch, 2013, 529.

A força de atração de figuras como Duterte, Trump e Bolsonaro se relaciona com o fato de que sua brutalidade respira uma vitalidade que, obviamente, falta aos intelectuais sensíveis, que expressamente confessam, ao mesmo tempo, acreditar em 1003 coisas e não crer plenamente em nada. Em parte, foram a carência de vitalidade peculiar a culturas tardias e, em parte, a perda de credibilidade pessoal – que só pode ser conseguida por meio de sacrifícios – que minaram a tradição do Iluminismo e, com isso, sua criatura mais preciosa, o Estado de direito ocidental. Na crise do Iluminismo, todavia, o anti-Iluminismo – "*Dark Enlightenment*", como se diz nos Estados Unidos – possui a chance real de seu retorno renovado (digo "renovado" porque o anti-Iluminismo começou a se desenvolver no século XIX e no fascismo, mas claramente ainda não atingiu seu último apogeu). Segundo o anti-Iluminismo, o universalismo ético é uma ilusão que talvez tenha sido necessária historicamente, mas deve ser despojada pelos vencedores da história: a natureza, como a história humana, mostra que os mais fortes se impõem às custas dos mais fracos; sempre foi assim, sempre é assim, e sempre será assim. Essa ideologia pode se apoiar, em parte, em uma determinada interpretação do darwinismo, e, em parte, em uma legitimação do capitalismo, que não destaca nada do proveito deste para o desenvolvimento humano, mas, antes, festeja nele o desatar da cobiça dos resolutos. Essa ideologia se apoia em um construtivismo social, que ri de todos os ideais como reflexos de relações de poder. O universalismo ético é, geneticamente, um resultado das religiões universais, e, ainda que o Iluminismo tenha pensado, por meio da superação do particularismo, que todas as religiões tornadas históricas tenham trabalhado antecipadamente uma ética ainda mais nobre, a revolta anti-iluminista contra o universalismo, infelizmente, foi o resultado bem mais provável da crise das grandes religiões – sobretudo depois que a filosofia pós-moderna desintegrou toda crença em normas universais em nome da diferença, pois o universalismo, como foi dito, não é natural ao ser humano, e, ainda que o ser humano possa ler apenas um texto fundamental *homo natura* ("o ser humano não é nada mais que uma parte de uma natureza entendida darwinisticamente"), ele será recalcado da consciência humana, que precisou de um longo desenvolvimento cultural, para poder elevá-lo ao seu maior ideal. Diferentemente do darwinismo social, compreende-se, por exemplo, o dever de solidariedade internacional não a partir de si mesmo, mas de complexa fundamentação ética e metafísica. De fato, a experiência ensina que uma ideologia do positivismo do poder não possibilita manter unida nenhuma comunidade e, desde o trato dos atenienses com os melianos, que Tucídides relatou com tanta maestria em sua *História da Guerra do Peloponeso*[48], até as experiências dos nacional-socialistas com seus países vizinhos, sabemos que países com conduta do tipo não fornecem aliados leais, mas, em vez disso, na maioria das vezes, o acelerado declínio. Todavia, uma vez envolvido com o niilismo do anti-Iluminismo, torna-se difícil de se libertar dele por meio de argumentos – experiências históricas, muitas vezes do tipo mais terrível, são necessárias para isso, como, por exemplo, a Segunda Guerra Mundial, à qual se seguiu um dos mais formidáveis ímpetos universalistas, que gerou as Nações Unidas, as instituições de Bretton Woods, Banco Mundial e Fundo Monetário Internacional (FMI), e as Comunidades Europeias. Elas, por si só, permitiram uma paz e uma prosperidade que, paradoxalmente, conduziria ao fato de que o ser humano relaxou espiritualmente e se esqueceu das condições às quais, todavia, deve ser grato.

A paz depende do ambiente de política internacional. Agora, voltemos ao do Ocidente.

---

48. 5.85-116. Trad. bras.: Tucídides. *História da Guerra do Peloponeso*. Trad. M. G. Kury. 4. ed., Brasília/São Paulo: Editora Universidade de Brasília/ Edições Imprensa Oficial de São Paulo, 2001 (Coleção Clássicos IPRI).

5

O QUE DIFERENCIA OS ESTADOS UNIDOS DA UNIÃO EUROPEIA?

A estagnação do processo de unificação europeia e a insuficiência da União Europeia diante da crise do euro e da crise dos refugiados

Ao Ocidente, além dos Estados Unidos e dos membros da União Europeia, certamente pertencem também outros países da Europa Ocidental, como Noruega e Suíça, além de Canadá, Austrália, e Nova Zelândia. Quando se define o conceito não culturalmente, mas por meio da adoção da democracia liberal, podem-se também contar Japão, Coreia do Sul e alguns outros países asiáticos e latino-americanos. Todavia, em todo caso, é muito importante diferenciar a constituição escrita da realidade constitucional. Dessa maneira a Índia, ainda que sua constituição apresente uma variante do Sistema de Westminster britânico, dificilmente pode ser designada como democracia liberal, em função das horrendas desigualdades sociais e do hinduísmo, em sua essência não universalista. De qualquer modo, as entidades políticas mais importantes do Ocidente são os Estados unidos e a União Europeia (após a saída do Reino Unido, especialmente, os mais importantes dos dezesseis Estados-membros da Comunidade das Nações, que são vinculados em união pessoal à Coroa britânica, aparecem como um terceiro grupo importante do Ocidente). Como essas entidades se diferenciam? E, diante dos problemas minuciosamente descritos dos Estados Unidos, é concebível que a União Europeia se eleve a um papel de liderança no Ocidente? Neste capítulo, não trato de desenvolvimentos problemáticos no interior de países individuais da União Europeia; já foram discutidas pormenorizadamente a Hungria e a Polônia, e a Itália sucintamente. Meu objetivo, agora, é tratar das dificuldades da União Europeia como um todo, deliberando sobre elas.

Em primeiro lugar, a representação de um sentido ascendente da União Europeia dentro da família de países ocidentais é bem atraente. A grande diversidade cultural da Europa, o enorme tesouro de tradições espirituais, algumas das quais com mais de 2.500 anos, o elevado nível educacional médio da população da Europa Ocidental, a forte formação do Estado de bem-estar social, a consciência ambiental bem desenvolvida, a maior reserva em relação ao uso da violência nas relações internacionais e a exclusiva extensão pacífica das fronteiras da União Europeia por meio do convite a outros países para a adesão são, de um lado, vantagens em relação aos Estados Unidos[1]. Sob o ponto de vista estético, é óbvio e sem preconceitos que a Europa, não só como paisagem cultural poliglota, mas também na sutileza das maneiras das pessoas umas com as outras, é superior aos Estados Unidos. Séculos de formação de gosto aristocrático tiveram seu fim, mas sua força residual ressoa subliminarmente na Europa,

---

1. A seguinte comparação entre Estados Unidos e União Europeia é uma versão intensamente abreviada de minhas considerações em: Hösle, V. The European Union and the USA: Two contemporary versions of Western "empires"?. *Symposium. Canadian Journal of Continental Philosophy*, v. 14, n. 1 (2010) 22-51. Disponível em: <http://www.artsrn.ualberta.ca/symposium/files/original/abcbbe5a35ddaf369340c500c7e2361c.pdf>. Acesso em: 12 out. 2019.

enquanto nos Estados Unidos nada influenciou: aqui, não há nenhuma burguesia que teve de competir com uma aristocracia inspirada por séculos de tradições do autoaprimoramento. O desconhecimento dessas tradições, de um lado, tornou mais difícil para os Estados Unidos de se relacionar com culturas pré-modernas e, de outro lado, foi fundamento da sua ingênua convicção da própria grandeza, o que é mais fácil, quanto menos se confia nos Antigos. De todo modo, deve-se admitir que um dos motivos para a baixa proeza artística dos Estados Unidos consiste no acaso histórico, que iniciou o desenvolvimento do país em um momento no qual determinadas artes, sobretudo a música clássica, já haviam chegado ao seu acabamento. Na arte cinematográfica, em contraste, a performance norte-americana é impressionante.

Entretanto, de outro lado, as vantagens dos Estados Unidos não são menos evidentes. Em primeiro lugar, não se pode negar que a falta de um passado consideravelmente avassalador nesse país favorece a orientação ao futuro. Em oposição, muitos países europeus, talvez em maior medida a Itália, graças à herança artística única, são como muitas pessoas que, em medida pouco saudável, tratam mais de seu passado do que de seu futuro. Em segundo lugar, como vimos, a religiosidade mais profunda dos Estados Unidos é bem compatível com apatia, hipocrisia e inversão de fins políticos, mas é também uma fonte de vitalidade, que cada vez mais se desprende da Europa. O excepcionalismo norte-americano é a crença de que, por meio da realização política de um novo ideal de justiça, pode-se mostrar o caminho para frente ao mundo inteiro, por exemplo, aproximadamente no que diz respeito aos direitos humanos. Tal crença possui raízes religiosas que explicam, do mesmo modo, o entusiasmo e a autoilusão (inclusive, a ocasional *hybris*). Se o projeto norte-americano fracassar, por exemplo, por causa da autodestruição da democracia e da incapacidade, condicionada pelo extremo individualismo, de conseguir superar o problema ambiental, será difícil de preencher o vácuo espiritual do país, pois a energia religiosa, em grande parte, foi atolada no próprio projeto político. Ademais, recursos espirituais voltados para fora raramente são visíveis.

Pode muito bem ser que, após a rápida ascensão dos Estados Unidos, suceda uma igualmente rápida queda na insignificância cultural[2]. Em terceiro lugar, quem é contrário a seu desleixo e autosuperestimação, não deve se esquecer de algo: se os Estados Unidos fracassarem, também falhará o projeto global de uma comunidade mundial que coexista pacificamente, ligada por razão e direito, para além de todas as diferenças culturais.

O desenvolvimento mais frágil do Estado de bem-estar social possui ao menos cinco causas, algumas das quais também são fundamento da dinâmica econômica do país[3]. Em primeiro lugar, os imigrantes fogem de países que eles vivenciaram como repressivos; por isso, não se assentaram no país e tentaram resolver seus próprios problemas. Em segundo lugar, eles abandonaram sociedades paternalistas de natureza frequentemente feudal que, apesar de todas as assimetrias, reconheceram um cuidado com os mais fracos; esse espírito não é realizado nos Estados Unidos. Em terceiro lugar, inicialmente, a emigração nos Estados Unidos foi bem aventureira; ela escolheu, por isso, pessoas particularmente destemidas. Em quarto lugar, falta às pessoas que vêm de culturas e partes da Terra totalmente distintas, uma solidariedade natural umas com as outras, que se desenvolveu, antes, em uma maior homogeneidade. E, em quinto lugar, nos Estados Unidos do século XIX, a questão social poderia ser resolvida

---

2. Morris Berman está entre os mais sutis críticos da autoimagem norte-americana, de seu otimismo e de sua crença no progresso – frequentemente infantis. Ver seu livro: BERMAN, MORRIS: *Why America Failed. The Roots of Imperial Decline*. Hoboken, NJ: John Wiley & Sons, 2012. DENEEN, PATRICK J. *Why Liberalism Failed*. New Haven/London: Yale University Press, 2018 (trad. bras.: *Por que o liberalismo fracassou?* Trad. Rogerio W. Galindo. Belo Horizonte: Âyiné, 2020) vai em uma direção semelhante; todavia, subestima igualmente a indispensabilidade do princípio do estado de direito liberal, o que ele acrescenta, e os motivos morais por trás da globalização.
3. HARTZ, LOUIS. *The Liberal Tradition in America. An Interpretation of American Political Thought Since the Revolution*. New York: Harcourt, 1955, permanece um clássico sobre os motivos pelos quais não há quase nenhuma ideia socialista nos Estados Unidos.

com a injunção "*Go west*", ou seja, ir rumo ao oeste do país. A Europa densamente povoada já não podia recorrer a algo análogo; e, por isso, o Estado precisou intervir para combater as formas mais graves de pobreza. Só no século XX, sobretudo com o *New Deal* de Franklin Delano Roosevelt, desenvolveu-se, também nos Estados Unidos, um Estado de bem-estar social abrangente em nível nacional. A Constituição dos estados-membros, frequentemente, já atribui tarefas sociais a estes, mas foi necessária uma mudança na decisão judicial da Suprema Corte em 1937, para também ler a Constituição federal dessa forma, de modo que não excluam as tarefas sociais da Federação. Mas o crescente ceticismo da população, também e justamente dos mais pobres, em relação a um Estado de bem-estar social paternalista, é um dos motivos para a enorme força de inovação da economia norte-americana, muito menos limitada por mentalidades corporativistas do que a europeia.

A promoção consciente da imigração de pessoas talentosas e capazes de integração, sem dúvida, é uma das fontes de poder da nação. A natureza dos Estados Unidos como país de imigrantes explica tanto muitas de suas virtudes quanto seus vícios. O país, desde o início, recusou uma religião estatal, como era, naquele tempo, a regra absoluta na Europa; desde o início, nos Estados Unidos, os judeus desfrutaram dos mesmos direitos que os cristãos. Isso, em geral, não está em contradição com a religiosidade do país. Como os imigrantes são pessoas de diferentes tradições religiosas, foi necessário entrar em acordo sobre um ambiente neutro religiosamente, que garantiu apenas a liberdade religiosa geral. Um universalismo abstrato, que ignora o pano de fundo étnico e religioso, e uma concepção meritocrática de sociedade, segundo a qual os postos devem ser ocupados segundo o merecimento, formam o autoentendimento ideológico dos Estados Unidos. Digo "ideológico" porque é claro que a realidade era sempre outra – já falamos sobre a escravidão. Mas isso não muda o fato de que a presença do ideal surtiu efeito benéfico e pode reivindicar ser exemplar também para o mundo globalizado, pois, ainda que esse ideal não possa recorrer às normas de uma religião ou cultura concretas, precisa de regras mais gerais. Uma consequência desse ideal é, contudo, que o cidadão norte-americano se une menos que o cidadão do Estado-nação clássico, pois a homogeneidade cultural é bem menor. Em tal sistema, os critérios mais importantes para a relação dos cidadãos uns com os outros são o respeito pela lei, que deve surgir da falta de costumes comuns, e o reconhecimento da performance do trabalho formal que, na falta de outros critérios, é medida pelo dinheiro. Em uma comunidade culturalmente densa, pode-se chegar rapidamente a um acordo sobre a importância de uma composição ou um romance, ainda que seu autor não tenha ganhado muito dinheiro com isso. Onde falta uma cultura materialmente dividida, em contraste, apenas critérios quantificáveis formam um critério intersubjetivo, como, por exemplo, ocorre no *Livro Guinness dos Recordes*. Daí, explica-se, em parte, também o entusiasmo esportivo dos norte-americanos, pois proezas esportivas são muito mais facilmente quantificáveis que as intelectuais. A grandeza quantitativa que se pode alcançar a maior parte das vezes, todavia, é o dinheiro. Essa substituição de todos os valores tradicionais pela riqueza, que necessariamente caracteriza a comunidade universalista-abstrata (e também o mercado mundial), é aquilo que faz com que se produza o que é sentido como vulgar e que é, de fato, incompatível com façanhas culturais mais sutis, pois o realmente criativo não pensa no sucesso de mercado, mas no que possui conteúdo interior – na confiança de que este será conhecido como tal após sua morte. Essa forma de pensar, todavia, não é de modo algum acessível àqueles que dirigem suas ideias ao que o mercado já espera. Perturbador na vulgaridade norte-americana é, em particular, a consciência histórico-mundial de si com a qual se comportam – a falta de instrução histórica, o desinteresse em outras culturas, os êxitos políticos e militares no século XX e o pragmatismo como filosofia de pano de fundo permitiram à maioria dos norte-americanos crer, de fato, que sua cultura é a mais importante da história da humanidade. E, de fato, é graças à enorme riqueza que os Estados Unidos, um país verdadeiramente anti-intelectual, foram capazes de erguer a paisagem universitária mais bem-sucedida, como já demonstra apenas o número de vencedores do prêmio Nobel que ensinam em universidades norte-americanas. Uma parte não insignificante deles provém do estrangeiro, mas precisamente a capacidade de atrair essas pessoas é vantajosa para a glória dos Estados Unidos. É verdadeiro também que as melhores universidades norte-americanas são apenas ilhas de formação envolvidas em um mar de ignorância e de cultura *pop*. Na Europa, em contraste, o saber é difundido mais amplamente, ainda que performances de alto nível cultural tenham, hoje, se tornado raras.

Outra diferença essencial entre os Estados Unidos e a União Europeia consiste em uma postura diversa em relação à guerra. Isso também é fácil de explicar historicamente. Os Estados Unidos, de fato, cometeram diversos crimes em sua política internacional, e conduziram diversas imprudências e algumas guerras injustas, mas, em comparação com os países europeus, os Estados Unidos, na medida em que não se considera a expansão ao oeste como colonização, agiram apenas brevemente como potência colonial (em sua autointerpretação, o país libertou as colônias espanholas em 1898 e apenas as assumiram em um período de transição, o Havaí se tornaria, depois de algumas décadas, um estado dotado dos mesmos direitos dos outros), e não portam nenhuma responsabilidade pela ruptura de uma guerra tão estúpida como a Primeira Guerra Mundial e de uma guerra tão criminosa quanto a Segunda Guerra Mundial. Durante esta guerra e a Guerra Fria, os Estados Unidos, respectivamente, suprimiram e rechaçaram as duas maiores ameaças totalitárias, democratizaram a Alemanha e o Japão, e defenderam a liberdade da Coreia do Sul. Tudo isso são feitos de que esse país pode se orgulhar, com razão. Além disso, devido à sua posição geopolítica – que é uma sorte, e não um mérito –, os Estados Unidos passaram por essencialmente menos guerras que os países europeus: o país de origem nunca foi atingido. Não é possível dimensionar de maneira correta o choque do 11 de setembro de 2001 se não se considera que foi a primeira vez desde a guerra de 1812-1815 com a Grã-Bretanha que a terra firme dos Estados Unidos foi atacada. Após a Guerra do Vietnã, que foi, no mínimo, irresponsável (ainda que, naquele tempo, tenha sido tratada como guerra de assistência emergencial, tal como a Guerra da Coreia), o país norte-americano substituiu o serviço militar compulsório por um exército regular, que pode ser mobilizado muito mais facilmente sem protestos públicos, ainda que com a eventual consequência negativa de que em particular os mais pobres, que acabam no exército na busca por um emprego, abandonam a instituição ante o risco de guerra. Há um argumento segundo o qual as democracias são mais pacíficas que sistemas autocráticos, pois a população teme mais guerras irresponsáveis do que o faz um rei, que não arrisca a própria vida. Tal argumento não leva em conta que, quando o serviço militar compulsório já não vigora, os filhos dos parlamentares já não são aqueles cuja vida está em jogo, e também do fato de que o *pathos* de corajosa autodefesa contra o mal em um espaço de liberdade estatal explica muito da história norte-americana no século XIX e, graças aos filmes de faroeste, caracteriza a imaginação norte-americana do século XX. Isso também elucida por que os Estados Unidos não só se acham justificados em guerras injustas, mas também por que estão mais dispostos a fazê-las que a maioria dos países europeus de hoje.

As guerras injustas dos Estados Unidos podem facilmente levar ao desejo de que eles se retirem do papel de potência mundial. No entanto, a política isolacionista desse país nos anos 1920 causou um vácuo de poder no qual a Segunda Guerra Mundial pôde se preparar. Dizendo genericamente: vácuos de poder não duram muito. Se a União Europeia não for capaz de preencher essa lacuna, a China e a Rússia o farão. Pode-se perguntar com bons motivos se o mundo, então, será mais seguro. Isso é um argumento a favor da presença mundial dos Estados Unidos, e não contra ela. *De modo algum se pode repreender os Estados Unidos com base na opinião de que são muito militaristas e pouco presentes*. Tal crítica é inconsistente e contribuiu para que, sob Trump, ideias isolacionistas tenham desempenhado novamente um grande papel – diante de um presidente tão volúvel, contudo, de modo algum contínuo. Os custos de uma presença mundial dos Estados Unidos são muito altos e, diante tanto de sua enorme dívida privada e pública quanto do déficit de sua balança comercial, uma redução dessa presença já é evidente para aquele que pensa primariamente nesse país, e não no mundo como um todo. Isso se acentua ainda mais se, ao se levar em conta os custos de defesa, a contribuição dos aliados é percebida como injusta. Também membros liberais do Partido Democrata se perguntam por que deveriam renunciar à organização de um Estado de bem-estar social generoso à moda europeia, para protegerem os Estados-membros europeus, cuja grande maioria gasta uma porcentagem essencialmente menor do próprio PIB para a defesa (em 2017, a Bélgica gastou 0,9%, a Alemanha, 1,2%, e os Estados Unidos, 3,1%[4]). Às vezes também se esquece de que os Estados Unidos lucraram com isso, uma vez que os países da União Europeia (com exceção de dois), por exemplo, renunciaram a armas nucleares. O Tratado de não proliferação de armas nucleares (TNP) só foi, então, aceito como legítimo se, em primeiro lugar, as potências nucleares seguirem suas obrigações – segundo o artigo 6 – de negociação honesta para desarmamento geral e completo. Em segundo lugar, se as potências nucleares oferecerem, aos países sem armas nucleares, uma proteção fidedigna de um ataque da parte de outra potência nuclear. Se os Estados-membros da OTAN tivessem se eximido da garantia de segurança norte-americana, não seria realista esperar que eles tivessem abdicado de armamento nuclear. Mas o fato de a confiança excessiva da União Europeia na proteção dos Estados Unidos ser razoável não muda a realidade de que um grande erro da parte dos europeus foi esperar até a Presidência de Trump para refletir seriamente sobre o próprio dever de defesa. Só então compreenderam isso, e espera-se que não seja muito tarde.

Certamente, a União Europeia se diferencia de outras confederações de Estados do passado, por ter sido fundada primariamente por motivos

---

4. SIPRI. Military expenditure by country as percentage of gross domestic product, 1988-2002. Disponível em: <https://www.sipri.org/sites/default/files/3_Data%20for%20all%20countries%20from%201988%E2%80%932017%20as%20a%20share%20of%20GDP.pdf>. Acesso em: 12 out. 2019.

político-econômicos, e não para fins de defesa (embora a união econômica deva prevenir uma nova guerra entre os países europeus). A União Europeia foi uma resposta à autodestruição da Europa nas duas Guerras Mundiais, e, como no mundo bipolar desde 1945 apenas uma superpotência poderia proteger da outra, a proteção militar da Europa, essencialmente, é confiada à OTAN e à sua potência líder, os Estados Unidos. O projeto da Comunidade Europeia de Defesa de 1952 fracassou definitivamente em 1954; e também a reposição, em 1954, por um pacto de apoio coletivo intraeuropeu, a União da Europa Ocidental, não teve muita importância e foi dissolvida em 2011. Desde o Tratado de Maastricht de 1993, há uma política externa e uma política de segurança comum; desde o Tratado de Nice de 2001, existe a Política de Defesa e de Segurança Comum; e, desde o Tratado de Lisboa, de 2007, há, ainda, um alto representante próprio da União Europeia para política externa e política de segurança. Contudo, nada disso muda o fato de que a União Europeia não possui soldados próprios e que as políticas de segurança interna e internacional pertencem ao segundo pilar da União Europeia, portanto, não funcionam de maneira supranacional, mas intragovernamentalmente, isto é, graças à cooperação de governos individuais – apenas pela unanimidade e sem direito de consulta do parlamento. Isso não facilita, de maneira alguma, decisões rápidas. Os governos particulares dos membros da União Europeia possuem capacidades e tradições militares bem diferentes – as outrora grandes potências, Grã-Bretanha e França, dispõem de armas nucleares, e o país economicamente mais forte, a Alemanha, é, por causa de sua história, particularmente reservada militarmente. As preferências de política externa dos países da União Europeia desviam-se, também, marcadamente umas das outras. Nem todos são membros da OTAN (a Áustria, por exemplo, é até mesmo constitucionalmente determinada pela neutralidade) e nem todos os países europeus da OTAN, como a Noruega, por exemplo, são membros da União Europeia. Tudo isso explica por que a União Europeia, ao menos até o presente, não foi capaz de desenvolver nenhuma política externa, nem de defesa, unitária e eficaz.

O QUE DIFERENCIA OS ESTADOS UNIDOS DA UNIÃO EUROPEIA?

Mesmo na política de comércio internacional, em outubro de 2016 mostrou, de maneira particularmente crassa, a falta de unidade da União Europeia. Ainda que acordos comerciais caiam na competência da União Europeia, isso é válido apenas para acordos puros, e não mistos, que também dizem respeito a temas dos quais os Estados-membros são encarregados. Apesar da opinião legal adversa, a Comissão da União Europeia decidiu, em junho de 2016, que o Acordo Integral de Economia e Comércio entre a União Europeia e o Canadá (CETA), sob o qual se negociou entre 2009 e 2014, passaria a ser misto, portanto precisaria do consentimento de todos os Estados-membros. Porém, em outubro de 2016, no mês em que a assinatura estava prevista, o governo belga comunicou que, apesar de seu consentimento, não poderia mais aceitar pois, por causa de sua Constituição, era necessário o consentimento dos governos de todas as regiões e comunidades (o Estado federal belga é particularmente complicado, pois consiste de dois grupos de três estados-membros, em que esses grupos se diferenciam tanto pela delimitação territorial quanto pelas respectivas competências). A região da Valônia foi contra o acordo, pois a comunidade falante de alemão tinha reservas quanto a ele. Entrou-se em um consenso apenas no último minuto, e as cerimônias da assinatura precisaram, por isso, ser adiadas em alguns dias. Aqui não está em questão, de modo algum, se a hesitação diante da CETA foi factualmente fundada – as objeções contra a criação de uma justiça paralela pela arbitragem de investimento devem ser levadas inteiramente a sério; essas existem, bem mais provavelmente, em países corruptos em desenvolvimento do que em uma instituição como a União Europeia. Todavia, o fato de que um acordo entre a União Europeia, à qual, em 2016, pertenciam mais de 500 milhões de pessoas, poderia ter sido bloqueado por uma região como a comunidade falante de alemão com cerca de 76 mil habitantes, portanto, 1,5% da população da União Europeia, dá ocasião à pergunta de saber se a União Europeia, em geral, é capaz de funcionar.

Em sua área de atividade mais própria, a política de comércio, a comunidade se mostrou incapaz do comércio – e isso em relação a um parceiro como o Canadá, o país do Ocidente Transatlântico, que pôde se orgulhar de ser influente na Europa em medida bem maior do que seu vizinho mais poderoso no Sul, os Estados Unidos.[5]

A diferença decisiva entre os Estados Unidos e a União Europeia já está implícita em tudo o que foi dito: os Estados Unidos são um país, e isso contrabalança todas as vantagens estéticas da União Europeia. O que é a União Europeia? É uma instituição supranacional, que foi designada como "associação de Estados" pela primeira vez em 1992. O termo apareceu já na Sentença de Maastricht pronunciada pelo Tribunal Constitucional Federal alemão em 12 de outubro de 1993. Ou seja, a criação de uma ligação estreita e permanente de países, que, diferentemente de um Estado federal, permaneceriam soberanos. Essa ligação exerce o poder soberano com base em fundamentos contratuais, cujos princípios decisivos estão sujeitos ao critério dos Estados-membros, cujos cidadãos são a última instância legitimadora. Apesar dos múltiplos termos originais, que, pareciam ser indício de algo fundamentalmente novo, com a definição, na verdade, já é dito que a liga de Estados não é, por exemplo, um terceiro entre confederação e Estado federal, mas apenas um caso especial de confederação, pois a diferença entre confederação e Estado federal é clara: no Estado federal, a competência das competências, ou seja, a capacidade de decidir tudo, de modificar a constituição, reside nos órgãos centrais e nos estados--membros; e, por isso, em um caso normal (a rara exceção que a Constituição concede é, aqui, ignorada), nenhum estado-membro pode se declarar independente sem aprovação da federação. Porém, como já vimos, na União Europeia é diferente, tanto legal quanto factualmente. Mesmo assim, pode-se admitir que a União Europeia é uma confederação particularmente restrita. Não só ela dispõe – como muitas outras confederações, mas não todas – de uma organização central, mas desfruta,

---

5. WINKLER, HEINRICH AUGUST, *Zerbricht der Westen? Über die gegenwärtige Krise in Europa und Amerika*, 221.

desde o Tratado de Lisboa, também da condição de sujeito de direito internacional. Todavia, isso ainda não faz dela um Estado federal.

A história ensina que confederações não são estáveis – pois cada membro retém o direito de se retirar. Elas se desagregam – ou se reorganizam em Estados federais. A história também ensina que seus desmoronamentos, apenas raramente, ocorrem de maneira pacífica. A antiga República das Sete Províncias Unidas da Holanda – uma confederação – se tornou, devido à invasão francesa de 1795, um estado único; a Suíça foi tornada um Estado federal só em 1848, após a Guerra de Sonderbund – com razão, sem massacres –, ferindo o Pacto Federal Suíço que vigorava [desde 1815]. Na Alemanha, foi preciso passar pela guerra alemã de 1866, que levou à anexação de mais Estados pela Prússia. O exemplo mais conhecido de transição pacífica são os Estados Unidos, que passaram de uma federação de estados a um Estado federal em 1787, por meio de uma nova Constituição. Pertence ao repertório do autoelogio norte-americano o fato de que apenas os Estados Unidos deram esse passo magnífico. Infelizmente, isso não é totalmente falso, pois a transição pacífica é, de fato, muito rara. Por quê? Ora, porque os povos são relutantes quanto a entregar a soberania, e políticos relutam em entregar o poder. Esse fundamento psicológico é, no mínimo, tão importante quanto as dificuldades objetivas na transformação – dificuldades que podem ser superadas pela suficiente homogeneidade cultural, como comprova o exemplo da transição violenta. Mas não deve ser o caminho. O caso excepcional dos Estados Unidos resulta dos seguintes fatores: a época da independência foi muito breve; sistema jurídico e idioma eram quase iguais; sentiu-se uma ameaça da Grã-Bretanha, França e Espanha, e acreditava-se que apenas com uma constituição federal as dificuldades poderiam ser superadas na cooperação econômica. Em particular, todavia, desde a Guerra da Independência, manifestou-se uma consciência de missão norte-americana, por exemplo, na discussão altamente qualificada intelectualmente sobre a nova Constituição.

Certamente, no início, os pais do processo de unificação europeia possuíam uma consciência comparável, inspirada moralmente pela tarefa de encerrar a série interminável de guerras intraeuropeias. De fato, não havia nenhum grande plano estratégico, mas o passo era perseverante rumo ao sucesso na uniformização das políticas europeias. A estrutura atual da União Europeia é um compromisso entre supranacionalidade, como a que caracteriza a Comissão da União Europeia e o Parlamento Europeu, e intergovernabilidade, como no Conselho da União Europeia, por exemplo na prática de políticas de segurança e políticas internacionais em comum e com as quais, como já foi dito, todos os governos particulares dos Estados-membros devem concordar. Em princípio, seria possível que essa estrutura se desenvolvesse posteriormente e com cautela, em uma federação, desde que, em todas as questões, se renunciasse ao princípio de unanimidade. Como meta final de tal desenvolvimento, o Parlamento Europeu e o Conselho da União Europeia como segunda câmara (ou seja, correspondente à Câmara Alta do Parlamento Federal) seriam os dois órgãos legislativos da União Europeia; a Comissão se tornaria um governo a ser eleito pelo Parlamento. Quanto ao último aspecto, em 2014 houve um progresso certo. De fato, o Conselho Europeu não tem obrigação de propor ao Parlamento os principais candidatos do partido como presidentes da comissão. Mas o Conselho, segundo o artigo 17, § 7 do Acordo da União Europeia, sustenta "levar em consideração" os resultados da eleição ao Parlamento Europeu – o que quer que isso signifique. Não se esqueça: o direito europeu não é feito de uma só peça, mas é resultado de acordos entre muitos países; por isso, possui mais disposições imprecisas do que um sistema jurídico simplesmente nacional e do que seria bom para uma ordem política. Em 2014, o Conselho Europeu entrou em acordo sobre os vencedores das eleições parlamentares – o que poderá mudar novamente, no futuro. De todo modo, está-se muito longe de uma total parlamentarização do governo da União Europeia, pois é o Conselho que deve recomendar um candidato ao Parlamento, que esse só pode eleger ou recusar.

Até há vinte anos, seria possível pensar que a União Europeia se movia lentamente, mas certamente, rumo a um futuro Estado federal.

Sobretudo, a introdução de uma moeda comum, o euro, em dezenove países, deveria acelerar esse desenvolvimento. Todavia, infelizmente a concepção dos Estados Unidos da Europa, hoje, não se sustenta. Por quê? Em primeiro lugar, falta uma discussão de abrangência europeia sobre o desenvolvimento posterior da União Europeia – não existe, ainda que apenas aproximadamente, uma discussão como as discussões constitucionais norte-americanas dos anos 1780. O acordo sobre uma constituição para a Europa fracassou em 2005, entre outros motivos, porque a Constituição prevista era, diferentemente da norte-americana, um convoluto que refletia numerosos acordos e não concebia nada como um todo uniforme e integrado. Apesar disso, o fracasso desse tratado não era necessário – ele se deu a partir das decisões dos governos francês e holandês de realizar referendos. Como no Brexit, não havia para isso a mínima necessidade jurídica; a transmissão ao povo foi, também aqui, uma fuga da responsabilidade. De fato, no Tratado de Lisboa, que entrou em vigor em 2009, a maioria dos tratados constitucionais foi tardiamente realizada, mas o impulso inicialmente ligado à ideia da Convenção Europeia convocada em 2001, foi completamente pelos ares. *Ninguém sabe, hoje, como a União Europeia deve se parecer dentro de vinte anos, e apenas poucos se interessam por isso.* O *Weissbuch zur Zukunft Europas* (*Livro branco sobre o futuro da Europa*), da Comissão Europeia de 2017, menciona cinco cenários para a União Europeia no ano de 2025: "continuar como até agora"; "mercado interno como centro de gravidade"; "quem quer mais, faz mais"; "menos, porém mais eficiente"; "muito mais comércio comum"[6]. Mas não se decide por nenhum dos cenários e não diz claramente que o primeiro deve conduzir ao declínio do que já se conseguiu e que o quinto, ao menos no presente, não é alternativa realista. A política da

---

6. Europäische Komission. *Weissbuch für Zukunft Europas. Die EU der 27 im Jahr 2025 – Überlegungen und Szenarien*. Disponível em: <https://ec.europa.eu/commission/sites/beta-political/files/weissbuch_zur_zukunft_europas_de.pdf>. Acesso em: 12 out. 2019.

União Europeia foi formada por administradores do *status quo*; faltam conceitos inovadores, porém apenas a inovação preservará o que foi conseguido até agora. Sem a inovação, isso será perdido.

   Ainda que a maioria dos cidadãos se beneficie com a União Europeia, cada vez um menor número deles tem consciência dos motivos pelos quais foram conduzidos a esse projeto. Aqueles que vivenciaram os horrores da Segunda Guerra Mundial sabem que mais do que setenta anos de paz na Europa não se compreendem por si mesmos. Todavia, aqueles que desfrutaram de paz durante toda a vida não conseguem, de modo algum, representar uma eclosão de guerra e não sabem quais instituições os protegem diante disso. É justo dizer que apenas uma pequena maioria dos europeus compreende, de fato, o modo de funcionamento da União Europeia. Até hoje, falta uma opinião pública europeia efetivamente funcional – entre outros motivos, naturalmente, por não haver uma língua europeia comum, embora a Suíça, por exemplo, mostre que países multilíngues podem funcionar sem problemas. Nos currículos europeus, quase não há aulas sobre os objetivos, o desenvolvimento e as instituições principais da União Europeia, e falta um grupo de intelectuais entusiasmados que, como os italianos e alemães do século XIX, representem o ideal político de unificação, assim como faltam políticos que não administrem simplesmente como burocratas do *status quo*, mas que desenvolvam concepções para o futuro. Os pares Valéry Giscard d'Estaing e Helmut Schmidt ou François Mitterrand e Helmut Kohl, que, apesar de pertencerem a partidos diferentes, possuem uma dedicação comum à ideia europeia, é até agora algo que não encontrou comparação, ainda que o progresso da União Europeia dependa de uma cooperação próxima entre Alemanha e França.

   Em terceiro lugar, a expansão da União Europeia para países do centro-leste, do nordeste e sudeste europeu não se mostrou útil ao seu aprofundamento. De um lado, é verdade que os países que, após o colapso da Iugoslávia, da União Soviética e do Pacto de Varsóvia, aspiraram a uma conexão com o mundo das democracias e do mercado não foram repelidos. De outro lado, a heterogeneidade dos Estados-membros da União Europeia, com isso, se elevou significativamente. Isso inicialmente, não disse respeito tanto ao direito constitucional (embora seja o caso nesse ínterim, como ficou claro na análise da Hungria e da Polônia) quanto aos costumes, que justamente dão vida a uma Constituição. A elevada corrupção, por exemplo, na Romênia é, no mínimo, tanto um problema de mentalidade quanto um problema de direito. Contudo, não seria e não será muito injusto objetar que a integração na União Europeia é o meio mais frutífero de elevar esses países a uma cultura legal mais elevada; e não se pode, por exemplo, contestar que a pacificação dos Bálcãs após a Guerra da Iugoslávia também é uma consequência da perspectiva de uma possível entrada na União Europeia por boa conduta. Diante dos argumentos pró e contra a expansão da União Europeia, só uma solução racional poderia ser dada – uma Europa com diferentes velocidades. Isso não seria deixado de lado pelo direito europeu, desde que a adesão não seja proibida a nenhum membro. De fato, a moeda comum foi assumida apenas na Zona do Euro. O Acordo de Schengen para progressiva supressão do controle de fronteira entre os países participantes – originariamente, acordado com base no direito internacional e, posteriormente, transferido ao direito europeu – não vale na Grã-Bretanha e na Irlanda, mas aplica-se em países europeus que não pertencem à União Europeia. Quem deseja um aprofundamento da União Europeia não pode apoiar uma opção diferente de uma cooperação mais forte entre os interessados. Na condição atual da União Europeia, habitualmente, não se pensa em progressos na cooperação – muitos países devem participar na decisão. A cooperação se mostrou uma história de sucesso, e outros países quiseram entrar e foram autorizados a isso; porém, não poderiam ter o direito de impedir o progresso de outros. Como foi dito, o motor para isso deve partir da Alemanha e da França; a presidência de Macron abre uma chance que pode logo desaparecer, e essa oportunidade não deveria passar sem ser aproveitada.

    O quarto motivo para a redução do entusiasmo europeu é, talvez, ainda mais poderoso que o fracasso dos planos constitucionais, a falta de uma opinião pública europeia, bem como de políticos europeus convincentes, e o aumento de volume da União Europeia a uma grandeza que dificulte um desenvolvimento posterior. Trata-se do fato de que, na última década, a União Europeia, cada vez mais, foi percebida como pouco capaz de resolver questões materiais prementes. Isso, certamente, corresponde apenas em parte à realidade, já que as mídias se concentram, de preferência, nas más reportagens, abordando mais seus fracassos do que suas enormes realizações na manutenção da ordem intraeuropeia. Os dois problemas que mantêm a União Europeia em alerta desde 2010 são, em primeiro lugar, a crise do euro e, em segundo lugar, a crise dos refugiados, ou seja, uma crise no interior da Europa e outra que diz respeito à política externa da União Europeia. Inclusive, esta diz respeito não à relação com o Ocidente Transatlântico ou às novas potências mundiais em ascensão, mas aos países em desenvolvimento. Os dois problemas possuem em comum o fato de que a organização supranacional da União Europeia assumiu tarefas da maioria dos Estados-membros, deveres que pertencem às tarefas clássicas de Estados-nações – a saber, a conservação de uma moeda e a proteção de fronteiras internacionais –, para as quais ela, todavia, parece estar menos preparada do que os Estados nacionais, via de regra, estiveram.

Para uma análise mais rigorosa da primeira crise, apenas um economista possui competência; por isso, eu me expressarei de forma sucinta. Claramente, nela operam, conjuntamente, uma dívida estatal, uma dívida bancária e uma crise econômica, que se fortalecem mutuamente. A elevada dívida estatal, sobretudo nos países sul-europeus (e, hoje, nos países emergentes) – na qual os bancos, que concedem créditos a juros muito baixos, têm igualmente responsabilidade, ainda que segundo o princípio "*too big to fail*"[7] os países da União Europeia assumam os prejuízos –, era economicamente indefensável, pois não serve a investimentos, razão pela qual podem e devem ser contraídas dívidas, mas serve primariamente

---

7. "Muito grande para cair", expressão em inglês, no original. (N. do T.)

para prover a própria clientela. Isso foi particularmente o caso na Grécia, cuja administração inchada pertence às mais ineficientes da Europa (por exemplo, na cobrança de impostos) e cuja economia não era competitiva, pois os salários cresceram muito mais que a produtividade. Teria sido melhor se o país não tivesse aderido ao euro. Foi particularmente irritante que, na Grécia, o déficit orçamentário de 2000 a 2008 tenha totalizado, em média o dobro dos 3% que haviam sido estabelecidos em 1997 no Pacto de Estabilidade e Crescimento para a implantação do euro. Aqui, como em numerosos outros casos, não sucedeu nada do que havia sido previsto, mesmo com as sanções prescritas coercitivamente, não só, mas certamente também, porque a Grécia, por meio de truques de contabilidade – nos quais foi apoiada por bancos norte-americanos, como Goldman Sachs – enganou imensamente a União Europeia. Devido à falha das sanções, a credibilidade desse pacto foi duradouramente prejudicada; propagou-se a concepção de que princípios decisivos da União Europeia seriam antes recomendações bem-intencionadas que direito equipado com sanções sérias. Ainda assim, o Pacto Fiscal Europeu de 2012 buscou limitar o novo endividamento de Estados-membros, entre outras medidas por meio de um automatismo mais forte nas sanções; todavia, como o acordo foi recusado pela Grã-Bretanha e pela República Tcheca, ele desfruta de validade apenas no direito internacional, mas não no direito europeu.

    A implantação do euro, que tornou possível em primeiro lugar os juros mais baixos, dificultou o reajuste das economias nacionais particulares, uma vez que uma política monetária autônoma já não é possível. Tampouco o é uma política monetária expansiva, ou seja, pelo aumento da quantidade de dinheiro, popular nas recessões, ainda sendo possível uma desvalorização da moeda, para elevar capacidade de competitividade dos próprios produtos. Todavia, uma desistência do euro em uma país com alta dívida dificilmente é uma solução, pois as dívidas deverão ser pagas em euro, ou a carga de juros sobe insuportavelmente. Um processo de insolvência para os países, como se sabe, ainda não existe. A crise da Grécia, até certo ponto, foi mantida sob controle por meio da "troica" formada pelo

Banco Central Europeu, pelo FMI e pela Comissão Europeia em um processo árduo, que vinculou muitas energias políticas que, então, já não estavam à disposição de outras tarefas mais orientadas para o futuro; mas a solução parcial se deu graças ao fato de que a economia nacional grega não conta entre as maiores da União Europeia. O parlamento grego foi, em grande parte, privado de sua capacidade de decisão; de fato, ele não podia fazer nada além de concordar com as reformas impostas. Como estas foram exigidas factualmente, no que tange ao conteúdo o processo foi bem recebido; todavia fortaleceu o sentimento de que a União Europeia deteriorava as democracias nacionais (também as nações credoras, pois o grupo do euro tomou decisões importantes sem inclusão dos parlamentos), sem ela mesma ser um Estado federal democraticamente legítimo. Particularmente esclarecedor foi o destino do referendo grego, que o governo de Tsipras convocou em julho de 2015, sobre aceitar ou rejeitar a proposta da "troica" – o primeiro referendo desde aquele de 1974, que aboliu a monarquia. Embora o Conselho de Estado grego, mais alto tribunal administrativo e constitucional, não tenha concordado com o parecer de que o referendo fosse inconstitucional, segundo o artigo 44, parágrafo 2 da Constituição, medidas fiscais estão expressamente excluídas dos referendos; foi argumentado, entretanto, ser uma questão de soberania. Mas o fato de, entre o anúncio do referendo e os dias de eleição, haver menos de duas semanas contradiz o regulamento do Conselho da Europa. O referendo teve caráter demagógico (o "não", por exemplo, era fixado antes do "sim") e regurgitou um claro "não" para as propostas da troica. Todavia, apenas quatro dias após o referendo o governo da mais antiga democracia do mundo precisou submeter uma proposta ao grupo do euro, proposta que, tanto quanto possível, seguia as recomendações da troica. Raramente a instituição do referendo é seguida tão *ad absurdum* que a vontade do soberano, na barganha de uma questão de soberania, é descumprida tão flagrantemente. O que ocorreria no caso de uma crise análoga na economia nacional incomparavelmente maior da Itália não se ousa conceber, sobretudo porque as possibilidades de política monetária do Banco Central

Europeu se esgotam progressivamente – os juros quase não podem cair mais. Seu nível mais baixo, de qualquer maneira, desapropriou muitos poupadores e os custos de imóveis se elevaram consideravelmente.

O euro, pareceria claro a muitos cidadãos da União Europeia, foi uma grande proeza política, que encorajou o intercâmbio comercial na Europa e do qual justamente a Alemanha se beneficiou bastante como nação exportadora. Presumivelmente, naquela época, ele foi concebido como motor no caminho para uma união política. Como isso não se realizou até agora, criou uma profusão de novos problemas. Especialmente, pôs a Europa diante de uma escolha a médio prazo: ou a política monetária comum é acrescida de política fiscal e política econômica comuns, ou a união monetária e, com isso, presumivelmente também a União Europeia serão vítimas da próxima crise financeira. A situação atual, a médio prazo, não é duradoura. Meias medidas quase sempre se vingam – e não apenas na política.

Ainda mais ameaçadora que a crise do euro, para a União Europeia, é a crise dos refugiados, que se deixou resolver tão pouco como iniciativa nacional própria quanto as consequências da crise do euro[8]. Todavia, aquela engendra a compreensão bastante óbvia, de que, infelizmente, ainda não há capacidade de colaboração – a história é cheia de exemplos de alianças que, apesar de ameaças muito sérias do exterior, não se motivaram rumo a formas mais intensivas de cooperação. A crise dos refugiados, que atingiu a Europa com maior virulência até então no segundo semestre de 2015, ou seja, na iminência do ano fatídico de 2016, não é perigosa apenas politicamente para a União Europeia, sobretudo se o

---

8. Para o que segue, ver meu ensaio: Hösle, V. Principles of morals, natural law, and politics in dealing with refugees, In: Donati, P.; Minnerath, R. (org.). *Towards a Participatory Society: New Roads to Social and Cultural Integration*. Vatican City: Pontifical Academy of Social Sciences, 2017, 260-286. Esse artigo trata, sobretudo, de questões morais e dos complexos problemas jurídicos de maneira bem mais detalhadas do que é possível neste ensaio.

problema aumentar a médio prazo; também teoricamente, para os filósofos morais, é certamente o mais complexo problema moral de nosso tempo, pois nessa questão colidem *o princípio universalista, que concede a todas as pessoas determinados direitos fundamentais*, e o entendimento fundamental da filosofia política, de que *direitos, então, só são mais que desideratos, se há um sistema político que os realiza, e se esse próprio sistema possui determinadas condições operacionais*. O problema teórico é tão complexo que, em seu tratamento na realidade social, é muito fácil adotar uma polarização entre universalistas e nacionalistas. Essa cisão pode ser observada na maioria das democracias ocidentais, mas é particularmente manifesta na Alemanha, onde um universalismo abstrato como compensação pelos crimes nacional-socialistas é maior que em qualquer lugar. Isso honra os alemães, mas de modo algum torna mais simples encontrar soluções no próprio país e, mais ainda, na União Europeia.

 Pode surpreender que eu fale de um "universalismo abstrato", embora eu mesmo defenda uma ética universalista. Por mais que se leve sério o questionamento de um dever fundamental, por exemplo, o bem de todas as pessoas, também das mais pobres dessa Terra, ele é muito pior que o universalismo abstrato; este não pode, contudo, ser válido como a melhor forma de moral. A expressão "bonzinho"[9] é descabida; pois não há nada mais importante do que ser bom e, na medida em que isso é desprestigiado por esse termo, é melhor apagá-la do próprio vocabulário. Contudo, isso não muda o fato de que o conceito capta um problema que existe de fato e que talvez possa ser mais bem indicado com a expressão "moralismo". Há uma forma de exaltação moral que não é útil para a solução de problemas morais, ainda que, subjetivamente e com sinceridade, ela aspire precisamente a isso. Em que medida? Ora, o moralista age, na maioria das vezes, a partir de emoções, em parte positivas, como a compaixão, em parte

---

9. *Gutmenschentum*, palavra alemã, no original. Usamos "bonzinho" como sugestão de tradução, pois ela pode carregar a ironia do termo alemão, que é criticada por Hösle. Uma expressão análoga em inglês é *"do-gooder"*. (N. do T.)

negativas, como a indignação. Naturalmente, contra esses sentimentos morais, nada fundamental pode ser dito. Mesmo quem não situa neles o último fundamento da moral deve reconhecer que eles motivam a conduta humana com muito mais força do que juízos puramente intelectuais. Mas, precisamente por se tratar de emoções e de afetos, quem só é determinado por eles reage, muitas vezes, sem categorizar eticamente com clareza ou refletir sobre as consequências da própria ação. Controle afetivo, todavia, é sempre necessário, ainda que se trate de afetos com tonalidade moral.

No que diz respeito ao problema das categorias, portanto, não é claro a todo moralista o que é uma compreensão elementar da ética, isto é, que existem moralmente diferenças enormes entre ações e omissões. O dever de não matar nenhuma pessoa vale universalmente (exceto no caso de legítima defesa e situações assistência emergencial, aos quais pode pertencer o assassinato de um tirano); o dever de ajudar o próximo, todavia, não pode valer universalmente, pois é possível ajudar todos e o dever pressupõe o poder. Dois exemplos podem ilustrar melhor o que quero dizer com descuido pelas consequências. Querer derrubar um ditador homicida pode parecer, à primeira vista, um ato nobre. Todavia, quando isso não obtém êxito e sucede uma guerra civil terrível, que persiste durante anos, como na Síria, ou o ditador é de fato derrubado, mas a anarquia eclode no país, como na Líbia, ou regiões do país se tornam autônoma sob um regime ainda pior, como no Iraque sob o Estado Islâmico, então aquele que iniciou esse processo agiu de maneira imprudente, e não pode ser absolvido da culpa por essas consequências terríveis, com base na pureza de suas próprias intenções, uma vez que essas consequências eram previsíveis. Consequências da própria ação decorrem, entre outros motivos, também do fato de que uma ação, inevitavelmente, é interpretada como exemplo para outras pessoas; pois as pessoas pensam em conceitos universais. No caso particular, pode parecer moralmente correto dizer em um julgamento algo que não corresponde à verdade, se isso desonera o réu, de cuja inocência se está convencido, com bons motivos. Mas uma breve reflexão mostra que, precisamente com fundamento universalista, se todos puderem se servir desse direito, cedo ou tarde isso deverá levar ao colapso de um poder judiciário justo e da confiança nele. Portanto, também não se deve mentir diante do tribunal, mesmo se isso eleva a probabilidade de absolvição de um inocente. Precisamente decisões políticas que ocorrem em um espaço público devem se desenvolver conforme ao direito, portanto, segundo princípios gerais, e devem refletir sobre as consequências previsíveis das decisões.

Sentimentos morais, além disso, não são duradouros. Por isso, é extremamente significativo que as instituições existam fazendo, por assim dizer, mecanicamente o que é moralmente correto – ou seja, sem recorrer, em caso algum, aos sentimentos. O direito é um mecanismo do tipo, duradouro, pois estabiliza a antecipação de condutas relativamente ao que é justo. Nos anais da história, registram-se apenas aqueles políticos que sucederam em colaborar na formação de instituições permanentes, como uma emenda constitucional fundamental, ou uma organização internacional, ou uma mudança de consciência duradoura, ainda que, pelo seu trabalho, tenham desfrutado talvez de menos atenção durante a vida do que aqueles que provocaram emoções midiaticamente. Naturalmente, há também direito injusto; mas, então, é precisamente uma tarefa geral transformá-lo em um direito justo, não deixando a esfera do direito como tal para trás. Um cidadão responsável deve, além disso, ser consciente dos pressupostos da organização social, no interior da qual têm lugar muitos fatos admiráveis moralmente. Uma pressuposição do tipo é que, no geral – de modo algum em todo caso particular –, um empenho pela ordem social também é de interesse próprio, pois, como o altruísmo puro não é propagado em demasia, instituições estatais que pressupõem muito altruísmo raramente são estáveis[10]. Empreguei a restrição "estatal", pois é claro que

---

10. Sobre o papel das emoções na ética e a importância ética do interesse próprio, cf. HÖSLE, V. *Philosophie der ökologischen Krise: moskauer Vorträge*. München: C. H. Beck, 1991, 71-119. (Trad. bras.: *Filosofia da crise ecológica. Conferências moscovitas*. Trad. G. Assumpção. São Paulo: LiberArs, 2019, 76-114.) (N. do T.)

instituições privadas são altamente razoáveis quando põem exigências morais elevadas a todos os seus membros. Todavia, o moralista que age no entusiasmo de um sentimento altruísta, frequentemente, não possui apreciação realista alguma do próximo. Ele tende a redistribuições, sem refletir que muitos se defenderão contra isso, e, se necessário, isso será feito por meio de redução de seu empenho no trabalho. Além disso, ele ignora frequentemente a necessidade da defesa nacional, pois se recusa a contar com intenções agressivas de outros países. Particularmente desagradável é quando ele difama moralmente aqueles que, por causa da consideração das consequências de uma ação, favorecem opções que se baseiam inteiramente em valores parecidos aos seus, mas que, com base em uma consideração mais abrangente das consequências, contradizem seu sentimento moral espontâneo. Surge uma contradição performativa enorme quando toda condenação moral, por exemplo, a determinados costumes de culturas estrangeiras – como a circuncisão de mulheres – é recusada; todavia, descarrega-se, para isso, toda a própria agressividade moral contra os "eurocêntricos", que distinguem mais claramente entre justo e injusto.

O problema moral do estatuto dos refugiados, ou seja, de pessoas que já não desfrutam da proteção da própria ordem jurídica e que, às vezes, foram inclusive perseguidos por ela e, por isso, se voltaram a outro país, é imemorial. Várias tragédias gregas tratam disso, até mesmo duas com o mesmo título: *As suplicantes* de Ésquilo e *As suplicantes* de Eurípides. Todavia, também as *Heráclidas* de Eurípides e Édipo em Colono, de Sófocles, aplicam-se ao problema, cujo potencial trágico logo foi percebido, pois se baseia no conflito entre o grito de socorro de pessoas inocentes e o direito dos próprios cidadãos. Mas o problema se agravou na modernidade, pois sua ética é explicitamente universalista. De um lado, o sucesso extraordinário da modernidade se baseia, como foi mostrado no primeiro capítulo, na imposição de uma ética igualitária diante das normas hierárquicas da sociedade tradicionalmente estratificada. Reside na natureza dessa ética que ela aspire à implementação de abrangência mundial; e não é um verdadeiro universalista aquele que se contenta com as desigualdades internacionais que aumentaram desde o século XIX, precisamente devido ao sucesso do projeto da modernidade. De outro lado, a ética da modernidade é mais individualista que a pré-moderna. Formas de cuidado vertical, incialmente, seriam progressivamente substituídas por um apelo a cuidar de si mesmo. Em parte, esse apelo residiu na absolutização egoísta do próprio benefício. Todavia, em parte, foi o resultado da convicção de que, no caso normal, a autonomia é melhor que a dependência, em parte em si, em parte porque ela duradouramente conduziria à superação da pobreza. Contudo, após um determinado nível de bem-estar ter sido alcançado, na maioria dos Estados ocidentais, desenvolveu-se um Estado de bem-estar social, ainda que em graus muito diferentes e que, por meio de redistribuições, impediram a pobreza absoluta interna. Isso atenuou a desigualdade social interna, todavia ampliou o tratamento desigual externo, pois os benefícios sociais só eram concedidos aos próprios cidadãos. Dificilmente poderia ser de outro jeito, pois nenhum Estado poderia durar se prestasse assistência igual a todas as pessoas. Precisamente nos estratos mais pobres, frequentemente a repugnância manifesta diante de migrantes não é bela, mas dificilmente é surpreendente; pois eles supõem, frequentemente não sem razão, que arcarão com uma parcela desproporcional dos custos de acolhimento dos refugiados – seja por meio da limitação de benefícios sociais aos nativos, seja por meio de mais concorrência no mercado de trabalho e no mercado imobiliário.

Certamente, nenhum Estado poderia se dar ao luxo de abrir totalmente suas fronteiras e dar boas-vindas a todos os que querem entrar. Nenhum estado de direito é autorizado a impedir a imigração de um cidadão, mas isso de modo algum implica que deva deixar entrar todos – aqui, também, reina a assimetria entre agir e omitir. Alguns pequenos países não possuiriam, para isso, nem mesmo o espaço necessário, e nenhum país teria os meios necessários (tanto menos quanto mais generoso for o sistema social). O que é ainda mais importante: mesmo o que foi alcançado até aqui poderia entrar em colapso, pois as pressuposições de mentalidade que o estado de direito e o Estado de bem-estar social comportam já não estariam disponíveis, uma vez que muitos que chegam fogem de culturas que não são estados de direito e não possuem uma economia nacional funcional, pois faltam ainda as condições culturais exigidas para isso. Peculiaridades culturais não são eternas, sujeitam-se à mudança, mas são mais duras do que se pensa, porque o instinto de imitação é inato ao ser humano. Na infância e na adolescência ele influencia o próprio caráter, em parte inconscientemente e em parte conscientemente. Mesmo quem não aprecia a própria cultura deve sobreviver nela e ser bem-sucedido nela. Por isso, a integração de uma cultura em outra, quando não ocorre cedo, não é fácil, devido às grandes diferenças. Junto com a decadência do poderio econômico que depende, entre outras coisas, do capital cultural de um país, e com a corrosão do estado de direito por meio da formação de sociedades paralelas, que se revelam espaços não regulados pela lei, em que a polícia do país anfitrião não consegue intervir, há de se temer, no pior dos casos, até mesmo uma guerra civil, quando pessoas de culturas muito diferentes são forçadas a conviver sem integração. Ao mesmo tempo, deve-se assinalar que o grau de afinidade genética, linguística ou religiosa tem muito pouco a ver com integralidade. O Leste Asiático, frequentemente, integra-se muito mais fácil do que pessoas de regiões muito mais próximas.

Como resolver o dilema entre o mandamento universalista de ajudar o máximo possível e a impossibilidade, ao menos até nova ordem, de abolir fronteiras? A estratégia só pode ser tripartite. No primeiro capítulo, livre-comércio e amparo foram mencionados na adoção de um modelo de desenvolvimento bem-sucedido, e logo depois foi indicado que os sucessos até agora podem ser vistos. Sem dúvida, porém, em relação a ambos aspectos, ainda há muito a fazer. A África deve finalmente ter uma chance de exportar seus produtos agrícolas e têxteis para os países industrializados ricos, e deve-se investir muito mais nas tecnologias ambientais e nas instituições de ensino dos países mais pobres, para alcançar progressos ulteriores nas metas postas para o milênio. Com isso, condicionalidades econômicas e políticas são totalmente legítimas: por exemplo, prefere-se ajudar aqueles países que introduzem reformas econômicas e políticas, melhoram sua governança, pois, sob essas condições, a própria ajuda alcança muito mais pessoas. Os países africanos devem investir, em média, cerca de 10% da renda nacional *per capita* para o financiamento de um ano escolar por criança[11], devido ao elevado número de pessoas jovens (que podem causar um posterior aumento na população). Por isso, não muitas crianças podem buscar a escola secundária, o que geralmente as condena a uma vida em pobreza – e com a quarta revolução industrial, seu destino não se tornará mais fácil. Cada dólar investido em um ano adicional para crianças de famílias de baixa renda gera, por exemplo, dez dólares em renda posterior e benefícios de saúde[12]. A concentração em ajuda ao desenvolvimento e, dentro desta, à educação, contudo, significa também que os meios para outros fins devem ser reduzidos. Como o amparo à uma pessoa pobre em um país anfitrião rico custa muito mais que em seu país de origem, é inteiramente legítimo, justamente quando se quer ajudar muitas pessoas o mais cedo possível, não permitir a entrada a alguém que deixa seu lar apenas por motivos econômicos. Meu argumento pressupõe que o recurso seja limitado, o que trivialmente é verdade (o altruísmo também é um recurso escasso); pois também é urgente buscar a solução mais eficiente. Isso não pode consistir em receber o máximo possível de pessoas como agora, mas ajudar muito mais pessoas no lugar. Por isso, não é uma decisão moral sustentável reduzir a ajuda para o desenvolvimento, como a Suécia e a Holanda fizeram em 2015, com intuito de possuir mais recursos à disposição para a crise dos refugiados

---

11. SACHS, J. D. The West's Broken Promises on Education Aid. Disponível em: <https://www.project-syndicate.org/commentary/global-education-fund-replenishment-broken-promises-by-jeffrey-d-sachs-2018-01?barrier=accesspaylog>. Acesso em: 12 out. 2019.

12. INTERNATIONAL COMMISSION ON FINANCING GLOBAL EDUCATION OPPORTUNITY. *The Learning Generation. Investing in education for a changing world*. Disponível em: <http://report.educationcommission.org/wp-content/uploads/2016/09/Learning_Generation_Full_Report.pdf>. Acesso em: 12 out. 2019.

(deve-se destacar que esses países foram dois de apenas cinco que fixaram 0,7% de seu PIB na ajuda para o desenvolvimento – um número, que desde 1970, é um marco não obrigatório). No entanto, deve-se admitir que o grande êxodo dos últimos anos elevou a consciência da necessidade de novas formas de cooperação entre União Europeia e África, em particular da abertura dos mercados agrícolas europeus. Honestamente, supunha-se que, a curto prazo, a melhora da situação econômica elevaria o número de refugiados por motivos econômicos, já que mais pessoas poderiam pagar por contrabandistas. A médio prazo, porém, isso teve as consequências desejadas – assim como, em um primeiro momento, o declínio da mortalidade infantil aumentou o número de filhos, mas depois conduziu a mais planejamento e, com isso, a uma redução do número de filhos.

Além da ajuda no local, em segundo lugar é exigida uma política de imigração inteligente, baseada no interesse pessoal. Isso é ainda mais o caso, uma vez que a população da União Europeia está prestes a entrar em um processo de contração, o que pode influenciar bastante a limitação de um país. A decisão de pôr filhos no mundo possui de tal modo consequências decisivas para o próprio modo de vida e a própria renda, que subsídios financeiros do Estado surtem efeito nos estratos mais pobres e, geralmente, influenciam tanto o momento do nascimento quanto o número de filhos que se deseja ter. Os esquemas de segurança social, todavia, ficarão cada vez mais desgastados por causa da redução populacional e do aumento da expectativa de vida. Por isso é extremamente importante que os países da União Europeia recrutem sobretudo pessoas jovens de países em desenvolvimento, cuja força de trabalho será necessária e que serão facilmente integráveis na sociedade. O argumento de que essa evasão de cérebros danifica os países em desenvolvimento pode ser replicado com o fato de que os subsídios dos emigrantes pertencentes a países atrasados são consideráveis e que a chance de uma ocupação mais bem renumerada no exterior estimula investimentos em educação no país de origem. Em particular, todavia, como ela é reciprocamente vantajosa, a população local ganha com essa forma de imigração. Pode-se objetar que ela é subjetivamente e moralmente menos elegante do que uma ajuda puramente altruísta, mas, quando ela conduz a resultados positivos para ambos os lados, deve-se viver com essa crítica. O sucesso dos países de imigrantes, como os Estados Unidos, Canadá e Austrália, mostram que uma política de imigração inteligente e inevitavelmente seletiva pode ser extraordinariamente útil ao país de imigração. Seleção significa, porém, também que não se permite no país quem não seja nem fugitivo de perseguição nem quem não satisfaça os critérios de exceção para migrantes que não sejam refugiados. A divulgação dos critérios de exceção e sua real implementação são cruciais, pois apenas assim desestimulam-se pessoas a realizar uma viagem que frequentemente é muito perigosa e que, em todo caso, retira recursos financeiros que poderiam ser investidos no desenvolvimento do próprio país. Engendrar vagas esperanças na admissão é mais irresponsável que um claro "não", que só pode intimidar uma tentativa de imigração se for crível. O que é duro, no caso isolado, é mais moral a longo prazo.

Em terceiro lugar, é uma tarefa central ajudar todas as pessoas que fogem não, por exemplo, devido à pobreza, mas por perigo de vida. Isso, felizmente, não é de modo algum apenas um mandamento moral, mas possui sua efetivação – contudo, apenas bem parcial – no direito internacional positivo. Mais importante que a *Declaração Universal dos Direitos Humanos* de 1948, que só foi promulgada pela Assembleia Geral das Nações Unidas e, por isso, vincula os países não como um acordo compulsório do direito internacional, são dois pactos internacionais de 1966 e um de 1952. Os dois de 1966 são o *Pacto Internacional de Direitos Civis e Políticos* e o *Pacto Internacional dos Direitos Econômicos, Sociais e Culturais*, e o de 1952 é a *Convenção das Nações Unidas para o Estatuto dos Refugiados*. Surge, em 1967, o *Protocolo relativo ao Estatuto dos Refugiados*, que supera as restrições espaciais da Convenção de Genebra sobre o Estatuto dos Refugiados, de 1952. É importante que o estatuto dos refugiados seja adjudicado no sentido jurídico apenas para pessoas que devam temer, com fundamento, ser perseguidas por sua raça, religião, nacionalidade, pertencimento a determinado grupo social ou convicção política. Isso, claramente, não diz respeito a todos que estão consternados com violência ameaçadora. Portanto, a diretriz 2011/95/EU do Parlamento Europeu e do Conselho Europeu – a chamada diretriz de qualificação ou diretriz do reconhecimento – outorga aos refugiados proteção subsidiária aos que devem temer "uma ameaça sincera individual à própria vida ou à integridade de uma pessoa civil devido à violência arbitrária no espaço de um conflito armado internacional ou interno" (Art. 15c). Os direitos que cabem aos refugiados são diferenciados após a Convenção dos Refugiados, conforme se trate de uma entrada ilegal no país, de uma entrada legal ou de um direito de residência já outorgado. Em todos os casos, não se trata apenas do direito de defesa, mas também do direito de prestação de serviços: o direito à vida implica a concessão de um mínimo de subsistência. Particularmente importante é que a convenção não obriga nenhum país a hospedar refugiados – o direito é consequência da passagem de fronteira. Portanto, não se trata também do direito ao asilo, mas de um direito no asilo. Contra isso, o antigo artigo 16, parágrafo 12, da Lei Fundamental da República Federal da Alemanha garantia um direito individual de asilo para perseguição política. Desde a emenda constitucional de 1993, contudo, estrangeiros que entram em um país a partir de um país da União Europeia ou de outro Estado terceiro, não podem mais invocar esse direito de asilo; também nos chamados países seguros de origem, que são estabelecidos por lei, presume-se que não ocorre nenhuma perseguição política (artigo 16a, parágrafos 2 e 3). A consequência é que os candidatos ao asilo são bem menos reconhecidos após o artigo 16a da Lei Fundamental da República Federal da Alemanha do que após a Convenção dos Refugiados[13].

---

13. Ver os números do Serviço Federal para Migração e Refugiados: BAMF. *Aktuelle Zahlen zu Asyl*. Disponível em: <http://www.bamf.de/SharedDocs/Anlagen/DE/Downloads/Infothek/Statistik/Asyl/aktuelle-zahlen-zu-asyl-juli-2018.pdf?__blob=publicationFile>. Acesso em: 12 out. 2019.

Os defeitos do atual regime de refugiados são evidentes[14]. A Convenção protege apenas os móveis, ou seja, aqueles que conseguem dar certo em um país seguro, e esses são raramente aqueles que estão em maior perigo. Ela nem ao menos obriga os países de origem a não expulsarem seus cidadãos. Todavia, em especial, a Convenção não forneceu nenhum mecanismo de compensação entre os países que devem arcar com os custos dos refugiados, e não levou em consideração a capacidade de admissão e de integração daqueles. Isso é, portanto, particularmente injusto, pois os países que arcam com a maior parte desses fardos, em sua maioria, pertencem aos mais pobres, os vizinhos daqueles que mais provavelmente geram refugiados. Os dez países que, no fim de 2017, mais acolheram refugiados foram, nesta ordem: Turquia, Paquistão, Uganda, Líbano, Irã, Alemanha, Bangladesh, Sudão, Etiópia e Jordânia. Apenas dois são países da OCDE. Oitenta e cinco por cento dos refugiados vivem em países em desenvolvimento, e até um terço vive em países menos desenvolvidos[15]. Ao mesmo tempo, algumas regras que favorecem o *status quo* são inteiramente compreensíveis: o candidato ao asilo deve solicitá-lo no primeiro país de chegada, o que possui o fim de evitar que todos façam disso o caminho para chegar aonde eles sejam mais bem assistidos. Também o chamado "*shopping* de asilo", ou seja, a repetida solicitação de asilo em países diferentes, é problemático, pois mobiliza muitos recursos que seriam mais bem aproveitados se fluíssem diretamente para o Alto Comissariado das Nações Unidas para os Refugiados. Considere-se: em 1990, segundo os dados de Adrienne Millbank, foram gastos, só com os *exames* para os requerimentos de asilo nos países

---

14. Ver, para o que segue, o astuto relatório de Adrienne Millbank de 2000/2001 para o parlamento australiano: MILLBANK, A. The Problem with the 1951 Refugee Convention. Disponível em: <https://www.aph.gov.au/About_Parliament/Parliamentary_Departments/Parliamentary_Library/pubs/rp/rp0001/01RP05>. Acesso em: 12 out. 2019.
15. UNCHR. *31 people are newly displaced every minute of the day*. Disponível em: <https://www.unhcr.org/globaltrends2017/>. Acesso em: 12 out. 2019.

europeus da OCDE e no Canadá juntos, dez vezes mais do que estava à disposição do Alto Comissariado das Nações Unidas para os Refugiados, cujo orçamento então era de cerca de um bilhão de dólares. Pode-se desaprovar o termo "*shopping* de asilo" com bons motivos, pois asilo é, frequentemente, uma necessidade de sobrevivência, diferentemente da maioria dos tipos de *shopping*. Mas o problema factual de que aqui não há nenhuma alocação razoável não desaparece com a desaprovação. Sem dúvida, a elevação do orçamento do Alto Comissariado das Nações Unidas para os Refugiados deve, no mínimo, ser gerido tão energicamente como a aceitação de refugiados com motivos humanitários. Quem não pode acolher os refugiados ou não quer fazê-lo deve, ao menos, contribuir para sua acomodação segundo a dignidade humana e para o ensino das crianças nos campos de refugiados.

A longo prazo, só pode ser justo um sistema que distribua os refugiados segundo critérios como tamanho do país, número de habitantes, potência econômica e proximidade cultural, e este último critério exige compensações da parte dos outros países. Também seria possível pensar, talvez, em conceder ao Alto Comissariado das Nações Unidas para os Refugiados um território em que os refugiados possam ser acomodados durante um período de transição. Claro que tais regulamentos só poderiam se realizar mediante tratados de direito internacional. Um estímulo para tomar parte em tais tratados poderia ser uma espécie de seguro recíproco: apenas o país que estiver disposto a abrigar os refugiados deveria, em seguida, poder contar com que seus cidadãos desfrutem, em caso de emergência, de proteção a refugiados. A justiça exige, também, que aqueles países que possuem responsabilidade especial pela geração de determinados refugiados têm um forte dever correspondente de os acolher. Penso, de um lado, em intervenções militares injustas como a dos Estados Unidos no Iraque e, de outro lado, na contribuição dos países industriais na destruição dos meios de vida nos países em desenvolvimento por meio da mudança climática, que já torna muitas pessoas em refugiados ambientais, o que, no futuro, aumentará ainda mais.

De volta à União Europeia. Infelizmente, dentro dela aplicam-se as mesmas deficiências que já foram evidenciadas para o regime global de refugiados. O chamado Sistema de Dublin – desde 2013 vigora o estatuto da União Europeia n. 604/2013, uma modificação de dois estatutos anteriores (portanto, o Sistema de Dublin é chamado "Dublin II") – indica a responsabilidade pelo processo de uma solicitação de asilo essencialmente ao Estado-membro da União Europeia no qual o solicitante tenha entrado primeiro (artigos 13-15). Isso sobrecarrega os países do sul: Grécia, Itália, Malta e Espanha, diante da interdição da rota dos Bálcãs e também da Hungria, pois é nos países do sul que os refugiados chegam. Isso não pode ser justo, uma vez que toda a União Europeia se orgulha, por exemplo, de proteção subsidiária e amparo às pessoas perseguidas. Aliás, com o Acordo de Schengen e a supressão de fronteiras internas, logicamente a proteção das fronteiras externas deveria se tornar uma tarefa comum (apesar de, segundo a Agência Europeia de Gestão da Cooperação Internacional nas Fronteiras Externas, Frontex, ser competência do respectivo país zelar pelas fronteiras terrestres e marítimas). Isso vale, todavia, também para o trato com aqueles que ultrapassam esses imites legal ou ilegalmente. A Alemanha, que é mais favorecida geograficamente, contudo, descartou, ainda em 2013, todas as revisões das regras de competência do Sistema de Dublin[16]. Também aqui se apresenta uma daquelas meias-medidas que se vingam historicamente.

Em 2015, sem dúvida, a Alemanha surpreendeu o mundo com uma generosidade quase sem igual entre países ocidentais em relação aos refugiados. Na noite do dia 4 ao dia 5 de setembro, a chanceler alemã Angela Merkel e o chanceler austríaco Werner Faymann decidem deixar refugiados afluírem sem controle e sem registro pela Hungria. Merkel chegou a um acordo sobre o assunto com um parceiro de coligação, o social-democrata

---

16. PRAMSTALLER, C. Flickwerk Flüchtlingspolitik. Disponível em: <https://www.zeit.de/politik/ausland/2013-10/EU-Asyl-Migration/komplettansicht>. Acesso em: 12 out. 2019.

Sigmar Gabriel, no entanto, não se comunicou com os outros, como o vice-presidente da CSU[17], Horst Seehofer, que ela não conseguiu contatar a curto prazo. Quais foram os motivos para sua decisão? Residem na natureza humana, que na maioria das vezes consiste de uma mixórdia complexa. Provavelmente o motivo principal foi de natureza humanitário-cristã, como se espera da filha de um pastor, dotada de inteligência, disciplina e incorruptibilidade que superam, de longe, a média dos políticos ocidentais: Merkel é completamente uma antiTrump. Presumivelmente, queria também dar uma chance aos alemães de mostrar, com uma grande ação simbólica, o quanto eles se distanciaram do espírito antiuniversalista de sua pior época. Isso, de fato, deu certo: a cultura de boas-vindas inicialmente exibida teve uma influência altamente positiva em seu prestígio mundial. Além disso, finalmente, pode ter contribuído o fato de que ela queria refutar sua imagem de "avessa ao risco e raramente criativa"[18] – nas democracias modernas, na maioria das vezes um pré-requisito para a carreira política –, como descrita em um telegrama do embaixador norte-americano em Berlim, Philip Murphy, publicado pelo *Wikileaks* de novembro de 2010. Mas só ingressa na história quando se empenha, por exemplo, em algo que não é popular, e quando se recusa a tomar o caminho de menor oposição. Pensa-se no apoio de Helmut Schmidt à resolução dupla da OTAN e na imposição da Agenda 2010[19] por Gerhard Schröder: ambas foram decisões corretas, e, nas duas vezes, a autoria lhes custou a condição de chanceler. Nisso reside o trágico na política, mas também a chance de viver na memória.

---

17. União Social-Cristã na Baviera – *Christlich-Soziale Union in Bayern*. (N. do T.)
18. Rohan, B. U.S. sees top German diplomat arrogant: WikiLeaks. Disponível em: <https://www.reuters.com/article/us-germany-wikileaks-idUSTRE6AR3EC20101129>. Acesso em: 12 out. 2019.
19. Trata-se de uma série de reformas planejadas e executadas por uma coalizão de sociais-democratas e membros do Partido Verde, que visavam melhorar o bem-estar social e as relações de trabalho. (N. do T)

Entretanto, uma consideração mais sóbria dificilmente contesta que a decisão de Merkel foi nobre, mas, em quatro aspectos, não foi refletida o suficiente. Estou consciente de que a crítica da parte de um teórico, que avalia as coisas posteriormente e não deve lidar com decisões sob pressão do tempo, é ordinária. Mas o problema é que a própria União Europeia trouxe a pressão temporal, pois deixou as coisas acontecerem e só reagiu em contramedidas. Durante meses preparava-se a saída de sírios dos campos de refugiados terrivelmente subfinanciados nos países vizinhos ao país abalado pela guerra civil. Em vez de apoiar o Alto Comissariado das Nações Unidas para os Refugiados, cujo orçamento, ainda em 2017, era de apenas 7,7 bilhões de dólares, esperou-se e, por fim, conduziu-se a uma política que, para um milhão de refugiados na Alemanha – isso é o número aproximado no fim de 2017 –, custa ao governo federal, estados e municípios cerca de 30 bilhões de euros[20]. Foi daí que partiu o fato de que a população não aceitou por muito tempo a situação e deu-se um enorme impulso aos partidos populistas de direita de toda a Europa – a situação pode ter influenciado até mesmo o voto do Brexit. Uma legislação abrangente, que tivesse vinculado uma imigração segundo as necessidades da Alemanha e da União Europeia com uma generosa aceitação de refugiados no sentido da convenção genebrina teria sido bem mais capaz de realizar um consenso duradouro da sociedade, pois os migrantes não teriam sido primariamente percebidos como fardos.

Em segundo lugar, não se realizou de fato uma discussão político--moral sobre as diferentes alternativas racionais. Certamente, houve inúmeros *talk shows*, mas as categorias morais e legais determinantes mal foram explicadas. Às vezes é discutido como se a Alemanha tivesse sido legalmente obrigada a acolher os refugiados em setembro de 2015, o que

---

20. Cf. a avaliação do íntegro e astuto ministro do Desenvolvimento alemão, Gerd Müller: Bok, W. *Die* Flüchtlingskosten sind ein deutsches Tabuthema. Disponível em: <https://www.nzz.ch/meinung/kommentare/die-fluechtlingskosten-sind-ein-deutsches--tabuthema-ld.1316333>. Acesso em: 13 out. 2019.

simplesmente não é o caso. A chanceler teve de se dirigir à nação em um grande discurso sobre os motivos morais e as consequências de sua decisão e, em especial, seus planos para confrontar claramente o futuro. Mas, presumivelmente, nem suas capacidades retóricas nem o limiar de atenção do público alemão foram o bastante para um prolongamento da grande tradição de discursos políticos, que tanto enriqueceu a política ocidental desde Péricles até Churchill. A discussão infeliz sobre o limite máximo, que cada vez mais degenera em cenas de um matrimônio desfeito, foi factualmente superficial, pois o direito de asilo alemão, de fato, não tem limite máximo. De qualquer maneira, apenas poucas pessoas poderiam basear sua estadia nele. A Convenção dos Refugiados, por outro lado, não obriga nenhum Estado a permitir refugiados no país. A recusa de um limite máximo despertou em muitos um sentimento de que, logo, todos poderiam vir. O debate, com isso, conduziu a uma polarização entre pessoas que concebem a política exclusivamente como representação dos interesses da própria nação, com plena indiferença pelo resto do mundo, e moralistas que não tiveram vontade de discutir a mistura acima recomendada de três estratégias, porque a repreensão a partir de critérios de eficiência turva a pureza da moral.

Em terceiro lugar, foi questionável que o parlamento não tenha reclamado de uma decisão tão essencial e com tantos custos (e talvez ainda mais questionável seja que a Câmara Baixa do Parlamento Alemão nem sequer reclamou disso). Independentemente de como se decide a questão de direito constitucional (a sentença do tribunal constitucional, no outono de 2018, diz respeito apenas ao direito de processo da *Alternative für Deutschland*[21]), foi politicamente imprudente não deixar o parlamento decidir. Isso teria dado maior legitimidade ao acolhimento dos refugiados e, dado o estado de ânimo de então no país, dificilmente haveria dúvida sobre uma maioria. É digno de menção que, nas tragédias de Ésquilo e Eurípides intituladas

---

21. Alternative für Deutschland – AfD, partido alemão de extrema direita. (N. do R.)

As suplicantes, o soberano se recusa expressamente a dar uma promessa de proteção antes que o povo tenha dado anuência a isso[22].

Em quarto lugar, finalmente, não é de surpreender que os outros países da União Europeia não tenham acompanhado (sim, também a Áustria logo mudou sua política), pois não foram consultados; eles não poderiam se comprometer com uma generosidade pela qual apenas a Alemanha e a Áustria haviam se decidido. Em termos de tática de negociação, o procedimento de Merkel dificilmente foi inteligente. Se ela tivesse permanecido firme à pressão dos migrantes na Hungria por um tempo (não estava bom para eles, mas suas vidas não estavam em perigo), talvez tivesse conseguido que os outros países da União Europeia participasse na distribuição dos refugiados, desde que a Alemanha assumisse a parte do leão. Todavia, após a admissão consumada, o poder de negociação da Alemanha ficou fraco. Embora o ministro da União Europeia, em setembro de 2015, tivesse decretado, com maioria qualificada, que cerca de 120 mil refugiados seriam redistribuídos na União Europeia, e essa decisão do Tribunal de Justiça Europeu tenha sido confirmada dois anos depois, contra a queixa da Hungria e da Eslováquia, no fim, apenas 33 mil foram redistribuídos[23], pois os Estados-membros não concordaram. Mesmo contra a o desprezo explícito da Hungria diante da sentença do tribunal, as possibilidades legais são bem limitadas – em princípio, havia a execução compulsória que, de todo modo, não foi aplicada, mas de modo algum a opção de cortar as subvenções da União Europeia à Hungria[24]. Mais uma vez, a impotência das instituições europeias se tornou clara.

---

22. Ésquilo. *Schutzflehende*, v. 397 ss. (trad. bras.: *As suplicantes*. In: Ésquilo. *Tragédias*. Trad. J. Torrano. São Paulo: Iluminuras, 2009); Eurípides, *Schutzflehende*, v. 394ss; 403 ss.
23. TAGESSCHAU.DE. Flüchtlinge in Europa. EU beginnt mit Umverteilung. Disponível em: <https://www.tagesschau.de/multimedia/video/video-123083.html>. Acesso em: 13 out. 2019.
24. Puche, K. Wenn Ungarn nicht spurt, kann die EU zwangsvollstrecken. Disponível em: <https://www.welt.de/politik/ausland/article168638394/WennUngarn-nicht-spurt-kann-die-EU-zwangsvollstrecken.html>. Acesso em: 13 out. 2019.

As dificuldades da União Europeia de chegar a um acordo sobre essas diferentes questões, certamente se relaciona com possibilidades financeiras distintas e também com tradições diversas: os países do centro-leste europeu possuem menos experiência com migrantes, sobretudo de outra religião, e frequentemente recuperam um nacionalismo que havia sido violentamente reprimido na época do Pacto de Varsóvia. Inversamente, há um moralismo no oeste europeu que desaprendeu a dizer não. Como os meios são limitados, é possível receber mais pessoas carentes de proteção quando se identificam e deportam aquelas que não o são, especialmente quando são criminosas. Traficantes de pessoas devem ser duramente castigados. A União Europeia deve, além disso, proteger suas próprias fronteiras. Na proteção de fronteiras marítimas, de todo modo, uma cooperação com os países do outro lado do mar é inevitável, ainda que alguns deles, como a Líbia, já não possuam um governo justo e que mesmo o acordo entre União Europeia e Turquia de março de 2016 tenha produzido a dependência em relação a um país que é mais provavelmente uma autocracia que uma democracia. O dever moral e jurídico de salvar pessoas em perigo de naufrágio, é claro, não deve ser posto em questão pelos duros problemas de política de migração.

    O problema da migração ocupará enormemente, nas próximas décadas, muitos países, pois é compreensível que as pessoas desejem não só salvar suas vidas, mas também deixar a pobreza para trás. E é um dever moral diminuir as desigualdades no mundo e, simultaneamente, é inescapável que países controlem suas fronteiras. Ao que me parece, a União Europeia é menos preparada para essa tarefa que países normais, por causa da falta de um regime de fronteiras internacionais após a supressão de fronteiras internas, e também devido aos pareceres muito diferentes dos Estados-membros sobre a política de migração. Isso não significa, de modo algum, uma contestação das verdadeiras proezas históricas que a União Europeia representa. O mais provável é que ela seja comparável ao Sacro Império Romano-Germânico, essa sublime instituição da Idade Média, que sem dúvida reduziu a violência na Alemanha durante séculos.

Mas, no contexto da grande crise histórica da Revolução Francesa e da coalizão e guerras napoleônicas, o Império desmoronou como um castelo de cartas e, em 1806, foi dissolvido, após o que foi demonstrado como totalmente incapaz de acompanhar a França em uma política uniforme. Pergunta-se, com receio, o que de fato a União Europeia faria se um de seus seis Estados-membros que não são, ao mesmo tempo, membros da OTAN – em particular a Finlândia ou a Suécia – fosse atacado (a eventualidade essencialmente mais dramática de um colapso da OTAN será dessa vez ignorada)[25]. O artigo 42, parágrafo 7, do Acordo da União Europeia contém uma cláusula de solidariedade inserida pela primeira vez por meio do Tratado de Lisboa. Mas não só a União Europeia não possui exército próprio como, ainda que os próprios exércitos nacionais fossem acrescentados, a União Europeia não é muito potente militarmente, sobretudo após a saída da Grã-Bretanha. Isso não vale só para os gastos militares, que no caso da França e da Alemanha são definitivamente altos, mas também para a compatibilidade de sistemas de armamentos dos países individuais, a logística, a uniformidade da política externa e a vontade de lutar, pois muitos países europeus simplesmente não podem conceber que a longa paz de que desfrutam há bons setenta anos não é uma lei da natureza, mas o resultado de empenhos sempre renovados. A supressão ou a suspensão do serviço militar em numerosos países europeus, nos primeiros anos do século XXI, pode ser um tanto compreensível, diante da fraqueza da Rússia, mas o fato de ter entrado em vigor em 2011, na Alemanha[26] – após a grande e bastante bem-sucedida reforma do exército russo, sob o ministro da defesa Anatoli Serdjukow, no cargo entre

---

25. Entende-se que a Rússia emitiu ameaças para o caso de a Suécia ou a Finlândia aderirem à OTAN: BENITEZ, J. Russia's Escalation of Hostile Actions Against Sweden and Finland. Disponível em: <https://www.libera.fi/blogs/russias-escalation-of-hostile-actions-against-sweden-and-finland/?lang=en>. Acesso em: 13 out. 2019.
26. Trata-se da suspensão do serviço militar obrigatório para homens na Alemanha. (N. do T.)

2007-2012 –, não foi, na verdade, nenhum movimento de mestre. Isso não foi uma boa postura, pois a falta de reflexão no que diz respeito à prontidão para agressividade de outros países infelizmente não reduz, mas aumenta o risco de guerra, pois paralisa a vontade de a dissuadir. A União Europeia, definitivamente, terá seu respeito perdido na arena internacional se, diante de um ataque a um Estado-membro que não pertence à OTAN, agir de forma tão precipitada e dividida quanto agiu no caso da crise migratória.

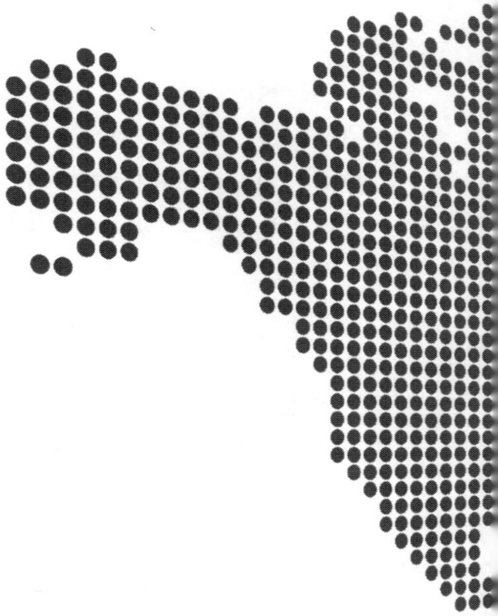

6
O FIM DA HEGEMONIA NORTE-AMERICANA, A ASCENSÃO DA CHINA E A NOVA RÚSSIA

O retorno do risco de uma guerra nuclear

A crise das democracias ocidentais e de seus fundamentos espirituais são particularmente perturbadores para as relações transatlânticas e para a União Europeia, pois o "Ocidente" tem seu lugar dentro de um complexo e aceleradamente transformado campo de força. O sonho de que os Estados Unidos poderiam garantir a ordem de um mundo monopolar com grande hegemonia, a qual precisava de uma globalização bem-sucedida e capaz de favorecer a todos, foi o mais tardar destroçado com Trump. Segundo cálculos, em 2050 apenas três das dez maiores economias nacionais serão ocidentais no sentido estrito – os Estados Unidos em terceiro, a Alemanha em nono, a Grã-Bretanha em décimo lugar, com China e Índia em primeiro e segundo lugar, respectivamente, e Indonésia, Brasil, Rússia, México e Japão do quarto ao oitavo lugar[1]. Pode bem ser que, em algumas décadas, também a Índia e o Brasil ocupem o lugar não só de potência regional, mas até mesmo de grande potência global. Todavia, a curto prazo, isso não será o caso. As enormes desigualdades sociais da Índia, intensificadas pelo milenar sistema de castas, e as oposições religiosas tornam uma adesão à modernidade essencialmente mais difícil que no caso da China, ainda que, desde 1992, uma política econômica racional tenha influenciado um crescimento econômico impressionante. E a corrupção que envolve quase todos os partidos políticos a curto prazo não o Brasil, que atualmente ameaça perder alguns dos consideráveis avanços das duas últimas décadas. Portanto, a curto prazo, restam apenas a China e a Rússia como potências mundiais além dos Estados Unidos. Digo "além dos Estados Unidos" e não "além dos Estados Unidos e da União Europeia" porque a União Europeia, como vimos, na qualidade de organização supranacional, não possui chance de se tornar uma grande potência. Isso só seria possível se houvesse uma transformação em um Estado federal. Isso deveria ocorrer inteiramente pelos próprios esforços, pois, apesar de todos os interesses opostos, em uma coisa Estados Unidos, China e Rússia estão de acordo: nenhum deles quer dividir o papel de potência mundial com uma quarta. A União Europeia deve querer ela mesma a ascensão a potência mundial, e não parece ser o caso atualmente. Há, hoje, um triângulo de potências globais, e suas relações são complicadas.

Para compreender o que aconteceu nos últimos anos, deve-se partir do seguinte. Todo aquele que se dedica às relações internacionais sabe que um momento perigoso na arena internacional surge quando o equilíbrio de poder é deslocado. Ou a potência em ascensão ou a potência até agora hegemônica podem chegar à conclusão de que uma guerra é inevitável. Isso ocorre seja para conseguir a posição que lhe compete, seja para

---

[1]. PwC GLOBAL. *The world in 2015. The long view: how will the global economic order change by 2050?* Disponível em: <https://www.pwc.com/gx/en/issues/economy/the-world-in-2050.html>. Acesso em: 14 out. 2019.

conservar a hegemonia de até então. Em alusão ao relato de Tucídides sobre a Guerra do Peloponeso entre Atenas e Esparta e, em particular, a passagem I, 23, alguns falam de "casos de Tucídides". O cientista político Graham Allison, de Harvard, por exemplo, publicou recentemente um livro intitulado *"Destined for War: Can America and China Escape Thucydides's Trap"?*[2]. Nele, o autor analisa dezesseis casos, desde o século XVI, em que uma potência em ascensão desafiou a hegemonia de outra; apenas em quatro casos uma guerra pôde ser evitada. Todavia, análises desse tipo servem de modo limitado para uma apreciação do futuro, pois o mundo se modificou nesse ínterim. Três fatores que inexistentes anteriormente eram: em primeiro lugar, o entrelaçamento da economia mundial; em segundo lugar, o bem-sucedido desenvolvimento contínuo, tanto da moral quanto do direito internacional (desde o Pacto Kellogg-Briand de 1928 e a proibição da violência na Carta das Nações Unidas); e, em terceiro lugar, o medo de uma guerra nuclear com consequências que excedem toda capacidade humana de representação. E, finalmente, não se pode deixar de fora o fato de que as pessoas aprendem com a história a evitar erros, mesmo quando parecem ser da natureza humana. De fato, o presidente Xi, em sua visita de chefe de Estado, em setembro de 2015, expressamente se referiu aos casos de Tucídides e exigiu que China e Estados Unidos os evitem[3].

Certamente, pode-se considerar uma das mais importantes máximas da política externa de Obama que ele tenha se esforçado de maneira

---

2. ALLISON, G.: *Destined for War. Can America and China Escape Thucydides's Trap?* Boston/New York: Houghton Mifflin Harcourt, 2017 (Trad. bras.: *A caminho da guerra os Estados Unidos e a China conseguirão escapar da Armadilha de Tucídides?* Trad. Cassio de Arantes Leite. Rio de Janeiro: Intrínseca, 2020). Uma versão resumida do livro já aparece em 2015, no jornal *The Atlantic*: ALISSON, G. The Thucydides Trap: Are the U.S. and China Headed for War?. Disponível em: <https://www.theatlantic.com/international/archive/2015/09/united-states-china-war-thucydides-trap/406756/>. Acesso em: 12 out. 2019.
3. ZUE, Z. Xi talks of rough navigation spots. Disponível em: <http://www.chinadaily.com.cn/world/2015xivisitus/2015-09-26/content_21990302.htm>. Acesso em: 14 out. 2019.

consistente por relações estáveis e o mais cooperativas possível com a China[4]. Foi o primeiro presidente dos Estados Unidos que, em seu primeiro ano de mandato, visitou a China, embora a crise financeira o tenha inicialmente prendido em tarefas de política interna e ele, anteriormente, nunca tenha entrado na China. Mas Obama logo declarou que a relação bilateral mais importante do século XXI seria entre Estados Unidos e China, e aprovou várias vezes, publicamente, a ascensão da China. O economista norte-americano Fred Bergsten já falava, em 2005, de um "G2" ("Grupo dos dois países", a saber, Estados Unidos e China), mas o termo foi mais divulgado só em 2009, quando foi empregado positivamente na celebração dos trinta anos do estabelecimento de relações diplomáticas entre os Estados Unidos e a China, por Zbigniew Brzezinski, ex-conselheiro de segurança nacional do ex-presidente norte-americano Jimmy Carter – assim como pelo então presidente do Banco Mundial Robert Zoellick. Xi foi secretário-geral do Partido Comunista da China em 2012 e presidente do país em 2013 – ao fim de seu mandato, Obama o encontrara não menos que onze vezes.

A prontidão dos Estados Unidos para lidar com a China em termos iguais resulta de uma apreciação sóbria do poder da China. Não só o país é o mais populoso do mundo, mas seu território é o quarto maior do mundo; em 2016, a China se tornou o país com o maior PIB por paridade de poder de compra (PIB PCC). Esse valor mais que octuplicou de 1980 a 2016, e as taxas de crescimento anuais são sempre maiores que 6%[5] (*per capita*, porém, o PIB PCC em 2017 foi menos impressionante, segundo

---

4. Cf. o artigo de Cheng Li, a que devo muitas informações: Li, C. Assessing U.S.-China relations under the Obama administration. Disponível em: <https://www.brookings.edu/opinions/assessing-u-s-china-relations-under-the-obama--administration/>. Acesso em: 14 out. 2019.
5. Umersbach, B. China: Wachstum des realen Bruttoinlandsprodukts (BIP) von 2008 bis 2019 (gegenüber dem Vorjahr). Disponível em: <https://de.statista.com/statistik/daten/studie/14560/umfrage/wachstum-des-bruttoinlandsprodukts--in-china/>. Acesso em: 14 out. 2019.

cálculos do FMI[6]). Desde 2013, a China é a maior nação comercial[7]. É, especialmente, é o maior credor dos Estados Unidos e possui as maiores reservas monetárias. Também é responsável pelo maior consumo de energia e pelas maiores emissões de CO_2.[8] No entanto, em 2017 também os investimentos em energias renováveis atingiram quase o dobro dos investimentos de Estados Unidos e União Europeia[9]. Os gastos militares são o segundo maior do mundo, atrás dos Estados Unidos. Em 2017, pela primeira vez, mais estudos técnicos de ciência natural foram publicados por chineses do que por norte-americanos. Nas publicações mais citadas, todavia, a China segue os Estados Unidos e a União Europeia, ainda assim bem próxima. Também os gastos com pesquisa e desenvolvimento nos Estados Unidos, em 2015, foram um quarto mais elevados do que na China, embora a China continue crescendo[10].

A política externa da China é complicada, pois possui vizinhos com os quais tradicionalmente mantém tensões, como o Japão, a Coreia do Sul, as Filipinas e o Vietnã. Desses, os três primeiros são aliados dos Estados Unidos. Sobretudo a recusa da China a reconhecer a sentença do Tribunal Permanente de Arbitragem, de julho de 2016, em benefício das

---

6. WIKIPEDIA. List of countries per GDP (PPP) per capita. Disponível em: <https://en.wikipedia.org/wiki/List_of_countries_by_GDP_(PPP)_per_capita#cite_note--IMF_2017-4>. Acesso em: 14 out. 2019.
7. FAZ. China ist jetzt die grösste Handelsnations der Welt. Disponível em: <https://www.faz.net/aktuell/wirtschaft/exportweltmeister-china-ist-jetzt-die-groesste--handelsnation-der-welt-12745612.html>. Acesso em: 14 out. 2019.
8. ENERDATA. *Global Energy Statistical Yearbook 2019*. Disponível em: <https://yearbook.enerdata.net/total-energy/world-consumptionstatistics.html>. Acesso em: 14 out. 2019.
9. DEUTSCHE WELLE. Erneubare energien: China übernimmt Europas Vorreiterrole. Disponível em: <https://www.dw.com/de/erneuerbare-energien-china-%C3%BCbernimmt-europas-vorreitterrolle/a-42291799>. Acesso em: 14 out. 2019.
10. TOLLEFSON, J. China declared world's largest producer of scientific articles. Disponível em: <https://www.nature.com/articles/d41586-018-00927-4>. Acesso em: 14 out. 2019.

Filipinas, agravou a situação no mar do sul da China. Também as relações da China com a Índia, país que ela derrotou em 1962, em uma guerra de fronteira, permanece tensa, diferentemente do Paquistão, como no caso de Doklam, em 2017. Contudo, o projeto *"One Belt, one Road"*[11] – popularmente chamado "Nova Rota da Seda" – é uma tentativa impressionante de expandir a influência econômica e, irremediavelmente, também política da China por toda a Eurásia e África (devido a dificuldades de financiamento, no entanto, o projeto emperrou). Não apenas na Ásia Central e na África a China financiou muito o desenvolvimento e, sem dúvida, contribuiu para o crescimento econômico de alguns países africanos nos últimos dez anos – ainda que a China importe, sobretudo, recursos da África e forneça, em troca, produtos acabados como têxteis, que frequentemente danificam a indústria local. Também no sudeste da Europa, os investimentos chineses são consideráveis. O inconveniente não é apenas que, por exemplo, o porto ateniense de Pireu esteja, enquanto isso, em grande parte em mãos chinesas, mas também que, assim como muitos países africanos, também a Mongólia, Laos, Quirguistão, Tadjiquistão, Paquistão, Maldivas, Djibuti, onde a China mantém uma base militar, e Montenegro têm enormes dívidas com a China e, por isso, são dependentes dela[12]. Por isso, já Obama tinha em vista, com sua nova orientação da política externa norte-americana ao Pacífico mais populoso e não para a região atlântica, conter a China – isso foi uma das ideias por trás da

---

11. "Um cinturão, uma estrada", expressão em inglês, no original. Trata-se de uma estratégia de desenvolvimento eurasiana adotada pelo governo chinês para fins de comércio e intercâmbio cultural. (N. do T.)

12. HURLEY, J.; MORRIS, S.; PORTELANCE, G. Examining the Debt Implications of the Belt and Road Initiative from a Policy Perspective. Disponível em: <https://www.cgdev.org/sites/default/files/examining-debt-implications-belt-and-road-initiative--policy-perspective.pdf>. Acesso em: 14 out. 2019. Sobre Montenegro, ver: BARKIN, N.; VASOCIV, A. Chinese "highway to nowhere" haunts Montenegro. Disponível em: <https://www.reuters.com/article/us-china-silkroad-europe-montenegro-insi/chinese-highway-to-nowhere-haunts-montenegro-idUSKBN1K60QX>. Acesso em: 14 out. 2019.

chamada política do "pivô"[13]. Todavia, a contenção esteve ligada a uma cooperação multilateral, por exemplo, no âmbito da Parceria Transpacífica, à qual a China havia sido convidada originariamente em 2012, contudo na esperança de que ela iria entrar só mais tarde, depois que um acordo de livre-comércio tivesse sido elaborado segundo as concepções dos Estados Unidos[14]. Com a retirada dos Estados Unidos da parceria imediatamente após a posse de Trump, esse projeto de uma presença econômica mais forte dos Estados Unidos na Ásia, sem dúvida, fracassou. Com isso, pode-se supor que a China poderá utilizar isso como chance de uma expansão ainda maior.

Todos esses sucessos incontestáveis não devem iludir a respeito dos defeitos da China. A situação dos direitos humanos, como se sabe, é ruim, especialmente nas regiões não habitadas pelos chineses da etnia han[15], como Xinjiang e o Tibet. Em 2016, quanto à expectativa de vida, a China ainda ocupava o 102º lugar (em uma lista de 224 países e territórios)[16]. O crescimento econômico se baseia, em grande parte, na energia do carvão; a eficiência energética foi baixa durante muito tempo e a qualidade

---

13. Ela foi bem apresentada por um de seus arquitetos: CAMPBELL, Kurt. *The Pivot. The Future of American Statecraft in Asia*. New York: Hachette, 2016. Uma crítica à política do pivô se encontra, por exemplo, no seguinte artigo: FORD, J. The Pivot to Asia was Obama's Biggest Mistake. Disponível em: <https://thediplomat.com/2017/01/the-pivot-to-asia-was-obamas-biggest-mistake/>. Acesso em: 14 out. 2019.
14. HSU, S. China and the Trans-Pacific Partnership. Might China be interested in joining the TPP at some point? Disponível em: <https://thediplomat.com/2015/10/china-and-the-trans-pacific-partnership/>. Acesso em: 14 out. 2019. Sobre os erros no trato com a China, ver: YE, M. China liked TPP – Until U.S. Officials Opened Their Mouths. Disponível em: <https://foreignpolicy.com/2015/05/15/china-liked-trans-pacific-partnership-until-u-s-officials-opened-their-mouths-trade-agreement-rhetoric-fail/>. Acesso em: 14 out. 2019.
15. Han é um grupo étnico da China. Da população chinesa, 92% são han; da população de Taiwan, 97% são han. Os chineses da etnia han compõe 19% da população total do mundo. (N. do T.)
16. CIA. *The World Factbook. Country Comparison: Life Expectancy at Birth*. Disponível em: <https://www.cia.gov/library/publications/the-world-factbook/rankorder/2102rank.html>. Acesso em: 14 out. 2019.

do ar e da água é, geralmente, muito ruim. Calcula-se que, anualmente, mais de um milhão de pessoas morrem prematuramente devido às condições ambientais; e o Ministério de Proteção Ambiental da República Popular da China[17] estimou, em 2010, os próprios custos da destruição ambiental em 3,5% do PIB, ainda que sejam, na verdade, substancialmente mais altos. Os problemas ambientais são uma das causas principais para os protestos da população[18]. A elevação do envelhecimento populacional da sociedade, por causa da política forçada de um filho por casal, ainda acarretará enormes custos em consequências sociais, também porque essa política produziu um costume demográfico que, ao menos até agora, parece difícil de modificar, mesmo após a revogação da interdição de ter mais de um filho, em 2015. Também chama a atenção que muitos chineses abandonam o país e que em particular as elites chinesas mandam seus filhos para estudar no exterior[19].

Apesar de tudo, a rápida ascensão da China é uma das grandes proezas políticas das últimas quatro décadas. Após as humilhações nacionais, por europeus e japoneses, da metade do século XIX até a metade do século XX e após as desorientações sob o domínio de Mao Tsé-tung, sobretudo durante o Grande Salto Adiante (com a maior catástrofe de fome da humanidade, entre 1959-1961) e a Revolução Cultural[20], o país

---

17. O ministério foi dissolvido em 2018 e hoje chama-se Ministério de Ecologia e Meio Ambiente. (N. do T.)
18. ALBERT, E.; XU, B. China's Environmental Crisis. Disponível em: <https://www.cfr.org/backgrounder/chinas-environmental-crisis>. Acesso em: 14 out. 2019.
19. XIANG, B. Emigration Trends and Policies in China: Movement of the Wealthy and Highly Skilled. Disponível em: <https://www.migrationpolicy.org/research/emigration-trends-and-policies-china-movement-wealthy-and-highly-skilled>. Acesso em: 14 out. 2019.
20. O Grande Salto Adiante (1958-1960) foi uma tentativa de reforma agrária forçada e de desenvolver a China industrialmente em tempo recorde, tendo como consequência, no entanto, a Grande Fome Chinesa (1959-1961). Considera-se que tenha sido causa de dezenas de milhões de mortes. A Revolução Cultural (1966-1976), por sua vez, foi um movimento sociopolítico em resposta à insatisfação com o

se desenvolveu econômica e cientificamente de maneira contínua e veloz. Um aspecto talvez seja mais impressionante que os meros dados. Quem se comunica com chineses tem a impressão de uma cultura com uma autoconfiança vital, hoje algo que escapa, na maioria das vezes, aos europeus, e com uma consciência de tradição que deve faltar aos norte-americanos, pois sua história possui menos de 250 anos, ao passo que a da China possui ao menos 3 mil anos, e a ideia (nem sempre a realidade) de um império chinês unitário possui mais de 2 mil anos. Quem quer tirar algo da tese da filosofia da história de Hegel, segundo a qual as nações que lideram espiritualmente se sucedem em um contínuo movimento ao oeste, da China ao Ocidente, pode remeter ao fato de que, após a hegemonia dos Estados Unidos, um retorno ao país do início, a China, é apropriado, pois a Terra é redonda.

Certamente, a China não é nenhuma democracia, mas uma oligarquia com cada vez mais traços monocráticos (eles se desenvolveram de maneira bem análoga à Rússia sob o governo de Putin). Desde Mao Tsé-tung, não havia ocorrido concentração de poder tão considerável quanto agora, sob Xi, que pôde suprimir muitos inimigos, acusando-os de corrupção, sem dúvida um mal de uma economia nacional que ameaça a legitimidade do governo do Partido Comunista que, no entanto, é usado em uma disputa de poder intrapartidária. O partido ainda celebra ideias comunistas, mas, na verdade, administra uma "economia socialista de mercado", cujos sucessos notáveis diferem radicalmente de um socialismo como o da Venezuela, por exemplo. Tais êxitos de modo algum conduzirão automaticamente a uma democratização. Por mais que a democracia seja mais conforme aos critérios processuais de justiça procedimentais do que formas de estado não democráticas, os critérios de legitimidade de um sistema político não se reduzem à participação política. Um sistema político deve resolver tarefas materiais; e quem, sob o véu da ignorância – ou seja, sem saber

---

Grande Salto Adiante, e também forma de eliminar a oposição. Foi marcada por intensa repressão política. (N. do T.)

em qual estrato social nasceria –, devesse escolher se preferiria vir ao mundo na Índia ou na China, presumivelmente escolheria a China, onde a expectativa de vida e o PIB nominal *per capita* são consideravelmente maiores e muito menos pessoas vivem em pobreza absoluta. Mesmo comparando com democracias ocidentais, alguns chineses reconhecem vantagens de seu sistema atual (muitas vezes eles recalcam o desastre que o país teve de suportar sob Mao Tsé-tung, uma consequência natural de uma ditadura de partido único). Comparados aos da União Europeia, as decisões chinesas são rápidas e os planos estratégicos são contínuos, de longo prazo e não meramente reativos; em comparação com os Estados Unidos, a ascensão de pessoas totalmente incompetentes a cargos elevados é mais difícil. Ao menos o último fator foi um argumento que desempenhou importante papel no contexto da disputa eleitoral norte-americana de 2016[21]. Também chineses orientados ao Ocidente declaram, após as eleições de 2016, que são orgulhosos do fato de seu país ser regido por um presidente evidentemente mais competente. Quando dei cinco palestras sobre moral e política na Universidade Fudan, em Xangai, e, na ocasião, busquei recomendar a democracia, havia um colega chinês brilhante que havia se doutorado em uma universidade de elite norte-americana e, depois, dado aula por vários anos nos Estados Unidos. Ele retornou à terra natal como um patriota chinês e me perguntou, ironicamente, se a democracia, portanto, também seria recomendada se Sarah Palin tivesse se tornado vice-presidente dos Estados Unidos. Naquele tempo, pude replicar que ela jamais poderia ser eleita. Todavia, o que se pode retrucar, hoje? De todo modo, uma coisa é clara: não há automatismo que conduza do desenvolvimento econômico mais bem-sucedido à democracia. A democracia foi imposta ao Japão pelos Estados Unidos após a derrota na Segunda Guerra Mundial; na Coreia do Sul, foi importante a contribuição da forte

---

21. STRITTMATTER, K. Die US-Wahl hilft der kommunistischen Propaganda. Disponível em: <https://www.sueddeutsche.de/kultur/china-vs-usa-ueberall-nurlug-und--trug-1.3233752>. Acesso em: 14 out. 2019.

presença de igrejas cristãs para o processo de democratização. É uma ilusão acreditar que, na China, uma democracia seria adotada em sintonia maior ou menor com posteriores triunfos econômicos, sobretudo se as fraquezas das democracias ocidentais se tornarem cada vez mais visíveis.

Na competição dos sistemas políticos, o Ocidente só vencerá se, além da superioridade processual, também se mostrar ao menos como aproximadamente do mesmo nível em termos materiais. Caso contrário, a democracia dificilmente se revelará como estável evolutivamente. Em todo caso, não há alternativa a uma cooperação contínua, apesar de todas as oposições de interesse, entre os Estados Unidos e a China – sem isso, os problemas globais não serão resolvidos. Em novembro de 2014, por exemplo, Obama e Xi declararam juntos a intenção de reduzir as emissões de CO_2 de seus países desde agora ao mais tardar até 2030 – a atuação em comum possuiu um alto efeito simbólico[22]. Todavia, a ideia do G2 é uma faca de dois gumes. Já houve, uma vez, uma era de duas superpotências – daquela vez, porém, eram os Estados Unidos e a União Soviética, cujo país sucessor, a Rússia, não estava, por motivos compreensíveis, deleitada com a nova diarquia. Já falamos sobre as forças de política interna que fizeram Trump chegar ao poder. No entanto, não se compreende essa eleição quando não se percebem as ideias de política externa que o impeliram e o enorme interesse que a Rússia teve em sua entrada na Casa Branca. Entre as poucas ideias a que Trump foi capaz de se ater, estava, desde o início, a ideia de substituir a diarquia de Estados Unidos e China pela de Estados Unidos e Rússia. O que, precisamente, o motivou, é difícil de dizer, já que a Rússia é inferior à China, tanto militar quanto cientificamente. Todavia, talvez seja o sentimento de que a Rússia não poderia vir a ameaçar a posição econômica dos Estados Unidos. Além

---

22. Podesta, J. The U.S. and China Just Announced Important New Actions to Reduce Carbon Pollution. Disponível em: <https://obamawhitehouse.archives.gov/blog/2014/11/12/us-and-china-just-announced-important-new-actions-reduce--carbon-pollution>. Acesso em: 14 out. 2019.

disso, preconceitos racistas podem ter desempenhado um papel; os russos são cultural e religiosamente mais próximos dos norte-americanos. Finalmente, ainda pode ter colaborado o desejo de destruir o legado de Obama também no que tange à política externa.

Quaisquer tenham sido os motivos, agora é bem claro de que Trump, desde o início, planejou uma revisão da cooperação na política externa, e que isso era muito bem conhecido pelos russos, que havia anos faziam contato com ele e com seu entorno, e que contribuíram para que ele pudesse entrar na Casa Branca, em vez de Clinton. Se Trump é sujeito a chantagem dos russos – seja por causa de vídeos vergonhosos, como observou o ex-agente do serviço secreto britânico, Christopher Steele[23], seja por causa de créditos russos que o salvaram da bancarrota, seja devido a ambos –, não sabemos, a história o mostrará. Marcante, de todo modo, é a atitude de Trump no encontro com Putin em julho de 2018, em Helsinque, no qual se comportou como uma criança que ia apanhar a bola lançada por Putin e declarou que, relativamente à tese de uma intromissão russa na disputa eleitoral, acredita mais em Putin do que no próprio serviço secreto norte-americano. O ex-chefe da CIA, Brennan, designou o comportamento de Trump como "altamente traiçoeiro"[24]. No mínimo, foi extremamente suspeito. De junho a agosto de 2016, Paul Manafort, um conselheiro político internacional, conduziu a campanha eleitoral de Trump; entre seus clientes, incluem-se o ex-ditador filipino Ferdinand Marcos, o cleptocrata Mobutu Sese Seko, do Zaire (hoje, República Democrática do Congo), o genocida da Guerra Civil angolana, Jonas Savimbi, e, nos últimos anos, o amigo dos russos, Víktor Yanukóvytch, cuja disputa eleitoral Manafort respaldou com sucesso – ele

---

23. HARDING, L. How Trump walked into Putin's web. Disponível em: <https://www.theguardian.com/news/2017/nov/15/how-trump-walked-into-putins-web-luke>. Acesso em: 14 out. 2019.
24. BRENNAN, J. O. Donald Trump's Press Conference. Disponível em: <https://twitter.com/johnbrennan/status/1018885971104985093?lang=de>. Acesso em: 14 out. 2019

se tornou presidente da Ucrânia em 2010 e roubou alguns bilhões do erário. Sua queda, em 2014, pela própria população (ele conseguiu fugir para a Rússia), antecedeu imediatamente a anexação da Crimeia pela Rússia e a guerra no leste da Ucrânia.

Ações foram apresentadas contra Manafort em outubro de 2017, entre outros motivos, por conspiração contra os Estados Unidos, lavagem de dinheiro, sonegação de impostos, falso-testemunho; em 2018, vieram novas ações, por exemplo, por influência sobre testemunhas. Em agosto de 2018, ele foi declarado culpado por diversos crimes. Manafort, que, devido a seu estilo de vida luxuoso, ficou altamente endividado com oligarcas russos, encontrou-se, em julho de 2016, acompanhado do filho e do genro de Trump, com a advogada russa e representante de interesses do governo russo, Natalia Wesselnizkaja, que ofereceu material incriminador contra Clinton. Manafort não foi o único da equipe de Trump a manter relações ilegais com a Rússia. Após apenas 24 dias, o primeiro conselheiro de segurança de Trump, o ex-general Michael Flynn, teve de renunciar, pois mentira sobre um telefonema com o embaixador russo, em que fez acordos ilegais. Entretanto, foi investigado se Flynn também trabalhou para o governo turco, que supostamente esteve disposto a lhe pagar até 15 milhões de dólares pela extradição do pregador Fethullah Gülen[25] – a propósito, um homem que possui um *green card*, ou seja, o direito ilimitado de residência nos Estados Unidos. Flynn não foi condenado legalmente por isso, mas não se perde a impressão de que a necessidade de uma mesada adicional não detém, hoje, nem mesmo as autoridades mais importantes dos Estados Unidos, de trabalhar, simultaneamente, para países antes não considerados equivalentes aos Estados Unidos. Vem à mente a proclamação do numídico Jugurta (que, por meio da corrupção de políticos romanos, por muito

---

25. Lee, C. E.; Ainsley, J. Mueller Probing Possible Deal Between Turks, Flynn During Presidential Transition. Disponível em: <https://www.nbcnews.com/news/us-news/mueller-probing-possible-deal-between-turks-flynn-during-presidential-transition-n819616>. Acesso em: 14 out. 2019.

tempo causou problemas a eles) sobre Roma: "Ó cidade subornável, que logo perecerá, se encontrar apenas um comprador!"[26].

Talvez o comentário mais infeliz de Obama durante seu mandato tenha sido a observação depreciativa, após a anexação da Crimeia, de que a Rússia não é nenhuma ameaça para os Estados Unidos, por se tratar, atualmente, apenas de uma "potência regional"[27]. O comentário não foi apenas insensato como observação pública, pois atinge o orgulho nacional de um país que, há um quarto de século, contava como uma das duas superpotências; foi também objetivamente falso, como se mostrou, entre outras coisas, pelo fato de que, dois anos depois, a Rússia foi capaz de contribuir para levar um charlatão genial ao cargo de presidente dos Estados Unidos. Deve-se confessar: nada mal para uma potência regional! De fato, não se pode contestar que a Rússia, posteriormente, ansiou com toda a força por retornar à condição de superpotência – agora, forçada à condição de terceira potência, junto com Estados Unidos e China –, e que, sob Putin, mostrou grande êxito. Também não se pode questionar que é um erro perigoso subestimar a Rússia. De fato, é bem disseminada a concepção de que a China é, de longe, o desafio mais perigoso do Ocidente porque sua população é bem maior e sua economia é muito mais forte. Todavia, se isso é também verdade a longo prazo, na minha opinião há motivos fortes, a curto e a médio prazo, para levar muito mais a sério a ameaça que parte da Rússia. Por quê?

Um motivo é, paradoxalmente, que a Rússia não é apenas economicamente mais fraca que a China, mas, globalmente e em comparação, perdeu muito em força. Isso se aplica especialmente ao crescimento

---

26. SALÚSTIO. *Der Krieg mit Jugurtha*, 35.10. (Trad. bras.: *Obras. Guerra catilinária/ Guerra jugurtina*. Rio de Janeiro: Ediouro, 1990.)
27. WILSON, S. Obama dismisses Russia as "regional power" acting out of weakness. Disponível em: <https://www.washingtonpost.com/world/national-security/obama-dismisses-russia-as-regional-power-acting-out-of-weakness/2014/03/25/1e5a678e-b439-11e3-b899-20667de76985_story.html?utm_term=.def49cd4b8e2>. Acesso em: 14 out. 2019.

demográfico: sem uma promoção intensa à imigração, algo que não é facilmente tolerado pelo atual nacionalismo russo, a população encolherá até 2050. Mesmo com imigração mais acentuada, a qualidade da força de trabalho cairá, como os migrantes bem provavelmente terão uma formação pior[28]. Isso significa, sem dúvida, que o tempo não trabalha para a Rússia. *Se* a Rússia quer modificar a atual distribuição do poder, então não pode esperar mais. Para a China, ao contrário, o tempo trabalha a favor. É quase inevitável que sua posição de poder relativa na arena internacional, nas próximas décadas, irá se elevar ainda mais. Sim, a enorme racionalidade econômica da China intimidará o país a pensar em uma grande guerra – ela tem muito mais a perder que a Rússia. E, por fim, a China não segue nenhuma ideologia revanchista. Não há territórios que deverão ser buscados de volta (além de Taiwan); e a época de humilhação pelo estrangeiro já está tão para trás que já não há a necessidade de vingança.

Na Rússia, é diferente, como demonstrou, em 2014, o restabelecimento da recuperação de antigo território soviético (já anteriormente, partes da República da Moldávia e da Geórgia caíram sob controle russo). A Rússia, até agora, anexou apenas a Crimeia, mas o reconhecimento do passaporte das repúblicas populares de Donetsk e de Lugansk[29], a introdução do rublo e a concessão de passaportes russos aos moradores dessas repúblicas sugerem que também esses domínios devem ser anexados pela Rússia em uma ocasião oportuna (embora a Rússia, no Memorando de Budapeste sobre Garantias de Segurança, de 1994, tenha se comprometido com a defesa da soberania da Ucrânia). Se uma expansão posterior ocorrerá na Ucrânia, não sabemos; ela provavelmente seria facilitada se o fornecimento de gás da Rússia à Europa já não fosse realizado por meio da

---

28. ALEKSASHENKO, S. The Russia economy in 2050: Heading for labor-based stagnation. Disponível em: <https://www.brookings.edu/blog/up-front/2015/04/02/the-russian--economy-in-2050-heading-for-labor-based-stagnation/>. Acesso em: 14 out. 2019.
29. Trata-se de dois Estados autoproclamados no leste da Ucrânia, fazendo fronteira com a Rússia. Foram consequência de revoluções populares no final de 2013 que resultaram na deposição do então presidente ucraniano, Víktor Yanukóvytch. (N. do T.)

Ucrânia, mas pelo planejado gasoduto Nord Stream 2, por meio do Mar Báltico[30], contra o qual alguns falam tanto por esse motivo geopolítico quanto por motivos econômicos. Em meu pequeno livro, *Russland 1917-2017*[31] [Rússia 1917-2017], indiquei as constantes que conectam a Rússia pós-soviética com a Rússia soviética e esta, com a Russa czarista, bem como a natureza do atual sistema político. Entre as constantes russas, estão: um ceticismo profundamente arraigado diante de valores burgueses, como eficiência econômica e a separação dos poderes; um desprezo pela covardia e, em vez dessa, uma elevada apreciação do autossacrifício, tanto em sua forma mais nobre como em sua forma violenta (por isso, só se pode esperar que, nesse ínterim, a corrupção das elites russas tenha se fixado no desejo de gozar, sem perturbações, daquilo adquirido ilegalmente até a idade avançada). Tal cultura, se necessário, pode se apoiar em uma enorme capacidade de sofrimento da própria população – o que, em caso de guerra, é bem mais importante que a eficácia econômica. A humilhação que reside no fato de não ser particularmente bem-sucedida economicamente (pois a Rússia exporta, primariamente, recursos e, habitualmente, só se impôs no mercado mundial com exportação de armas) pode, então, ser superada quando se entra em um nível de confronto que não é de natureza primariamente econômica. Além disso, desde 1998, a Rússia elevou constantemente seus gastos militares. Em 2017, contudo, eles caíram pela primeira vez, e, ainda assim, por volta de 20%. Todavia, isso não foi culpa da queda da economia, mas em parte por causa do preço do petróleo, em parte por causa das sanções ocidentais completamente bem-sucedidas desde 2014. Com isso, a Rússia caiu do terceiro ao quarto lugar (atrás de Estados Unidos, China e Arábia Saudita) em termos de quantidade absoluta de gastos militares. Ao mesmo tempo, não se esqueça

---

30. Benz, M. "Die Umgehung der Ukraine ist ein geopolitischer Schachzug Putins". Disponível em: <https://www.nzz.ch/wirtschaft/die-umgehung-der-ukraine-istein--geopolitischer-schachzug-putins-ld.1414409>. Acesso em: 14 out. 2019.
31. Hösle, Vittorio. *Russland 1917-2017. Kultur, Selbstbild und Gefahr*. Basel: Schwabe, 2017.

de que a mesma quantia, em dólares, pode comprar essencialmente mais prestação de serviços militares do que no Ocidente. Proporcionalmente à porcentagem do PIB, os gastos russos de 4,3%, são sem dúvida ainda mais que o dobro dos da China e um terço mais elevados que os dos Estados Unidos[32]. Os gastos se aplicaram, entre outras coisas, a uma modernização bem extensa do arsenal nuclear. E, quando se comparam as forças armadas russas com as europeias, não se pode esquecer de que os países europeus da OTAN utilizam, frequentemente, sistemas de armamento bastante distintos uns dos outros e que o transporte pelas fronteiras terrestres, no caso de guerra, consumiria muito tempo – sem mencionar a condição atual das forças armadas da Alemanha, que não estão particularmente prontas para a defesa, seja do ponto de vista técnico, seja no aspecto psicológico.

Crucial, no entanto, é o sentimento dos russos de terem sido enganados no fim da Guerra Fria. Esse sentimento, infelizmente, não é improcedente, e, nas interlocuções absolutamente necessárias com a Rússia, isso deve também ser reconhecido. A enorme generosidade de Gorbatchev com o Ocidente não foi retribuída de modo apropriado, e, ainda que o caos ideológico e econômico da Rússia após a dissolução da União Soviética – pelo que não o Ocidente, mas Boris Iéltsin foi responsável – não tenha tornado fácil ajuda eficiente, deve-se repreender o Ocidente por ter deixado a Rússia desamparada, diferentemente dos países do centro-leste europeu[33]. A tremenda humilhação nacional que consistiu em ter caído do *status* de uma superpotência ao nível de um país em desenvolvimento sob a guarda de outros países, ao menos no que diz respeito à economia, indica notáveis analogias com a Alemanha ao fim da Primeira Guerra Mundial. As visões de política externa da Rússia quase não seriam levadas em consideração, e, enquanto às vezes houve bons motivos para isso

---

32. TIAN, N. et al. Trends in World Military Expenditure, 2017. Disponível em: <https://www.sipri.org/sites/default/files/2018-05/sipri_fs_1805_milex_2017.pdf>. Acesso em: 14 out. 2019.

33. Cf. o relatório de testemunha ocular feito por SACHS, J. *A New Foreign Policy. Beyond American Exceptionalism*, op. cit, 69 ss.

(diante da própria história e da história russa, o desejo de países do centro-leste europeu de ingressar na OTAN foi compreensível), por exemplo, tanto a queda de Muammar al-Gaddafi quanto a violação de um acordo com a Rússia foram factualmente irresponsáveis. Isso também se aplica à intervenção oculta dos Estados Unidos na Síria. Com toda a compreensão pela necessidade de segurança do centro-leste europeu, o Ocidente não era autorizado a se esquecer de que também a Rússia possui uma história traumática de sofrimentos devido ao ataque de outros países – na última vez, pela Alemanha, em 1941. O monocrata atual da Rússia, Putin, vivenciou pessoalmente em Dresden, em 5 de dezembro de 1989, o fracasso da potência soviética. Ele pôde, com a ameaça de uso de armas, impedir uma pilhagem da mansão da KGB, após a mansão da Stasi ter sido tomada de assalto; todavia, ao chamar um grupo de tanques do Exército Vermelho, pedindo ajuda, recebeu a resposta de que não se poderia fazer nada sem a ajuda de Moscou, e Moscou silenciou[34]. Psicologicamente, certamente isso produziu a vontade de, no futuro, não deixar Moscou silenciar. A concordância fundamental dessa vontade individual com a vontade coletiva dos russos é o que explica sua popularidade incontestável. Além disso, contribuíram a superação, por Putin, do caos econômico da época de Iéltsin e a recuperação da estabilidade.

Em fevereiro de 2018, o ministro de Relações Exteriores holandês Halbe Zijlstra precisou renunciar, por ter afirmado falsamente que havia ouvido Putin declarar, em um encontro em 2006, que ele aspirava a uma Rússia maior, com inclusão da Ucrânia, Belarus e os países bálticos. Certamente, é importante que Zijlstra tenha permanecido fiel à exatidão do que declarou – só que ele mesmo não estava lá, mas uma fonte que ele não era autorizado a revelar[35]. Certamente, a renúncia por causa da

---

34. Bowlby, C. Vladimir Putin's formative German years. Disponível em: <https://www.bbc.com/news/magazine-32066222>. Acesso em: 14 out. 2019.
35. Deutsch, A. Dutch foreign minister quits after lying about Putin meeting. Disponível em: <https://www.reuters.com/article/us-netherlands-russia/dutchforeign-minister-quits-after-lying-about-putin-meeting-idUSKBN1FX1FG>. Acesso em: 14 out. 2019.

falsidade é inevitável. Mas a falsidade parcial não deve ser ocasião para não se reparar na verdade parcial. Não só em seu discurso de 25 de abril de 2005 Putin declarou que a dissolução da União Soviética foi uma grande catástrofe geopolítica[36]; em março de 2018, na disputa eleitoral, à pergunta sobre qual acontecimento da história russa ele mais gostaria de ter impedido, Putin não respondeu, por exemplo, "o reino de terror de Stálin", mas "a dissolução da União Soviética". É importante salientar que ele não está sozinho: 58% dos russos atuais lamentam a dissolução[37]. Enquanto, na época da *perestroika*, o curso oficial era enaltecer Lênin e condenar Stálin, em um discurso de janeiro de 2016 Putin atacou duramente Lênin, pois ele, com as ideias de autonomia das repúblicas soviéticas, foi corresponsável pela dissolução da União Soviética[38]. Stálin, ao contrário, desfruta novamente de prestígio em ascensão[39]. Ora, certamente é legítimo lamentar o colapso da União Soviética – eu mesmo não fiquei, de modo algum, feliz que a União Soviética tenha deixado de existir no fim de 1991 –, não por simpatia pelo comunismo, mas porque era previsível que esse evento resultaria, primeiro, em uma era de confusão e, depois, em nostalgia agressiva. Também era claro que tal acontecimento só poderia ser reparado de maneira violenta, pois já vimos que fusões voluntárias de países são bem raras – o que, além do mais, é um forte argumento contra apoiar secessões com corações brandos. Já na União Soviética, além disso,

---

36. Putin, V. Annual Addres to the Federal Assembly of the Russian Federation. Disponível em: <http://en.kremlin.ru/events/president/transcripts/22931>. Acesso em: 14 out. 2019.
37. Taylor, A. Putin says he wishes the Soviet Union had not collapsed. Many Russians agree. Disponível em: <https://www.washingtonpost.com/news/worldviews/wp/2018/03/03/putin-says-he-wishes-he-could-change-the-collapse-of-the-soviet--union-many-russians-agree/>. Acesso em: 14 out. 2019.
38. INTERFAX. Путин рассказал ученым о подрывной роли Ленина в российской истории. Disponível em: <https://www.interfax.ru/russia/490856>. Acesso em: 14 out. 2019.
39. Nazaryan, A. Why Russia Still Loves Josef Stalin, One of the 20th Century's Most Brutal Despots. Disponível em: <https://www.newsweek.com/2017/07/21/why-russia-still-loves-stalin-633086.html>. Acesso em: 14 out. 2019.

a Rússia era tão dominante sobre as outras catorze repúblicas soviéticas, que um retorno a uma dependência comparável dificilmente é atraente.

Todavia, é possível lamentar algo que se toma por irreversível porque existem motivos morais muito fortes contra sua restauração, ou é possível, após o lamento, proceder à tentativa de restauração, mesmo que isso tenha consequências terríveis. Infelizmente, na maioria dos russos nostálgicos da União Soviética, de modo algum se encontra a reflexão adicional de que, ainda pior que o erro da dissolução, seria o erro da reconstituição violenta. Há muito tempo, extremistas exigem a recuperação do território soviético – basta pensar em Vladimir Jirinóvski, o vice-presidente do Parlamento russo e do Partido Liberal Democrata da Rússia, um partido de falsa oposição fundado em 1991 pela KGB, ou no "filósofo" Alexander Dugin, cujos *Fundamentos de geopolítica* servem como livro didático aos oficiais de estado-maior[40]. A ideologia majoritariamente dominante na Rússia hoje não é, como por exemplo na China, pré-liberal. Dado que o "liberalismo" dos anos 1990 permanece na lembrança como, essencialmente, a era do capitalismo predatório e do empobrecimento da maior parte da população, a Rússia é, hoje, explicitamente antiliberal, antiocidental e, diferentemente do marxismo, antiuniversalista. O antiliberalismo, hoje, implica uma concentração de atividades capitalistas predatórias entre os detentores de cargos públicos e seus vassalos. Antiocidental é sobretudo a Igreja Ortodoxa, que nunca se empenhou em justificar teologicamente a ideia do estado de direito e, em vez disso, recorre a ideias eslavófilas do século XIX. Isso inclui uma imagem do Ocidente decadente representado pelo vencedor do 59º concurso de música Eurovision, o artista travesti Conchita Wurst, codinome de Thomas Neuwirth[41].

---

40. Ver o diálogo muito esclarecedor entre Cristian Neef e Dugin em: *Der Spiegel*, n. 29, 2014, 120-125. Dugin se refere às teorias relativistas culturais do pan-eslavista Nikolai Danilewski e de Oswald Spengler, para rejeitar a reivindicação universalista do liberalismo.

41. EDGAR, J. Putin attack Eurovision drag artist Conchita for putting her lifestyle "up for show". Disponível em: <https://www.telegraph.co.uk/news/worldnews/

Como Putin se relaciona com essas ideias? Putin é, no que diz respeito à estratégia, o mais dotado dos políticos atuais e muito inteligente para ele mesmo defender essas ideias publicamente. Ele sabe o que deve dizer para ter sucesso na arena internacional e apaziguar aqueles que deseja acalmar. Mas é difícil desfazer-se da impressão de que essas ideias determinam, no pano de fundo, suas ações, e que ele apenas espera um instante vantajoso para poder iniciar um ataque. Diferentemente dos governos ocidentais, que, a maioria das vezes, mudam rapidamente, Putin está no poder desde 2000 e ficará pelo menos até 2024 (durante quatro anos, houve uma troca provisória, condicionada pela Constituição, com Dmitri Medvedev; mas, na posição formal secundária de primeiro-ministro, Putin também determinou a política). Foi, no mínimo, irresponsável da parte do Ocidente não levar a sério a possibilidade de que Putin ainda praticaria uma política expansionista, e não ter se preparado com intimidação verossímil, pois erra aquele que pensa que a tolerância conduz os agressores à benevolência. Ela engendra apenas desprezo, e, diferentemente do mero ódio, o desprezo diminui o limiar de agressividade, pois o inimigo é considerado fraco. Para a hipótese de um plano de longo prazo, constituem argumentos os seguintes fatos.

Poucas coisas são mais importantes para a política internacional de Putin que destruir a Comunidade Transatlântica e enfraquecer a União Europeia ainda mais, pois ele poderá, em tal ambiente, atingir suas metas com muito menos custos. O quão perseverante ele trabalha nessa destruição é demonstrado, em primeiro lugar, por seu apoio à ascensão de Trump à Presidência. Em segundo lugar, pelos exércitos de *trolls* que agem sob suas ordens, e que apoiam forças centrífugas no interior da União Europeia. Em terceiro lugar, pelos contatos estreitos com os populistas de direita e, frequentemente, com os partidos antieuropeus da Europa, como o Partido da Liberdade da Áustria, a Liga Norte da Itália, a Frente Nacional da França e a Alternativa para a Alemanha. Também foi muito

---

europe/russia/10856197/Putin-attacks-Eurovision-drag-artist-Conchita-for-putting--herlifestyle-up-for-show.html>. Acesso em: 14 out. 2019.

útil aos interesses russos o fato de ele ter colocado Gerhard Schröder, um ex-chanceler alemão, como presidente do conselho de fiscalização do gasoduto Nord Stream, 51% do qual pertence à empresa russa Gazprom, e como membro do conselho de fiscalização da empresa petrolífera Rosneft, sobretudo porque Schröder se pôs de bom grado à disposição como instrumento da propaganda russa.

Também é muito provável que a Rússia fira tratados vigentes sobre limitação de sistemas armamentistas. Com certeza, foi um grande erro moral e político dos Estados Unidos, em 2002, terem se retirado do Tratado sobre Mísseis Antibalísticos, ou Tratado ABM, de 1972; com isso, anunciaram uma nova rodada de armamento e destruíram, tanto quanto com a Guerra do Iraque, a confiança da Rússia. Mas respeitaram as condições de renúncia ao tratado; seu comportamento foi burro e imoral, mas não ilegal. A região de Kaliningrado é hoje, novamente, como já foi entre a Primeira e a Segunda Guerra Mundial, um exclave, só que agora não mais da Alemanha, quando Kaliningrado era parte da Prússia oriental, mas da Rússia, e, infelizmente, exclaves frequentemente geram tensões com os países que estão entre ele e o território principal do país – antes foi a Polônia, hoje são os países bálticos. O armamento dos mísseis táticos Iskander-M nesse território russo é uma violação posterior de um dos mais importantes acordos de desarmamento do fim da Guerra Fria, o Tratado de Forças Nucleares de Alcance Intermediário de 1987 (ou Tratado de Washington de 1987)[42]. Em outubro de 2018, Trump declarou, por isso, que queria anular esse tratado, o que de fato fez em 1º de fevereiro de 2019, com a anulação entrando em vigor seis meses após essa data. A decisão não foi absurda; pense-se na Resolução Dupla da OTAN, de 1979. Mas, naquele tempo, tratava-se de uma resolução *dupla*: com a instalação do míssil Pershing II e do BGM-109 Tomahawk pela OTAN, como resposta ao SS-20 soviético,

---

42. BORGER, J. Kaliningrad photos appear to show Russia upgrading nuclear weapons bunker. Disponível em: <https://www.theguardian.com/world/2018/jun/18/kaliningrad-nuclear-bunker-russia-satellite-photos-report>. Acesso em: 14 out. 2019.

seguiram tratados bilaterais de desarmamento. Isso conduziu, após muitas dificuldades, ao mencionado Tratado de Washington, que agora está em questão – e, sem que estejam visíveis políticos da estatura de Ronald Reagan e Mikhail Gorbachev para elaborar um sucedâneo do tratado (sem considerar que tal tratado hoje já não deveria ser bilateral, mas multilateral). O último grande tratado de desarmamento do "quarto de século dourado", o New START (*Strategic Arms Reduction Treaty*) [Tratado de Redução Estratégica de Armamentos] de 2001, expirará em 2021, e não parece que Trump tem interesse em sua renovação.

Sem dúvida, uma violação da Convenção sobre Armas Químicas de 1997 foi o uso de armas químicas na Síria, quase com certeza pelo governo sírio, e, com isso, diante de sua dependência da ajuda russa, sem a qual não teria mantido o poder[43], dificilmente sem aprovação de Moscou. O uso dessas armas ocorreu ao menos cinquenta vezes[44]. Especialmente provocante foi o ataque venenoso em Duraa, em abril de 2018, pois Macron havia declarado que um novo ataque seria uma linha vermelha, que se fosse ultrapassada teria um ataque militar como consequência. Isso, de fato, ocorreu com participação norte-americana e britânica em 14 de abril, mas, como os russos haviam sido informados antecipadamente, não houve nenhum morto. O ataque teve, sobretudo, um significado simbólico – de modo geral, na época dos meios de comunicação de massa, é de observar um crescimento da política simbólica. O procedimento dos sírios mostra claramente que se importam menos com a linha vermelha da França do que com a de Obama, que em 2012 fez uma ameaça semelhante – ameaça

---

43. Cf. Malek, Martin. Kampf dem Terror? Russlands Militärintervention in Syrien. *Osteuropa*, v. 65, n. 11-12 (2015) 3-21. Disponível em: <https://www.zeitschrift-osteuropa.de/hefte/2015/11-12/kampf-dem-terror/?productId=7711&variationId=0&productTitle=Kampf+dem+Terror%3F&qty=1&totalQty=1&numberOfTitles=1&totalAmount=3%2C00%C2%A0%E2%82%AC>. Acesso em: 12 out. 2019.
44. Gladstone, R. U.S. Says Syria Has Used Chemical Weapons at Least 50 Times During War. Disponível em: <https://www.nytimes.com/2018/04/13/world/middleeast/un-syria-haley-chemical-weapons.html>. Acesso em: 14 out. 2019.

que, todavia, não sustentou, o que corroeu duradouramente a credibilidade norte-americana no Oriente Próximo[45]. Provavelmente, o renovado ataque venenoso na Síria foi considerado apenas um mês após os ataques com um agente novichok, em março de 2019, contra o ex-agente do serviço secreto russo, Sergei Skripal, em Salisbury, que representou o primeiro ataque com uma neurotoxina no território de um membro da OTAN e, com muito alta probabilidade, foi plano dos russos, caso contrário os russos teriam cooperado de maneira bem diferente na prestação de esclarecimentos. Ao menos, teriam tomado cuidado para que, tão pouco tempo depois, não ocorressem mais ataques com veneno. Graças à repetição, a mensagem poderia ser lida da seguinte forma pela população europeia: dispomos de armas químicas e não hesitamos em seu uso, independentemente do que o direito internacional diga a respeito.

Que Oriente Próximo e Oriente Médio são um barril de pólvora pode explodir a qualquer momento é bem sabido. Além dos conflitos entre Israel e seus vizinhos muçulmanos, e dos conflitos intraislâmicos entre sunitas e xiitas (por exemplo, no Iêmen), e com Arábia Saudita e Irã como atuais potências líderes, em termos de política mundial, a posição entre russos e soldados norte-americanos na Síria é a mais perigosa. A situação foi, além disso, agravada pela presença da Turquia, em busca do próprio interesse, que não coincide nem com os russos, nem com os norte-americanos. Em fevereiro de 2018, ocorreu em Deir Zor o conflito mais mortífero entre norte-americanos e russos desde o fim da Guerra Fria. Que essa

---

45. Shlomo Avineri, o importante cientista político israelita, disse acertadamente, em uma entrevista: "A Europa não possui nenhuma política de segurança e política externa. E Obama cometeu dois erros terríveis: Em primeiro lugar, ele traçou uma linha vermelha para o caso de Assad utilizar armas químicas. E, à medida que a linha ia sendo ultrapassada, ele não agia. Em Riad e no Cairo, surgiu a impressão: não se pode confiar nos Estados Unidos. O Egito, agora, obtém seu suprimento de armas da Rússia. Com toda a compreensão pela política de retirada de Obama após as catástrofes de Bush: não há nenhum vácuo. Retiram-se os EUA, vem um outro: a Rússia". STREIHAMMER, J. *Nahost: "Diese Staaten brechen zusammen"*. Disponível em: <https://www.diepresse.com/4842973/nahost-diese-staaten-brechen-zusammen>. Acesso em: 14 out. 2019.

situação não se elevou a uma guerra tem relação com o fato de que numerosos russos que foram mortos ou feridos não pertenciam às forças armadas regulares, mas ao Grupo Wagner, uma empresa militar privada nomeada em homenagem ao compositor alemão, na qual trabalham muitos ex-soldados e que cooperam estreitamente com o serviço militar secreto russo. Possivelmente houve, no ataque malogrado do Grupo Wagner aos soldados norte-americanos, um conflito de competências entre o Kremlin e o Ministério da Defesa[46]. Em todo caso, o acontecimento foi extremamente perigoso. Na Rússia, além disso, o silêncio foi preservado; o jornalista Maxim Borodin, que escrevia reportagens sobre os verdadeiros fatos por trás dessa história, "caiu" da varanda de um quinto andar – sendo, com grande probabilidade, mais um entre os numerosos assassinatos de jornalistas russos motivados politicamente[47].

Preocupante, além dos exercícios de defesa civil que a população russa deve realizar para o caso de uma guerra com uso de armas de extermínio em massa[48], é a presença frequente de submarinos nas proximidades de cabos submarinos transatlânticos, que evidentemente serão sabotados, no caso de um conflito, para dificultar a comunicação entre os Estados Unidos e a União Europeia[49]. Além disso, deve-se mencionar a manobra

---

46. Taylor, A. What we know about the shadowy Russian mercenary firm behind an attack on U.S. troops in Syria. Disponível em: <https://www.washingtonpost.com/news/worldviews/wp/2018/02/23/what-we-know-about-the-shadowy-russian-mercenary-firm-behind-the-attack-on-u-s-troops-in-syria/?utm_term=.4b5c3885b8f1>. Acesso em: 14 out. 2019.
47. Borodin, M. OSZE will Aufklärung über Tod eines russischen Reporters. Disponível em: <https://www.zeit.de/gesellschaft/zeitgeschehen/2018-04/maxim-borodin-investigativer-journalismus-todesfall-russland-pressefreiheit>. Acesso em: 14 out. 2019.
48. Lockie, A.; Bauernebel, H. Russland bereitet sich auf den Atomkrieg vor. Disponível em: <https://www.businessinsider.de/russland-bereitet-sich-auf-den-atomkrieg-vor- 2016-10>. Acesso em: 14 out. 2019.
49. Woody, C. Russian Submarines Are Lurking Near Undersea Communication Cables. Disponível em: <https://www.sciencealert.com/us-to-sanctioning-companies-helping-russian-subs-lurk-near-undersea-comms-cables>. Acesso em: 14 out. 2019.

Zapad de setembro de 2017, no oeste da Rússia, em que participaram tropas russas e bielorrussas (ambos os países pertencem, junto com Armênia, Cazaquistão, Quirguistão e Tadjiquistão, à Organização do Tratado de Segurança Coletiva). Supostamente, participaram apenas 12.700 soldados; pois, segundo o Documento de Viena de 2011, sobre negociações acerca de medidas de confiança e de formação de segurança da Organização para a Segurança e Cooperação na Europa, se mais de 13 mil soldados participassem, deveriam ser admitidos observadores estrangeiros. A preocupação de que, sob outros nomes, manobras militares simultâneas russas com muito mais soldados ocorram, foi expressa por muitos, entre outros, pela ministra de Defesa alemã, Ursula von der Leyen, que calculou até 100 mil soldados[50]. Na Península de Kola, por exemplo, manobras ocorreram simultaneamente. De fato, é bem possível que os russos, por meio de sua exibição de força militar, primariamente queiram despertar o medo, mas esse medo poderá, provavelmente, mobilizar para uma crise, em que se cederá às exigências russas, sem resistência. Se, após a manobra, tropas russas permanecem em Belarus, é controverso; a Ucrânia o afirmou, mas a Rússia e Belarus negaram[51]. Em todo caso, Belarus depende tão fortemente da Rússia, do ponto de vista econômico, que se pode designá-la quase como um protetorado da Rússia. Entre outras coisas, ela participa anualmente, desde 2015, dos exercícios militares "irmandade eslava", com a Sérvia e a Rússia[52]. Todavia, o ditador bielorrusso Aleksandr Lukashenko

---

50. Stöber, S. Showdown in "Weischnoria". Disponível em: <https://www.tagesschau.de/ausland/sapad-101.html>. Acesso em: 14 out. 2019; Hebel, C. Das groesse Knallen. Disponível em: <http://www.spiegel.de/politik/ausland/sapad-manoever-in-weissrussland-und-russland-das-grosse-knallen-a-1168557.html >. Acesso em: 14 out. 2019.
51. Südkurier. Manöver: Russland dementiert Verbleib von Truppen in Weissrussland. Disponível em: <https://www.suedkurier.de/ueberregional/politik/Manoever-Russland-dementiert-Verbleib-von-Truppen-in-Weissrussland;art410924,9434665>. Acesso em: 14 out. 2019.
52. Warsaw Institute. Slavic Brotherhood against NATO. Disponível em: <https://warsawinstitute.org/slavic-brotherhood-against-nato/>. Acesso em: 14 out. 2019.

repetidamente se opõe às diretrizes russas. Zapad 2017, por exemplo, tinha a meta de exercer cadeias de comando diretamente do estado-maior russo aos soldados bielorrussos, em detrimento do estado-maior bielorrusso[53].

Como no território de Kaliningrado há muito poucos soldados estacionados, a Rússia precisará marchar por Belarus *caso* decida se reapropriar dos Estados bálticos que, desde o século XVIII, lhe pertenciam e são considerados, por muitos russos, como "relevante para a identidade". Como se sabe, três desses países são ligados, ao longo de uma geodésica de 65 quilômetros, o Corredor de Suwalki, a outro país da OTAN, a Polônia. Esse percurso liga o território de Kaliningrado a Belarus. O território é considerado o mais instável da OTAN; por isso, desde 2016, no espaço da Presença Avançada Aprimorada da OTAN, estão estacionados quatro batalhões, que, contudo, devem ser constantemente modificados, uma vez que um estacionamento permanente não é compatível com o Ato Fundador Rússia-OTAN de 1997. Por muito tempo, esses batalhões não foram páreo para um ataque russo, que, por isso, também deverá ser intimidado de forma crível com outros meios. É crucial aumentar a velocidade de uma eventual reação, por exemplo por meio de melhores rotas de transporte e menores formalidades na passagem de fronteiras entre os Estados-membros da OTAN, pois uma aceitação de agressão seria o golpe de misericórdia para a OTAN, que, com isso, perderia toda a credibilidade. Em particular, é de extrema importância que os Estados Unidos, por meio do artigo 5 do Tratado do Atlântico Norte, sintam-se moralmente obrigados (legalmente, eles de fato não são) a fornecer ajuda em peso, pois, caso contrário, não haveria limites para a fantasia russa de organizar uma provocação que, aos olhos de um público geral amedrontado, mundialmente e mesmo dentro da Europa, justificaria uma invasão russa aos Países Bálticos[54].

---

53. Fedyk, I. Zapad 2017: A Test for the West. Disponível em: <https://jamestown.org/program/zapad-2017-a-test-for-the-west/>. Acesso em: 14 out. 2019.
54. A respeito da situação de perigos em torno ao Corredor de Suwalki, ver o primoroso relatório do Centro de Análise de Políticas Europeias: CEPA. *Securing the Suwalki*

Diante desses perigos, não é mais que legítimo o desejo de Trump de buscar um melhor entendimento com a Rússia? Em princípio, certamente. Só que não se tem a impressão de que Trump sabe bem quais conflitos são prioridade, quais concessões são admitidas moralmente e quais não são, e nem por que os Estados Unidos, por exemplo, devem cumprir com seu dever de proteção dos aliados que, por confiarem no país norte-americano, renunciaram às próprias armas nucleares. Seu direcionamento à Rússia, além disso, desencadeou desconfiança no Congresso, também entre os republicanos e, felizmente, o presidente norte-americano não é autônomo na organização da política externa. O maior risco dessa política é que ela não só afasta a China, com a qual Obama aspirou a uma cooperação, mas também cria, em primeiro lugar, expectativas na Rússia, que fracassam no Senado dos Estados Unidos e no exército, e, em seguida, engendram decepção e desprezo. Se, por conseguinte, a China e a Rússia fizerem coisas em comum, não será bom para o projeto do Ocidente. A Rússia e a China, até agora, só se uniram na Organização para Cooperação de Xangai, à qual também pertencem outros países e que não representa nenhuma defesa para aliança. Todavia, a cooperação militar bilateral foi brevemente intensificada: pense-se nas manobras militares comuns sino-russas que ocorreram em maio de 2015 no mar Mediterrâneo, em setembro de 2016 no mar do Sul da China, e em julho de 2017 no mar Báltico[55]. Em uma visita a Moscou, em abril de 2018, o ministro das Relações Exteriores chinês, Wang Yi, declarou que as relações entre os dois países (que eram muito ruins entre 1960 e 1985) estavam no melhor nível em toda a sua história[56]. Diante do crescente enfraquecimento do Ocidente, não é de todo uma boa notícia.

Corridor. Disponível em: <https://www.cepa.org/securing-the-suwalki-corridor>. Acesso em: 14 out. 2019.
55. SPIEGEL. Chinesische Kriegsschiffe auf dem Weg in die Ostsee. Disponível em: <https://www.spiegel.de/politik/ausland/manoever-von-china-und-russland--kriegsschiffe-auf-dem-weg-in-die-ostsee-a-1158387.html>. Acesso em: 14 out. 2019.
56. WESTCOTT, B. China says relations with Russia at "best level in history". Disponível em: <https://edition.cnn.com/2018/04/06/asia/russia-china-relations-us-intl/index.html>. Acesso em: 14 out. 2019.

Isso se nota especialmente pela maior manobra da Rússia desde 1981, que ocorreu em setembro de 2018, desta vez no leste do país (e que foi chamada, por isso, "Vostok"), da qual participaram grupos chineses e mongóis.

Caso haja uma guerra, inicialmente se buscará evitar o uso de armas nucleares. Mas não se sabe por quanto tempo essa reticência persistirá, sobretudo pela nova estratégia nuclear dos Estados Unidos, que contam com bombas atômicas com menor força explosiva, o que diminui a inibição em utilizá-las[57]. Diante do risco adicional, que definitivamente não é pequeno, de uma guerra nuclear desencadeada por erros de computador, do provável aumento do número de potências nucleares[58], e de uma complexidade muito maior em uma ordem multipolar em relação à anterior ordem bipolar, a probabilidade de um conflito nuclear aumentou enormemente. Parece que os longos anos da paz mundial, entre 1989-2016, corroeram a consciência dos perigos e da vigilância na lida com as armas nucleares, que era característica do tempo de 1945 a 1989 – e, quanto mais longo o período, maior é a probabilidade de um descuido em relação a uma guerra nuclear. Um especialista incorruptível tanto moral quanto intelectualmente como o ex-ministro de Defesa norte-americano, William Perry, estima o risco de uma guerra nuclear hoje como maior do que durante a Guerra Fria e se empenha por um mundo sem armas nucleares por meio do desarmamento geral[59]. Em poucas décadas, a combinação

---

57. HANDELSBLATT. Was die US-Nuklearstrategie für Deutschland bedeutet. Disponível em: <https://www.handelsblatt.com/politik/international/neue-art-von-atomwaffen-was-die-us-nuklearstrategie-fuer-deutschland-bedeutet/20925262.html>. Acesso em: 14 out. 2019.
58. Tenho consciência de que o importante cientista político Kenneth Waltz vê, na multiplicação de potências atômicas, uma redução do risco de guerra, pois, nessa conjuntura, quase nenhum ataque valeria a pena. Todavia, mesmo que ele tenha razão e que o efeito de intimidação aumente, também aumenta significativamente o risco de uma guerra nuclear por descuido e devido a políticos irresponsáveis ou insanos. Ver o debate com Sagan: SAGAN, S. D.; WALTZ, K. N. *The Spread of Nuclear Weapons. An Enduring Debate*. New York: W. W. Norton, ³2012.
59. PERRY, William. *My Journey at the Nuclear Brink*. Stanford: Stanford University Press, 2015.

de catástrofes ambientais cada vez mais abrangentes com uma guerra nuclear pelos últimos recursos poderia anunciar o fim da humanidade ou, muito mais provavelmente, uma regressão civilizatória, em comparação com a qual o colapso do Império Romano e a transição para a Idade Média seriam insignificantes. A humanidade pode ser catapultada de volta a um nível cultural pré-industrial e, com isso, gastar séculos para recuperar uma moral mais profundamente ancorada existencialmente, como está à disposição na modernidade tardia. Prescindirei de imaginar esse processo em detalhe. De todo modo, deve-se mencionar que, no caso de uma vitória da Rússia ou da China sobre um Ocidente cada vez mais enfraquecido, seria provável uma batalha final pela soberania entre as duas potências asiáticas. E, em função da população bem maior e da economia superior, é bem mais plausível que a China seja vitoriosa. A cultura milenar seria bem mais eficaz, até mesmo que o brilhante pensamento geoestratégico de Putin. Talvez essa perspectiva possa dissuadir a Rússia de uma cooperação mais estreita com a China. Naturalmente, também é concebível que as duas potências possam se destruir reciprocamente e o desenvolvimento posterior da humanidade ocorra, sobretudo, no hemisfério sul, especialmente na África e na América Latina, sendo Austrália e Nova Zelândia os últimos vestígios do que uma vez fora a cultura ocidental.

7
SOLUÇÕES PARA A CRISE

Este ensaio iniciou com uma descrição da filosofia da história otimista do Iluminismo que, em tantos aspectos, parece ser justa com o desenvolvimento histórico dos últimos 250 anos (capítulo 1). No entanto, o período da ameaça totalitária, que se inicia com o fim da Primeira Guerra Mundial e foi superada em parte em 1945, em parte em 1989, sofreu um inquietante *intermezzo*[1]. Seria belo se pudéssemos dispensar esse período como um descarrilhamento único no caminho para um progresso cada vez maior. Mas aquilo que se delineou cada vez mais nitidamente a partir de 2016 (capítulo 2) sugeriu, em seguida, que esse apaziguamento havia sido

---

1. Expressão italiana usada no original. É um termo comum na música e no teatro para designar um entreato ou interlúdio. (N. do T.)

frívolo. O estado de direito moderno, infelizmente, não é irreversível; seu colapso pode se repetir. Quem estuda as causas que tornaram possíveis a vitória eleitoral de Trump (capítulo 3) logo reconhece que, com o declínio da classe trabalhadora e com a acelerada ascensão das mulheres, há um sentimento de humilhação para homens brancos e ignorantes, o que é uma excelente ferramenta de trabalho para demagogos do futuro próximo: a partir dessas teclas, eles podem tocar para si ainda mais impressionantes sonatas de ódio e ressentimento. Trump não será o último e não é o pior dos novos demagogos. Talvez algo ainda mais ameaçador que os perigos na política interna do estado de direito liberal seja, em segundo lugar, a corrosão ideológica da crença em normas objetivas, como a verdade e a justiça (capítulo 4). Digo "ainda mais ameaçador" porque, sem tal crença, o ser humano não é nada mais que um animal particularmente inteligente. Além disso, essa crença não se restaura simplesmente por meio de medidas político-administrativas. Ela pertence a uma camada profunda de toda cultura, que é inacessível diretamente à política – mesmo uma complexa política cultural, uma presumível vantagem em épocas aristocráticas, poderia, no máximo, criar condições gerais no interior das quais deveriam ocorrer esclarecimentos intelectuais essenciais. Ao lado dos perigos de política interna e de perigos ideológicos, em terceiro lugar há os problemas de política externa. Entre eles, a crescente clivagem do Ocidente Transatlântico, e a cada vez mais nítida incapacidade da União Europeia de enfrentar, em conjunto, desafios urgentes (capítulo 5). Meias-medidas na alocação de competências parciais (tanto financeiras quanto de política externa) dos Estados individuais possuem consequências negativas na União Europeia. Sobretudo a questão do trato correto com os milhões de pessoas que, vindo da África e do Oriente Médio, batalham para chegar à Europa possui plenamente a força de estilhaçar a União Europeia, pois concepções antiuniversalistas e abstratas universalistas disputam uma com a outra, sem encontrarem terreno comum para um debate racional. Além disso, a ascensão de grandes potências não ocidentais é inexorável (capítulo 6). Já mencionei (cf. início do capítulo 6) que, até 2050, provavelmente o produto interno bruto da

Índia terá passado o dos Estados Unidos, e os da Indonésia, Brasil, Rússia e México terão passado o alemão. Ora, isso também é justo: quando se deseja que a renda *per capita* se ajuste entre os países, as economias dos países mais populosos devem ser mais fortes que as dos países menos populosos. Contra isso, ninguém pode desejar uma Grande Guerra. Todavia, algo do gênero pode ocorrer devido à acelerada ascensão da China e, sobretudo, do desejo de revanche da Rússia – silenciando-me, aqui, sobre o colapso da política externa profissional na Casa Branca. Infelizmente, esse risco se tornou ao menos tão provável quanto durante a Guerra Fria, todavia dessa vez sem o mesmo medo que, naquela ocasião, era capaz de impedir o perigo.

Eu apresentei esses perigos por causa do fatalismo, mas porque somente suas análises sóbrias possibilitam chances de enfrentá-los. O que fazer? Em primeiro lugar, remeter ao fato de que uma democracia liberal só pode funcionar corretamente se a maioria souber como ela funciona. É diferente de uma monarquia ou de uma oligarquia, porque a autoridade do Estado não parte de todos. Contudo, para uma democracia, uma educação política do povo sobre os critérios de sucesso das democracias e dos perigos internos que as ameaçam é uma necessidade vital. Em particular, a explicação da prioridade do princípio da separação dos poderes sobre o princípio da soberania popular me parece de sentido excepcional caso se queira prevenir a instauração de uma democracia demagógica, que conduz muito rapidamente a uma ditadura. Os princípios da separação dos poderes, a independência do Poder Judiciário, o controle judiciário das decisões administrativas e da legislação não são graças da maioria, pois devem proteger o indivíduo da maioria. Mas a maioria deve conhecer esses princípios e apoiá-los, caso se queira sobreviver aos demagogos. Igualmente, é claro que um reconhecimento do caráter absoluto dos direitos fundamentais é algo que os preserva mais do que a atitude egoísta segundo a qual só se é a favor deles quando se ganha com isso, pois as condições gerais podem rapidamente se modificar para um contexto em que, pelo menos a curto prazo, os demagogos cativam a simpatia. Por mais que seja verdade que nem todas as religiões favorecem as democracias liberais ou se predispõem positivamente a elas, é absurdo e, por fim, autodestrutiva a concepção de que o desaparecimento da religião é parte inevitável do progresso humano e o melhor que poderia ocorrer na democracia liberal. A democracia liberal pressupõe que há um princípio moral que conduz os cidadãos na busca de uma política justa e que, portanto, não pode ser função da opinião da respectiva maioria. Interpretar a natureza desse princípio moral não é fácil, mas esse caráter ontológico ideal foi concebido, por determinadas formas de religião, de modo plenamente mais adequado e razoável que as ideologias construtivistas e naturalistas, que explicam tudo como um resultado das construções humanas ou da evolução natural. Contanto que uma religião aceite o princípio liberal elementar da liberdade de religião, ela é, via de regra, mais um suporte que uma ameaça ao Estado liberal. Ela fornece tanto uma motivação forte, que transcende o egoísmo inato, quanto uma imunização contra a sutil pressão de adaptação às opiniões da maioria apenas porque são opiniões da maioria. Como religião universal, possibilita experiências comunitárias mundiais, sem as quais ações coletivas, inspiradas por ideais, dificilmente podem ter sucesso. Por último, a composição de uma forma mais racional de religião universal, que, ao mesmo tempo, seja em princípio acessível a todos, é o verdadeiro desiderato de um mundo globalizado. Isso exige um fundamento espiritual comum – o interesse pessoal racional, todavia, não é suficiente para isso. A ideologia naturalista, que, apesar de sua insustentabilidade, alastra-se cada vez mais, vendo no ser humano apenas o produto material ao acaso de uma natureza cega e sem meta evolutiva, claramente não é capaz de motivar a ideais e empenhos morais, sem os quais os desafios da modernidade tardia não serão superados.

Em segundo lugar, a democracia liberal não será ameaçada apenas pelo absolutismo democrático que deseja subjugar todos à soberania da maioria já dominante. Não menos destruidor é o igualitarismo, que não se contenta com ensinar a igualdade jurídica de todos os seres humanos, mas que adota, a respeito disso, também uma igualdade factual. Que a última não é correta é algo sabido por todos que são sinceros – as aptidões e o sentimento de responsabilidade dos seres humanos são distribuídos desigualmente (também a aptidão a melhorar sua própria posição por meio da disseminação de falsos-testemunhos). Quem nega isso inevitavelmente desdiz a necessidade, em uma democracia, de buscar honestamente as forças mais qualificadas. Com essa negação, toda meritocracia é destruída, pois, quando se desiste de um sistema de avaliação diferenciadora, inevitavelmente ocorrem ocupações de cargos com base em simpatia e interesse pessoal. Justamente uma ética comprometida com o universalismo precisa do sentido de diferenciação entre os homens, mas também entre culturas; pois, paradoxalmente, nem todos os homens e culturas são dotados do mesmo modo para o universalismo. Ele não é uma posição natural, mas é bem rico de pressuposições; pelo contrário, o natural é prejudicar os outros e privá-los de seus direitos. Há uma caricatura do universalismo que, vale dizer, confunde-se com ele, mas que, na verdade, mais cedo ou mais tarde o destrói: incapaz da diferenciação e da não aceitação, onde ela é exigida, explica tudo pela igualdade; nem na ascensão em cargos políticos, nem no acolhimento de migrantes, esse tipo de universalismo dá motivo para impedimentos; e mesmo o pensamento em defesa nacional é indecoroso, pois tal pensamento atribui, injustamente, intenções agressivas aos outros. Esse universalismo infantil, certamente, acirrou a insurreição antiuniversalista dos últimos anos, e o universalismo racional tem interesse vital em não ser confundido com seu meio-irmão infantil.

A democracia liberal deve se prevenir tanto de ameaças internas quanto de ameaças externas. Presumivelmente, em primeiro lugar, deve-se esperar por consequências realmente catastróficas da eleição de líderes incompetentes, até que o acesso a cargos mais altos venha a ser vinculado a determinadas qualificações do tipo moral e intelectual. Por outro lado, todas as dependências financeiras dos deputados e parlamentares já devem ser divulgadas ao público, o fluxo de doações na política deve ser limitado e as regras para a desqualificação de decisões, no caso em que há claros conflitos de interesse, devem ser mais rigorosas. Também limitações legais da calúnia na internet e da manipulação de eleições por *trolls*, sobretudo do exterior, precisam acontecer logo, pois a liberdade de expressão não deve ser usada para deteriorar o único sistema político que pode preservá-la, a democracia liberal. Em terceiro lugar, o que é claro, de todo modo, é que o sufrágio universal deve andar de mãos dadas com um impedimento do crescimento posterior de terreno fértil para demagogos. Se, por meio do declínio de gastos públicos, a diferença na educação na sociedade se agravar ainda mais, a cisão do sistema político entre manipuladores e manipulados se tornará quase irreversível. Vimos que a globalização e a automatização contribuíram para o declínio da classe trabalhadora. Em minha opinião, não há muito o que fazer sobre a globalização, pois ela se mostrou mundialmente benéfica, na medida em que atenuou as desigualdades entre os países, embora não no interior deles. Por meio da criação de dependências recíprocas, fortalece-se, além disso, a paz mundial. Todavia, os perdedores da globalização devem obter compensações, entre outras, na forma de readaptação profissional em grande escala, e a ampliação do comércio internacional deve andar lado a lado com o aprofundamento de instituições supranacionais. Por outro lado, não há nenhum motivo moral comparável para pôr em andamento uma automatização cada vez maior. Certamente, o país que o faz possui vantagens competitivas, mas, com isso, trata-se de competição injusta, pois os custos sociais do desemprego serão empurrados das empresas para o poder público; e, ao contrário, outro Estado que não autoriza o uso dessa externalização dos custos definitivamente irá se defender com taxas alfandegárias. Sem possuir uma estratégia clara a respeito de como evitar o novo desemprego resultante, dificilmente se impulsionará a Indústria 4.0.

    Ainda é muito cedo para estimar o que os danos da eleição de Trump significam para os Estados Unidos a longo prazo, tanto nas relações internas quanto nas relações externas. Se ele for reeleito em 2020, o que infelizmente não é impossível, o papel dos países como nação líder do Ocidente até 2024 deverá ser tão arruinado que, mesmo um novo presidente com muito mais aptidão que o já bem talentoso Obama, dificilmente poderá restabelecê-lo – uma vez que muita desconfiança em relação ao *homo americanos* e à forma de governo da democracia já terá se alastrado pelo planeta. Em quarto lugar, em tal vácuo é extraordinariamente importante que a União Europeia, de um lado, reduza sua dependência dos Estados Unidos e, de outro lado, eleve sua capacidade de ação. Redução da dependência significa, inevitavelmente, a organização da própria capacidade de defesa. Diante do atual contexto, sobretudo considerando a ameaça da Rússia e a imprevisibilidade de Trump, não há outra alternativa em relação a isso. Mesmo o sucessor de Trump esperará que os europeus se protejam muito mais do que atualmente, pois os Estados Unidos, no século XXI, compreenderão a si mesmos mais como nação do Pacífico do que como nação do Atlântico. O país é conhecido por seu faro para os negócios, e as possibilidades de crescimento estão decisivamente melhores no Sul e Leste Asiático do que na Europa. Junto com uma elevação do orçamento de defesa, um fortalecimento da vontade militar é importante. Compreende-se que tudo isso deve ocorrer com o objetivo de evitar a guerra. Mas uma guerra com um país que não é refreado primariamente por escrúpulos morais pode, muito provavelmente, ser prevenida por meio de intimidação fidedigna. Do lado da dissuasão por meio de pena (*deterrence by punishment*)[2], portanto, da ameaça com ataques de retaliação contra o Estado agressor, há a dissuasão por recusa (*deterrence by denial*), que deixa ao agressor pouca esperança de alcançar sua meta. A segunda forma é bem menos problemática moralmente, e a primeira só é moralmente justificável quando não se direciona à população civil, mas contra o que é particularmente importante ao governo do Estado agressor. Além disso, é decisivo se empenhar diplomaticamente para que, aos olhos da China, a Rússia não apareça como um aliado natural.

---

2. A expressão entre parênteses está em inglês, no original, logo após o uso da expressão no alemão (*Abschreckung durch Bestrafung*). Logo em seguida, ainda no período a que essa nota remete, há procedimento semelhante para falar da dissuasão por recusa (*deterrence by denial/Abschreckung durch Versagung*). (N. do T.)

Diante da ameaça nuclear por um potencial agressor, a própria dissuasão crível necessita de um componente nuclear. Felizmente, após a saída do Reino Unido da União Europeia, a França permanece uma potência nuclear. Em quinto lugar, o aprofundamento da unificação europeia deve partir da França e da Alemanha, em sua condição de países mais fortes economicamente – tendo como meta de longo prazo, mas claramente declarada, um Estado federal. Na medida em que a lembrança histórica até lá for grande, a figura do império de Carlos Magno pode servir de inspiração, e não aquela de Otto, o Grande – entre os impérios desses dois soberanos, ocorreu a separação entre Alemanha e França. É totalmente impossível que os 27 Estados-membros da União Europeia entrem sincronicamente em acordo sobre um aprofundamento. Sobretudo a França e a Alemanha devem liderar a política orçamentária, a de migração e a de defesa, porém sem excluir os outros membros da União Europeia que queiram participar mais tarde do processo. Mas a preocupação dos que, inicialmente, podem ser deixados para trás no processo de decisão não deve conduzir a uma paralisia de um processo de unificação em pequenos círculos. Afinal, o medo de que a União Europeia venha a se desfazer, se reduzida a um "continue assim", é muito mais significativo que aquela preocupação. O mais provável é que os Estados de estatura média da União Europeia, sobretudo a Polônia, venham a se defender contra uma aliança franco-alemã. Todavia, por meio de sua flagrante contusão aos valores fundamentais da União Europeia, a Polônia já perdeu o direito a tal passo. Pelo contrário, um círculo mais estreito dentro da União Europeia pode ser, para os que não estão inicialmente envolvidos, um sinal de que devem se adaptar à normas europeias e de que não têm o direito de subvertê-los impunemente, desde que apenas dois Estados façam a mesma coisa. Tal passo é, além disso, compatível com o direito da União Europeia, e é o único caminho realista para dar voz audível à forma europeia do Ocidente no palco da política mundial. Com Macron, há uma chance real de um salto qualitativo na natureza da União Europeia, e não é provável que tal chance se repita em um futuro previsível. Esse intervalo de tempo em breve se encerrará, e talvez se feche, após os protestos em peso, da parte dos "coletes amarelos"[3], contra Macron quanto à política interna, e, então, a situação poderá se tornar bem sombria – para o Ocidente, mas, com isso, para o mundo inteiro.

Uma vez que o dever de um universalista é desejar que que os benefícios da modernidade possam ser concedidos a todos, ele deve defender plenamente a tese de que a última legitimação dada pelo projeto da modernidade foi a ideia de direitos humanos. E esse possui raízes tão profundas na cultura ocidental que, com o fim do Ocidente, o mundo inteiro careceria de algo crucial e, talvez, insubstituível. Os fundamentos espirituais e morais comuns de que um mundo globalizado precisa deverão se abastecer de recursos intelectuais de todas as culturas mundiais. Mas a cultura ocidental é aquela que, pela primeira vez, concebeu o projeto de um desenvolvimento abrangente dos tesouros espirituais de outras culturas, e pode, talvez, ser particularmente útil na busca de um fundamento moral comum. Aconteça o que acontecer, sua posição no fim deste século XXI será: o projeto da modernidade só terminará de modo benéfico para a humanidade se ele lograr chegar a um acordo global no que tange a um consenso sobre valores, que seja capaz de abranger as diferentes culturas. Caso contrário, a combinação presente de autodestruição das democracias ocidentais, ascensão da China e crescente aspiração da Rússia à revanche se revela explosiva em alta medida, em direção a uma guerra nuclear, e isso sem falar da progressiva destruição ambiental, que aumentará ainda mais o potencial de conflito do planeta. Diante do entrelaçamento global das culturas individuais, pode acontecer que o declínio cultural do Ocidente já não possa ser equilibrado por outra cultura em ascensão. O ideal de progresso histórico se mostraria, então, uma bolha onírica de uma época

---

3. "*Gelbwesten*", no original. O termo é usado para o "Movimento dos coletes amarelos", iniciado na França em outubro de 2018 e que se espalhou para outros países. Relacionou-se com o aumento do custo de vida e do preço dos impostos sobre produtos energéticos de origem fóssil e sobre emissões de carbono. Houve muitos feridos e cerca de 10 mortos. (N. do T.)

relativamente curta da história da humanidade. Contra preocupações semelhantes, o que auxilia é apenas a insistência na tese normativa do progresso – *deve*-se trabalhar pelo progresso da humanidade, ainda que não se saiba se esse progresso irá prevalecer – embora se possa desejar que sim –, em parte por vias imprevisíveis, apesar de todas as crises e processos de decadência. E intensifica-se a probabilidade de que o sensato triunfará, quando se analisam os perigos sem piedade. O pessimismo no pensamento é, portanto, um dever, pois por meio dele se elevam as chances de permanecer otimista de maneira mais responsável no agir. O quarto de século dourado terminou – apenas quem reconhece isso possui uma chance de trabalhar antecipadamente por quartos de século dourados em um futuro distante.

POSFÁCIO
DE 2021[1]

Os povos se tornaram seu senhor; todavia,
Nenhum de nós tão cedo triunfou –
Ainda é fértil o ventre de onde ele saiu.
Bertolt Brecht, *A resistível ascensão de Arturo Ui*, epílogo

1. A destituição de Trump é uma mudança no desenvolvimento que sucede desde 2016?

Em 7 de novembro de 2020, após quatro cansativos dias de contagem de votos, quando finalmente ficou claro que Joseph Biden e Kamala Harris haviam conseguido a maioria exigida no colégio eleitoral, o suspiro

---

1. Eu agradeço à minha irmã, Adriana Borra, por uma leitura pormenorizada e pela crítica ao texto, o que claramente o melhorou. O texto foi escrito em novembro [de 2020], após as eleições nos Estados Unidos, e atualizado em janeiro [de 2021].

de alívio foi mundialmente audível. O impedimento de um novo mandato de Trump deu ao mundo uma urgentemente necessária pausa para respirar, de modo que, finalmente, havia chance realista de aplicar uma solução racional aos problemas que vêm se acumulando. Uma coisa é clara: se Trump fosse confirmado novamente no cargo, ele não só continuaria seguindo, inteiramente sem obstáculos, o programa de seu primeiro mandato, mas o intensificaria. Uma aproximação maior da Rússia ocorreria, e talvez uma saída dos Estados Unidos da OTAN, com consequências nunca antes vistas para a estabilidade da Europa; haveria continuação agressiva da guerra comercial com a China e com a União Europeia, e também das tendências isolacionistas em geral na política externa (em maio de 2020, ele anunciara a saída da Organização Mundial da Saúde [OMS] para 2021). Dele não se esperava a menor contribuição para a redução do aquecimento global, ainda que este tenha sido um dos condicionadores do incêndio no verão de 2020 na Califórnia, em Oregon e em Washington, que queimou uma área de 33 mil km². Os Estados Unidos se encontraram, como eu igualmente gostaria de mostrar, no mais grave risco de se tornarem uma república das bananas. O Ocidente liberal teria, com isso, perdido seu papel de liderança mundial, e, entre as superpotências, já não haveria uma democracia liberal em funcionamento. Kimberly Guilfoyle, namorada do filho do presidente, Donald Trump Jr., encerrou seu discurso em uma convenção do Partido Republicano, em agosto de 2020, com o alegre anúncio que, no outro lado, seria inteiramente percebido como ameaça: *"The best is yet to come"* ("O melhor está para vir").

Mas se trata de um suspiro, e não de um grito de júbilo, pois a angústia da saída mostrou que seria irresponsável acreditar que a ameaça ao liberalismo clássico, de que se trata nesta obra, esteja finalmente superada. Trump não é mais presidente; o trumpismo, porém, ainda permanece como fator importante da política dos Estados Unidos. De fato, Biden, como já Clinton em 2016, obteve a maioria dos votos (a diferença de votos para Trump atingiu, dessa vez, mais de seis milhões). Mas, em primeiro lugar, isso significa que, ainda assim, quase 47% dos eleitores votaram em Trump (e isso não foi apenas devido à maior participação nas eleições do país desde 1900; em números absolutos, mais pessoas votaram em Trump que em 2016, mas até mesmo a porcentagem de votos em Trump foi mais alta que em 2016). E, em segundo lugar, sabe-se que, nas eleições presidenciais norte-americanas, é a maioria no colégio eleitoral que conta. Aqui, Biden ganhou, por fim, 306 de 538 votos, mas, como em 48 dos 50 estados vale o princípio segundo o qual o partido que obtém a maioria fica com todos os votos, essa vitória pode ser avaliada como extremamente disputada, pois, mantendo inalteradas todas as outras coisas, se nos três estados de virada, Arizona, Geórgia e Pensilvânia, respectivamente 5.500, 6.000 e 41.000 eleitores tivessem votado em Trump em vez de em Biden, ele teria sido reeleito presidente.

Infelizmente, não há dúvida de que Trump, sem sua grotesca incapacidade de liderar durante a pandemia, teria sido reeleito, e é provável que, entre os candidatos democratas, apenas Biden pudesse vencê-lo. Felizmente, porém, os democratas puderam conquistar alguns lugares no Senado, provocando uma situação de empate que, todavia, apresenta uma maioria, pois, segundo a Constituição, em caso de igualdade de votos no Senado, a decisão cabe ao vice-presidente – ou melhor, à vice-presidenta. Contudo, por meio de obstrução, também se pode bloquear uma legislação importante com uma minoria de 41 senadores (além de procedimentos de reconciliação), embora essa regra tenha sido evitada na nomeação de juízes na Suprema Corte por meio de aplicação das chamadas "opções nucleares", desde 2013. Na Câmara dos Representantes, os democratas conseguiram manter a maioria, mas sofreram perdas; é a maioria mais apertada que o respectivo partido majoritário já possuiu em duas décadas. Uma consequência disso é que Biden, nos próximos dois anos, conseguirá se impor um pouco, mas indica que, em seguida, que o apoio quase incondicional dos deputados republicanos ao seu presidente lhes causou poucos danos com seus eleitores regulares (nas eleições estatais, os republicanos conseguiram a maioria, ainda que por pouco). Além disso, Trump permanecerá uma figura importante entre os republicanos – mesmo que, por motivos de idade, a tocha seja passada adiante em alguns anos. O país, em todo caso, permanecerá profundamente cindido. Ainda que a política internacional sob Biden seja mais previsível, as tensões da política interna não serão reparadas.

O resultado das eleições foi tão inquietante, também, porque Trump não apenas carece de todas as qualificações de caráter exigidas para um cargo superior de Estado, mas porque suas ideias políticas contradizem o bem-estar comum do mundo, e também dos próprios Estados Unidos. Já antes da eleição, Trump sempre deixava claro que já não estava no terreno da Constituição norte-americana – uma acusação que, por exemplo, não se poderia fazer a George W. Bush, ainda que se rejeitem suas decisões políticas particulares. Todavia, isso não conduziria, de modo algum, a movimentos consistentes, da parte dos republicanos pedindo sua destituição, uma vez que, mesmo com a Constituição em seus corações e mentes, se deram conta de que, por causa de sua popularidade, o presidente seria capaz de acabar com suas carreiras, e isso, para eles, era mais importante do que a Constituição. Na primeira tentativa de *impeachment* de 2019/2020, fadada ao fracasso e, portanto, não sábia, apenas um dos senadores republicanos, Mitt Romney, votou pela condenação de Trump, e apenas relativamente ao primeiro ponto de acusação, abuso de poder. Muitos observadores viram isso como garantido, pois Trump havia pressionado por telefone o presidente da Ucrânia, Wolodymyr Selenskyj, a investigar, entre outros, Joseph Biden e afirmar, mentindo, que não foi a Rússia, mas a Ucrânia que interveio nas campanhas de eleição presidencial dos Estados Unidos em 2016. Mas isso foi insignificante comparado com o que viria posteriormente.

A Constituição norte-americana é caracterizada como liberal-democrática devido a três ideias – em primeiro lugar, a divisão horizontal de poderes entre os três poderes; em segundo lugar, a divisão horizontal de poder entre Estado (federação) e estados-membros; e, em terceiro lugar, as eleições democráticas. Trump tentou arruinar todas as três, pois apenas esse seria o caminho para uma autocracia duradoura. Em 15 de abril de 2020, ele explicou que possuiria o direito de lidar unilateralmente com o Congresso, se o Senado não confirmasse, finalmente, as pessoas nomeadas por ele aos cargos no governo federal, o que os senadores do Congresso postergaram (devido ao adiamento do Congresso, as nomeações não exigem confirmação do presidente, uma vez que ele tem direito a nomeações de recesso temporárias). Ele mencionou que talvez essas medidas tenham sido aplicadas – ninguém o sabia –, mas ele procederia à sua aplicação[2]. A observação de que ninguém sabia se uma procrastinação unilateral do Congresso pelo presidente ocorrera era uma das inúmeras mentiras de Trump; toda obra de referência pertinente afirma que nenhum presidente, nem mesmo na Guerra Civil e em duas Guerras Mundiais, adotou esse direito. Ora, todas as coisas boas devem ter um início; e justifica-se a questão, se o presidente possui tal direito pela Constituição, ainda que ninguém nunca o tenha exercitado. Um olhar na Constituição dos Estados Unidos (artigo 2, inciso 3) afirma que tal direito só procede quando as duas câmaras do Congresso não concordam sobre o dia da postergação; e tal situação não existia. O Senado dominado por republicanos teve o cuidado de ocasioná-la, pois a enorme liberdade que o presidente possuía no tocante ao espaço de tempo da postergação é altamente perigosa e, presumivelmente, um motivo pelo qual nenhum presidente havia invocado esse direito.

Essa ameaça ao legislativo atraiu ainda mais a atenção, pois apenas dois dias antes Trump havia reivindicado autoridade total sobre os estados, no que diz respeito à possibilidade de ordenar a reabertura da economia durante a pandemia da Covid-19, que havia sido restringida pelo excelente motivo de proteção de vidas: "Quando alguém é presidente dos Estados Unidos, a autoridade é total. Os governadores sabem disso"[3].

---

2. KAPUR, S.; HUNT, K.; CALDWELL, L. A. Trump treathens unprecendented move of adjourning Congress to fill vacancies. Disponível em: <https://www.nbcnews.com/politics/congress/trump-threatensunprecedented-move-adjourning-congress-fill--vacancies-n1184886>. Acesso em: 8 mar. 2021.
3. COLVIN, J.; MILLER, Z.; MULVIHILL, G. Trump claims "total" authority over govs, to reopen economy. Disponível em: <https://apnews.com/article/ba9578acf23bdb-03fd51a2b81f640560>. Acesso em: 8 mar. 2021.

Todavia, os governadores – que, diferentemente de Trump, leram a Constituição – sabiam que, de acordo com a décima emenda da Constituição, todos os direitos não expressamente transferidos ao Estado central permanecem com os estados-membros, e eles não conseguiram encontrar no texto constitucional a transferência de direitos reivindicada por Trump. Houve protestos sobre essa questão, e não apenas entre os governadores democratas. Como Trump percebeu que não poderia impor sua vontade por meios legais, ele escreveu, em 17 de abril, tuítes incendiários, nos quais exigia a "libertação" de alguns estados regidos por democratas, como Michigan, Minnesota e Virgínia. O último tuíte afirmava: "*LIBERATE VIRGINIA, and save your great 2nd amendment. It is under siege*"[4] ("LIBERTEM A VIRGÍNIA, e salvem sua grande segunda emenda. Ela está sob cerco"). Esse texto aparentemente insurgente, que convocava à deposição de governos impopulares de estados individuais, chamava, sem vergonha alguma, à proteção da Constituição, mas, como a segunda emenda garante o direito ao porte de armas, foi um convite disfarçado a buscar a "libertação" dos estados, precisamente com os meios alegadamente ameaçados. O apelo de Trump não foi ineficaz. Em 14 de maio, encontravam-se, em parte, cidadãos com armamento pesado diante do parlamento de Michigan, alguns dos quais avançaram até a galeria do senado. Eles protestaram contra os fortes regulamentos que a governadora Gretchen Whitmer, particularmente impopular, como mulher inteligente e vigorosa, havia adotado devido a recomendações competentes de cientistas, para limitar a disseminação posterior da Covid-19. Não se usou de violência, mas o potencial de ameaça foi evidente. Vestiam bandeiras dos estados escravagistas confederados (aos quais Michigan não pertence, mas que foi idealizado como baluarte dos "bons e velhos tempos" do domínio branco), agitaram

---

4. Mauger, C.; Leblanc, B. Trump tweets "liberate" Michigan, two other states with Dem governors. Disponível em: <https://www.detroitnews.com/story/news/politics/2020/04/17/trump-tweets-liberate-michigan-other-states-democratic-governors/5152037002>. Acesso em: 8 mar. 2021.

laços de vaqueiro e mostraram placas que igualavam Whitmer a Hitler[5]. Outro cartaz popular nos protestos nacionais contra as restrições à vida econômica dizia: "Me dê liberdade, ou me dê a morte"[6]. Uma das frases mais conhecidas dos Estados Unidos de Patrick Henry, dita em 1775 para iniciar a Guerra de Independência, se tornou *slogan* de idiotas úteis de um homem que deseja eliminar a Constituição. Não houve apenas ameaças vagas – em outubro, foram presos, em Michigan, treze homens que pertenciam à milícia "*Wolverine Watchmen*"[7], cujo nome evoca representações totêmicas, e discutiam planos concretos de sequestrar a governadora – seja após uma invasão ao Parlamento de Lansing, seja após um ataque a sua residência privada, em Wisconsin – e levá-la a um "tribunal"[8].

O ataque mais perigoso de Trump aos direitos dos estados ocorreu em 1º de junho. Durante os protestos de âmbito nacional, pacíficos em geral – ainda que com ocasional violência e algumas pilhagens –, após a truculenta morte do afro-americano George Floyd pela polícia – que,

---

5. CENSKY, A. Heavily Armed Protesters Gather Again at Michigan Capitol To Decry Stay-At-Home Order. Disponível em: <https://www.npr.org/2020/05/14/855918852/heavily-armedprotesters-gather-again-at-michigans-capitol-denouncing-home-order>. Acesso em: 8 mar. 2021.

6. ELLIOT, J. K. "Give me liberty or... COVID-19". The irony of coronavirus protests in the U.S. Disponível em: <https://globalnews.ca/news/6841743/coronavirus-protests-ussigns>. Acesso em: 8 mar. 2021.

7. Há uma influência de cultura *nerd* no nome da milícia "Wolverine Watchmen". Wolverine é o codinome de Logan, um famoso mutante canadense da franquia *X-Men*, da Marvel Comics, uma série de quadrinhos que discute temas como preconceito e relações humanas, a dificuldade de aceitar as diferenças. Wolverine possui poder de cura e o esqueleto de um metal indestrutível fictício, *adamantium*. O nome "*wolverine*" significa, em português, "carcaju", ou "glutão", o mamífero mustelídeo da espécie *Gulo gulo*, segundo a classificação de Lineu. *Watchmen*, por sua vez, é uma franquia da rival da Marvel, DC Comics, que envolve conspiração, questionamento do papel dos super-heróis e temas de política, arte, sociedade. (N. do T.)

8. CHUTE, N. What we know about the plot to kidnap Gretchen Whitmer and how the FBI foiled the militia's plan. Disponível em: <https://www.lansingstatejournal.com/story/news/2020/10/08/michigan-governor-gretchen-whitmer-kidnapping-plot-wolverine-watchmen-militia-foiled/5925357002/>. Acesso em: 8 mar. 2021.

mais uma vez, transformou em espetáculo a brutalidade e o racismo sistêmico –, Trump empregou a estratégia de se passar por guardião da lei e da ordem. Entre outras coisas, permitiu o uso de gás lacrimogêneo para afastar os manifestantes pacíficos, enquanto, no jardim de rosas, discursou, intitulando-se *your president of law and order* ("seu presidente da lei e da ordem"), exigindo dos governadores que recorressem à guarda nacional, para "dominar" as ruas. Caso contrário, ele utilizaria as forças armadas para resolver o problema. Então, caminhou, acompanhado, entre outros, do ministro da Justiça William Barr, do ministro de Defesa Mark Esper e do chefe de estado-maior Mark Milley, rumo à igreja episcopal de São João, cuja paróquia havia sido danificada durante os protestos. Diante dela, ele se fotografou segurando uma Bíblia. Sua porta-voz, Kayleen McEnany, não hesitou em comparar esse ato com a visita de Winston Churchill aos distritos danificados por bombas alemãs, em 1941. Para arrebatar também os católicos com sua religiosidade, no dia seguinte Trump visitou o santuário nacional de São João Paulo II. Contudo, sua intenção declarada de utilizar as forças armadas nos estados ainda que contra a sua vontade, que possuía apenas a Lei de Insurreição de 1807[9] como base legal, não foi implementada. Além do protesto da mídia fiel à Constituição, foi decisiva a integridade dos militares. Em 3 de junho, Esper declarou que o uso interno das forças armadas só é permitido nas situações mais urgentes e terríveis; o que não era o caso. Portanto, ele contestou a aplicabilidade da Lei de Insurreição. Milley se desculpou alguns dias mais tarde,

---

9. "A *Lei da Insurreição de 1807* é uma lei federal dos Estados Unidos (especificamente, 10 USC §§ 251, 252, 253, 254 e 255) que dá poderes ao Presidente dos Estados Unidos para usar as Forças Armadas no território dos Estados Unidos em algumas circunstâncias especiais, como para acabar com agitações civis, insurgências e rebeliões. O principal objetivo desta lei é limitar o poder do presidente; em troca, os governos estaduais e locais devem reagir primeiro durante uma insurreição. A aplicação desta lei e da *Lei de Posse Comitatus* reduz severamente os poderes do presidente de agir em solo americano"). WIKIPEDIA. *Lei da Insurreição de 1807*. Disponível em: <https://pt.wikipedia.org/wiki/Lei_da_Insurrei%C3%A7%C3%A3o_de_1807>. Acesso em: 17 mar. 2021. (N. do T.)

por sua presença no encontro fotográfico de Trump, pois as forças armadas possuem um dever de ser politicamente neutras (por causa disso, ele considerou até mesmo se demitir)[10]. A reação dos líderes religiosos que não gostaram dessa instrumentalização desavergonhada da religião não foi menos hostil. O bispo católico afro-americano Wilton Gregory foi especialmente claro em relação ao seu repúdio[11]. (Será que talvez também tenha sido por esse motivo que ele foi nomeado cardeal pelo papa Francisco, em novembro de 2020?) Em todo caso, a mídia, os militares e as Igrejas desempenharam um papel importante em impedir a ruptura constitucional planejada por Trump.

O que é idiossincrático na vontade de liberdade daqueles que protestam contra as restrições causadas pela Covid-19 é que eles são motivados a proferir frequentes absurdos sobre medidas racionalmente legitimadas por políticas sanitárias, e às vezes estão dispostos até a planejar crimes para a proteção da liberdade, mas, ao mesmo tempo, essas pessoas estão absolutamente comprometidas com um presidente que declarou, em discursos públicos de agosto e setembro de 2020, que "negociaria" um terceiro mandato, após sua reeleição, ao qual ele tem direito, por ter sido tratado tão injustamente[12]: assim fala o narcisista e o negociante, que não possui consciência legal alguma, e que não quer saber que a Constituição não é um negócio, mas sim o paradigma para toda negociação. Foi precisamente

---

10. KUBE, C.; LEE, C. E. Joint Chiefs Chairman Milley discussed resigning over role in Trump's church photo op. Disponível em: <https://www.nbcnews.com/news/us-news/joint-chiefs-chairman-milley-discussed-resigning-over-role-trump-s-n1230116>. Acesso em: 8 mar. 2021.
11. JACKSON, D.; COLLINS, M.; WU, N. Washington archbishop denounces Trump visit to Catholic shrine as "baffling" and "reprehensible". Disponível em: <https://www.usatoday.com/story/news/politics/2020/06/02/george-floyd-trump-visit-catholic-shrine-amid-photo-op-criticism/3122549001/>. Acesso em: 17 mar. 2021.
12. SOLENDER, A. Trump Says He Will "Negotiate" Third Term Because He's "Entitled" To It. Disponível em: <https://www.forbes.com/sites/andrewsolender/2020/09/13/trump-says-he-will-negotiate-third-term-because-hes-entitled-to-it/?sh=6e95ae-5d287c>. Acesso em: 23 mar. 2021.

o medo da tirania que conduziu, na 22ª emenda da Constituição, à limitação dos mandatos de presidente a dois. Quem possui um mínimo de inteligência consegue saber que a expansão de mandatos sem uma emenda constitucional não pode ocorrer sem uma violação constitucional e que a aprovação de tais emendas é, em geral, muito difícil nos Estados Unidos, sendo altamente improvável um consenso quanto a essa questão. No entanto, Trump não precisava ocultar seus reais desejos: milhões o apoiaram em seu caminho rumo à autocracia, e, de fato, acreditando subjetiva e honestamente que, sob sua liderança contra a tirania da política sanitária de muitos governadores, lutavam pela liberdade. Pensa-se na expressão "*Sic semper tyrannis*" ("assim, sempre aos tiranos"), que John Wilkes Booth teria pronunciado ao assassinar Abraham Lincoln, pois este havia o privado do direito de possuir seres humanos como escravos e de tratá-los como animais.

 O respeito de Trump pelo voto popular se mostrou na noite de eleição, de 3 a 4 de novembro, quando os votos ainda eram contados, mas, devido ao fato de que, em muitos estados, o número de votos postais, mais comumente usados pelos democratas, iniciou posteriormente, a tendência lentamente começou a mudar, como esperado. Ele começou a se declarar expressamente vencedor, ao som das palmas de grandes nomes do partido republicano, e alegou que uma enorme fraude eleitoral estava acontecendo[13]. Apesar das duras críticas, também por parte de alguns republicanos, ele insistiu no assunto em um discurso na Casa Branca, no dia 5 de novembro. Contando apenas os votos legais, ele vencia facilmente, mas, ao contar os votos ilegais, poder-se-ia tentar roubar a vitória eleitoral "de nós". Ele criticou, não tão injustamente, os psefologistas[14] que erraram, como em 2016, ao ter declarado como seus eleitores policiais, fazendeiros e cidadãos comuns; graças à sua política, os republicanos se tornaram o

---

13. REUTERS. President Trump's election night speech. Disponível em: <https://www.youtube.com/watch?v=K_ESXL7J6DY>. Acesso em: 8 mar. 2021.
14. Psefologia é o estudo e análise de estatísticas eleitorais. (N. do T.)

partido dos trabalhadores, enquanto nos "*big media, big money, big tech*" ("grande mídia, grandes quantias de dinheiro e grandes empresas de tecnologia") teria ocorrido uma interferência eleitoral maciça a serviço dos democratas. Ele previra, acertadamente, que falsificações em massa seriam iminentes, e, de fato, votos agora estão sendo encontrados "de maneira milagrosa", o que diminuiu sua liderança, com observadores republicanos não sendo admitidos. Todavia, ele lutaria contra a corrupção e pela integridade do processo eleitoral[15]. Em uma coisa, Trump estava certo – todavia, não inteiramente certo –, ele previra que a fraude eleitoral estava em andamento e, de fato, desde 2016; pois a imagem de mundo de Trump e de seus fãs é relativamente simples: ele deve ganhar e, quando isso não sucede, não é possível fazer as coisas legalmente. Não está nem fora de questão que Trump realmente acredita nisso, pois golpistas sociopatas, muitas vezes, acabam caindo nas próprias teias. Por isso, ele observou, já em 2016, ter obtido a maioria dos votos de eleitores, e não apenas do colégio eleitoral. Roger Stone, seu homem leal para os brutos, que foi condenado a quarenta meses de prisão em 2020, mas logo perdoado por Trump (em dezembro e em janeiro, seguiram-se inúmeros outros perdões para seguidores de criminosos), já havia fundado, em 2016, o grupo "*Stop the Steal*" ("Parem com o Roubo"), que, em 2020, ressurgiu de maneira milagrosa. Embora todos os superintendentes eleitorais oficiais, incluindo republicanos e internacionais, tenham dito não ter havido nenhum traço de fraude eleitoral, Trump se recusou a admitir a derrota[16] e inundou os

---

15. NEWS 19 WLTX. President Trump full speech on Election results: November 5, 2020. Disponível em: <https://www.youtube.com/watch?v=m8aEo4U5ZnQ>. Acesso em: 8 mar. 2021.
16. Ainda no dia 20 de novembro, Trump explicou que a Pfizer havia conscientemente delongado o anúncio da vacina contra o Covid-19 para após a eleição, para prejudicá-lo (o que é, em princípio, concebível), mas que, mesmo de outra forma, os democratas provavelmente teriam encontrado as cédulas necessárias (ilegais): THE GUARDIAN. Trump accuses Pfizer of dealing vaccine announcement until after election – video. Disponível em: <https://www.theguardian.com/us-news/video/2020/nov/

tribunais dos estados com queixas. O procurador-geral do Texas, auxiliado por procuradores-gerais de dezessete outros estados republicanos e pelo próprio Trump, se queixou diretamente à Suprema Corte, com o objetivo de invalidar milhões de votos na Geórgia, Wisconsin, Michigan e Pensilvânia. No entanto, todo o esforço foi em vão, pois os tribunais, incluindo a Suprema Corte, foram um baluarte de lei e de ordem, ainda que o próprio Trump tenha nomeado três dos novos juízes na Corte Suprema (a última dessas nomeações foi confirmada pelo Senado apenas oito dias antes das eleições de novembro, o que foi correto, institucionalmente, porém deselegante politicamente, além de inconsistente com o comportamento anterior dos republicanos, que se recusaram a indicar, durante o último ano do mandato de Obama, em 2016, o candidato Merrick Garland, porque não queriam antecipar a vontade do povo nas eleições de novembro. Com essa ação de Trump, a politização do judiciário ficou clara e danificou-se a autoridade deste como instância suprapartidária).

Como medida final, alguns republicanos até consideraram permitir, após a eleição popular, eleitores nomeados pelo legislativo nos estados relevantes governados por republicanos[17]. Isso não fere a Constituição, que confere aos estados liberdade ampla, sobre como determinar seus eleitores, e, de fato, assim foi o procedimento de muitos estados até meados do século XIX; todavia, atualmente leis dos estados não permitem isso. O fato de essa proposta ter sido feita, aliás, de Trump ter convocado importantes republicanos de Michigan para uma reunião extraordinária em Washington após ter perdido o estado[18] – embora sem sucesso – testemunha um

---

20/trump-accuses-pfizer-of-delaying-vaccine-announcement-until-after-election--video>. Acesso em: 8 mar. 2021. De qualquer modo, ele ganhou a eleição.
17. Gabriel, T.; Saul, S. Could State Legislatures Pick Electors to Vote for Trump? Not Likely. Disponível em: <https://www.nytimes.com/article/electors-vote.html?auth= login-email&login=email>. Acesso em: 8 mar. 2021.
18. White, E.; Eggert, D.; Miller, Z. Trump summons Michigan GOP leaders for extraordinary meeting. Disponível em: <https://apnews.com/article/trump-invites--michigan-gop-whitehouse-6ab95edd3373ecc9607381175d6f3328>. Acesso em: 8 mar. 2021.

desprezo abissal pelo processo democrático. Ainda mais preocupante é que o incorruptível secretário de Estado da Geórgia, Brad Raffensperger, relatou que o senador Lindsey Graham (que contestou a fala) o havia pressionado para não contar votos legais[19]. O próprio Trump aumentou a pressão sobre Raffensperger, em uma conversa pública ao telefone, no início de janeiro, na qual, escancaradamente, o ameaçou com uma acusação[20].

Embora a eleição presidencial esteja nas mãos dos estados-membros – não há, nos Estados Unidos, comissário federal eleitoral[21] –, o que leva a algumas idiossincrasias e divergências entre eles, essa regulação foi uma benção em 2020, pois uma manipulação de uma autoridade federal pelo chefe do executivo teria sido mais fácil. Ainda aqui, deve-se admirar a perspicácia dos Pais Fundadores, pois investiram no impedimento de uma autocracia. Também foi importante o papel do exército: em 11 de novembro, o chefe de gabinete Mark Milley anunciou, em um discurso no Dia dos Veteranos, que as forças armadas dos Estados Unidos prestaram um juramento não a um indivíduo, mas à Constituição[22] – uma clara alusão ao fato de que elas não tolerariam uma ruptura constitucional por um indivíduo. Em outros lugares, os militares repetidamente se envolvem na derrubada da democracia, mas, nos Estados Unidos, eles a defenderam do presidente cidadão. Com certeza, além do patriotismo constitucional, desempenhou um papel o fato de que Trump, totalmente distinto de

---

19. GAMBINO, L. Georgia's secretary of state says Lindsey Graham suggested he throw out legal ballots. Disponível em: <https://www.theguardian.com/us-news/2020/nov/16/georgia-brad-raffensperger-lindsey-graham-elections-ballots>. Acesso em: 8 mar. 2021.
20. QUINN, M.; PERRY, T. Trump heard on phone call urging Georgia officials to "find" enough votes to overturn presidential results. Disponível em: <https://www.cbsnews.com/news/trump-phone-call-georgia-secretary-of-state-raffensperger-find-votes/>. Acesso em: 8 mar. 2021.
21. Na Alemanha, é o responsável por supervisionar as eleições em nível federal. O atual comissário federal eleitoral da Alemanha é Georg Thiel. (N. do T.)
22. ASSOCIATED PRESS. *Gen. Miley: "We take an oath to the Constitution"*. Disponível em: <https://www.youtube.com/watch?v=DLU6rrYjRxc>. Acesso em: 23 mar. 2021.

golpistas talentosos, afastou os generais, por exemplo, ao ter bajulado ditadores estrangeiros – sendo a proteção contra eles uma das tarefas centrais das forças armadas dos Estados Unidos. Mas foi alarmante, para observadores inteligentes, que, no início de janeiro, todos os dez ex-ministros de Defesa vivos dos Estados Unidos, de ambos partidos, tenham considerado necessário enfatizar, em uma explicação pública, o compromisso das forças armadas com a Constituição e alertar contra a participação em atos anticonstitucionais[23].

O aviso se justificava, pois, em 6 de janeiro, quando o Congresso, presidido pelo vice-presidente Michael Pence, deveria confirmar a eleição do colégio eleitoral (geralmente, mera formalidade), Trump fez um discurso inteligente, porque indireto e inflamatório, diante de seus fãs agrupados, no qual os convidou a ir com ele ao Capitólio e mostrar força. O resultado é que centenas de seus fãs invadiram o Capitólio. Um dos intrusos agitou uma bandeira dos Estados Confederados da América, outro vestia um suéter com as palavras *"Camp Auschwitz"*. Como Trump não conseguiu apoio das forças armadas, a multidão deveria ajudá-lo. As Câmaras do Parlamento tiveram de ser evacuadas, senadores e membros da Câmara dos Representantes tiveram de ser colocados em segurança e alguns dos insurgentes até carregaram uma forca, na qual ameaçaram enforcar Pence, pois o viam como um traidor. Uma pessoa foi morta a tiros no Capitólio (no total, houve cinco mortes). Trump se recusou, inicialmente, a usar a Guarda Nacional para proteger o legislativo, sendo que, antes, queria impor essa Guarda aos estados; finalmente, concordou com a pressão de Pence[24].

---

23. CARTER, A. et al. Opinion: All 10 living former defense secretaries: Involving the military in election disputes would cross into dangerous territory. Disponível em: <https://www.washingtonpost.com/opinions/10-former-defense-secretaries-military--peaceful-transfer-of-power/2021/01/03/2a23d52e-4c4d-11eb-a9f4-0e668b9772ba_story.html>. Acesso em: 24 mar. 2021.
24. COLLINS, K. et al. Pence took leads as Trump initially resisted sending National Guard to Capitol. Disponível em: <https://edition.cnn.com/2021/01/06/politics/pence--national-guard/index.html>. Acesso em: 8 mar. 2021.

Pediu aos intrusos para se retirarem, mas ao mesmo tempo, lhes assegurou de seu amor. Apenas na noite de 7 de janeiro, às 3h45, Pence pôde confirmar a vitória de Biden, após a possibilidade de reunião do Parlamento. Embora esse ataque ao legislativo (que também foi um desdém pela autoridade do judiciário) tenha sido, sem dúvida, instigado por Trump, aquela noite sete senadores e 138 membros da Câmara dos Representantes votaram contra a confirmação da eleição na Pensilvânia, então continuaram a apoiar a narrativa de fraude eleitoral, após uma tentativa de golpe pelo executivo. Pelo menos, alguns republicanos finalmente se afastaram dele; entenderam que o homem em quem originalmente acreditaram agiria como um apanhador de votos para seus próprios interesses econômicos; na verdade, queria destruir a Constituição. Foi a primeira vez na história norte-americana que o Parlamento foi ocupado com violência (desconsiderando a tomada de Washington pelos britânicos, em 1814). Ainda que a insurreição tenha sido, no final das contas, malsucedida, as imagens da expulsão de órgãos constitucionais decisivos por uma massa incitada por um chefe de Estado destruíram, para sempre, o mito da invulnerabilidade da democracia norte-americana.

Em consonância com sua recusa em reconhecer a vitória eleitoral, Trump dificultou, além disso, os preparos para a transferência de poder até dia 23 de novembro, o que afetou a habilidade do novo presidente, após a posse, de rapidamente levar adiante as tarefas de política interna e externa. Por meio da demissão do ministro de Defesa, Mark Esper (que, desde junho, foi tido por desleal, já que pôs a Constituição em primeiro lugar, e não o presidente), e de ocupantes de cargos elevados no campo de segurança nacional, com sua substituição por bajuladores logo após a eleição, Trump pôs em risco a segurança da nação (também o ministro da Justiça William Barr seria demitido em dezembro, como ele explicou, se as eleições tivessem corrido bem). E pôs em perigo aliados, na medida em que decidiu a retirada de tropas do Afeganistão, Iraque e Somália, sem ter entrado em acordo a respeito com seus parceiros da OTAN – e não apenas da OTAN: o secretário-geral Jens Stoltenberg e senadores republicanos também ficaram inquietos com essa decisão[25]. Em todo caso, o veto de Trump ao Ato de Autorização da Defesa Nacional foi rejeitado pela maioria de dois terços exigida constitucionalmente em ambas as câmaras do Congresso – pela primeira vez no mandato de Trump[26]. Ele ponderou bombardear a instalação de tecnologia central mais importante do Irã, o que teria tornado impossível uma normalização das relações entre Estados Unidos e Irã durante o novo governo, mas foi persuadido a abandonar essa ideia[27]. O comportamento de Trump, em parte inspirado por autoritarismo, em parte pelo desejo maligno de estratégia de terra arrasada, rompeu com uma tradição clássica da democracia do país, que não apenas reproduz, parcialmente, o consenso político após uma eleição, mas que também concede chance, ao perdedor das eleições, de despertar respeito, fortalecendo as regras do jogo do bem-estar comum, na medida em que dá parabéns ao concorrente à moda de um cavalheiro, o conduz ao ofício e não gera novos processos políticos, com consequências imprevisíveis (lembro-me do nobre discurso de concessão de John McCain, em 2008, e da lida correta de Obama com Trump, após a eleição deste). Pela primeira vez desde 1869, um presidente eleito não esteve presente na passagem do cargo a seu sucessor.

Seria possível dizer que isso apenas mostrou, mais uma vez, as bem conhecidas fraquezas de caráter e vícios de Trump. Mas, infelizmente, com isso Trump prejudicou não apenas a sua fama; ele corroeu a legitimidade do novo presidente, como fez durante o mandato de Barack Obama, quando contestou que este teria nascido nos Estados Unidos (o que, com

---

25. BBC. Us troops in Afghanistan: Allies and Republicans alarmed at withdrawal plan. Disponível em: <https://www.bbc.com/news/world-us-canada-54980141>. Acesso em: 8 mar. 2021.
26. FORAN, C.; BARRET, T. Senate votes to override Trump's veto on defense bill. Disponível em: <https://www.cnn.com/2021/01/01/politics/senate-votes-to-override--trump-veto-ndaa/index.html>. Acesso em: 8 mar. 2021.
27. SCHMITT, E. et al. Trump Sought Options for Attacking Iran to Stop Its Growing Nuclear Program. Disponível em: <https://www.nytimes.com/2020/11/16/us/politics/trump-iran-nuclear.html>. Acesso em: 8 mar. 2021.

algumas exceções, é constitucionalmente um dos pressupostos para ser presidente). Milhões já acreditam, agora, na nova lenda da punhalada nas costas de Trump; no meio de novembro, apenas 29% dos republicanos tomavam Biden por vencedor legítimo[28]. Muitos dos 68% dos republicanos, que pressupõem uma eleição manipulada, farão tudo nos próximos anos, para se vingar da suposta fraude eleitoral. A enorme procura por mídia como Newsmax ou One America News, que ultrapassaram, de longe, Fox News na oferta de teorias da conspiração (sendo que esta se distanciou de Trump no fim do seu mandato), mostram aonde a jornada irá conduzir[29]. De fato, é correto que a maioria dos norte-americanos votou em democratas em cinco das seis eleições presidenciais desde 2000 e que essa tendência continuará. Mas o presidente é eleito pelo colégio eleitoral, e a tentativa, do Pacto Interestadual pelo Voto Popular, de ter um número suficiente de estados que concordem em designar como seus eleitores aqueles votados pela maioria da população, encontra obstáculos. Em primeiro lugar, precisa da aprovação de alguns estados republicanos, o que atualmente não se verifica, e, em segundo lugar, provavelmente falhará por motivos constitucionais, já que plano parece violar o direito da Câmara dos Representantes no caso da chamada "eleição contingente" do presidente. E, mesmo para aqueles que gostariam de ver o colégio eleitoral abolido por motivos democráticos, seria preciso ter cuidado com a legitimação de rupturas constitucionais que poderiam ir em caminhos totalmente distintos, na próxima oportunidade. É mais provável esperar que um estado maior, como o Texas, devido à imigração de outros países, lentamente se modifique rumo à vertente democrática.

---

28. CASTRONUOVO, C. Half of Republicans in new poll say election was "rigged", stolen from Trump. Disponível em: <https://thehill.com/homenews/campaign/526464-half-of-republicans-in-new-poll-say-rigged-election-was-stolen-from-trump>. Acesso em: 8 mar. 2021.

29. STELTER, B. Stelter: Fox News has never seen competition like this in its history. Disponível em: <https://edition.cnn.com/videos/media/2020/11/15/trump-biden-election-fox-news-newsmax-oan-stelter-rs-vpx.cnn>. Acesso em: 9 mar. 2021.

Em todo o caso, Trump apenas inspirou uma revolta, e não arriscou uma guerra civil efetiva, para permanecer no poder. De fato, seu filho Donald Trump Jr., em um tuíte de 5 de novembro, exigiu que seu pai "fosse à guerra total nessa eleição" ("*to go to total war over this election*")[30] – e me atrevo a duvidar que essa tenha sido uma referência proposital ao Discurso do Sportpalast de Joseph Goebbels, não por motivos morais, mas porque não possuo muita estima pela formação histórica de Trump Jr. O apelo não veio muito tempo após a publicação de novas enquetes que comprovam haver, em ambas as vertentes políticas, um forte acréscimo da convicção de que é admissível o uso de violência em confrontos políticos – de 2017 a 2020 passou de 8% a 33% entre os democratas, e de 8% a 36% entre os republicanos[31]. O próprio Trump convidou, em um dos dois debates televisivos com Biden, os radicais de direita propensos à violência *Proud Boys* a "dar um passo para trás e ficar a postos" ("*stand back and stand by*")[32]. Mas, enquanto Trump vê que outros arriscam a vida por ele, ele é muito covarde para atravessar o Rubicão por conta própria, como fez César; após a confirmação da eleição de Biden pelo Congresso, ele se distanciou nitidamente da massa, que acreditava estar fazendo o melhor ao invadir o Capitólio. Presumivelmente, Trump realmente não gosta de mortes ilegais[33]. E ele foi muito preguiçoso, seu espírito muito difuso e

---

30. GILLMAN, T. J. Trump, on cusp of defeat to Biden, says "they're trying to steal an election" after son calls for "total war". Disponível em: <https://www.dallasnews.com/news/elections/2020/11/05/with-biden-one-state-from-presidency-trump--demands-stop-the-count/>. Acesso em: 9 mar. 2021.
31. ROPER, W. Feelings of Political Violence Rise. Disponível em: <https://www.statista.com/chart/23124/political-violence/>. Acesso em: 9 mar. 2021.
32. FRENKEL, S.; KARNI, A. Proud Boys celebrate Trump's "stand by" remark about them at the debate. Disponível em: <https://www.nytimes.com/2020/09/29/us/trump-proud-boys-biden.html>. Acesso em: 9 mar. 2021.
33. Execuções legais, em contraste, o satisfazem. No nível federal, três pessoas foram executadas entre 1988, quando a pena de morte foi reintroduzida, e 2019. Em 2020, dez pessoas foram executadas, mais do que em todos os estados juntos – pela primeira vez na história dos Estados Unidos (cf. CARLISLE, M. In a Year Marked by Death, the Trump Administration Cements a Legacy of Unprecedented Executions.

não concentrado o suficiente para conceber um golpe elaborado ou uma resistência paramilitar contra a suposta fraude eleitoral (ainda assim, um pouco antes do Natal, foi discutida a imposição de um estado de sítio[34]). Como frequentemente é o caso, uma mistura de vícios e virtudes secundárias é mais perigosa que um coquetel apenas de vícios, que frequentemente é, ao mesmo tempo, cômico e terrível, pois possui a tendência a se autodestruir: durante a pilhagem do Capitólio, observou-se Trump se alegrar ao assistir ao evento pela televisão, em vez de organizar os próximos passos. As instituições do país mostraram-se mais fortes que o presidente, e o senso comum político triunfou. O exemplo que Trump deu aos Estados Unidos – aliás, ao mundo inteiro – é, certamente, desconcertante. Não é improvável que ele próprio encontre imitadores mais talentosos e com maior força de vontade que ele nos Estados Unidos. Quem quer que busque derrubar a Constituição só precisará deixar claro a si e a seus adeptos que busca expiar os "injustiçados" de 2020. E Trump mostrou claramente aos autocratas de outros países que, mesmo no país cerne da democracia, nutrem-se aspirações autocráticas, ainda que não tão bem-sucedidas quanto na China ou na Rússia. A motivação ao processo democrático se reduz quando se vê quão frágil é a democracia, mesmo em sua terra natal.

Diferentemente de Hillary Clinton, Biden não provocava aversões profundamente enraizadas; em suas águas navegáveis, finalmente, também pôde adentrar a primeira mulher no cargo de vice-presidente dos Estados Unidos. Kamala Harris é, além disso, como filha de um jamaicano com uma indiana, um símbolo das possibilidades de ascensão para imigrantes. Em função de sua idade avançada, Biden sofre de um problema de concentração; no entanto, felizmente, por causa da pandemia, apenas

---

Disponível em: <https://time.com/5923973/trump-executions-death-penalty-covid-19/>. Acesso em: 9 mar. 2021). Em janeiro, houve mais três execuções a mando de Trump.
34. MANGAN, D. Conspiracy theories and talk of martial law grip the White House as Trump seeks to undo Biden's win. Disponível em: <https://www.cnbc.com/2020/12/22/martial-law-conspiracy-theories-rattle-white-house-as-trump-seeks-to-undo-biden-win.html>. Acesso em: 9 mar. 2021.

poucas aparições que não foram on-line significaram que esse problema não pesou muito na campanha eleitoral. Durante os quatro dias de incerteza, ele manteve uma calma exemplar; seu discurso em 7 de novembro, no qual, com razão, reivindicou a vitória, foi um modelo de disposição a integrar. Que esse homem inteligente, competente e benévolo tenha vencido por tão pouco de Trump, após este haver, diferentemente de 2016, mostrado claramente a todos o seu espírito infantil, é um deprimente atestado de como um povo é manipulável por sedutores baratos, mesmo aqueles que, no segundo quarto do século XX, foram um baluarte de racionalidade política. Trump não é nenhum Hitler, mas o fato de ter obtido 47,1% dos votos, enquanto o Partido Nazista recebeu, nas últimas eleições diretas, em março de 1933, apenas 43,9%, não sugere que os Estados Unidos possam continuar a desempenhar no mundo a mesma liderança política que vem desempenhando desde 1945, pois não se pode confiar em um país que quase votou, pela segunda vez, em um homem que uma população moralmente reta de uma vila nem sequer elegeria para prefeito. Desde o início é claro que ele só consegue expressar pensamentos egocêntricos e não quer aceitar uma destituição, e não se pode confiar na estabilidade de uma democracia cujo parlamento foi momentaneamente invadido, e em que apenas dez republicanos na Câmara dos Representantes aprovaram o segundo processo de *impeachment* contra Trump, em 13 de janeiro, por ter instigado a invasão do Capitólio – que, inclusive, os colocou em perigo físico. Também o fato de nenhum país ter apresentado mais mortes condicionadas pela pandemia de Covid-19 que atormenta o mundo inteiro do que os Estados Unidos, não obstante ele ser líder em ciência e em tecnologia, solapou duradouramente o respeito pelos Estados Unidos.

Antes de entrar no significado da pandemia para a filosofia da história, mencionarei, brevemente, alguns desdobramentos de 2019, que não reduzem as forças centrífugas globais, mas que talvez as façam se propagar. O Brexit foi realizado em 31 de janeiro de 2020; em todo caso, conseguiu um novo acordo logo antes do fim do ano, de modo que o comércio entre

União Europeia e Grã-Bretanha, desde o início de 2021, será livre de tarifas e sem restrições qualitativas. Johnson teve, anteriormente, de modificar um Ato do Mercado Interno, pois este, na versão original, teria violado, explicitamente, o acordo do Brexit com a União Europeia no que diz respeito à Irlanda do Norte, e teria excluído uma revisão de legislação secundária por cortes nacionais e estrangeiras; a rejeição pela Câmara dos Lordes (cujas decisões são apenas suspensivas) forçou a Câmara dos Comuns a abandonar as cláusulas particularmente controversas, de número 42 e 45 da parte 5 da legislação[35]. Independentemente do que se pense da Câmara dos Lordes britânica, ela demonstrou um senso muito maior de separação interna dos poderes, e mais respeito pelo direito internacional, do que a Câmara dos Comuns, democraticamente legitimada. A incompetência de Boris Johnson em lidar com a pandemia não é tão distante da de Trump. Todavia, também Bélgica, Itália, Espanha, França e muitos outros pequenos países europeus se lamentaram pelo elevado número de mortes por Covid-19, quando se leva em conta sua população; entre os países maiores, apenas a Alemanha encarou a situação relativamente bem – certamente, também devido ao pragmatismo e à competência científica de Angela Merkel. No todo, a União Europeia não fez uma boa figura na superação da pandemia.

Outra crise da União Europeia surgiu no outono de 2020, quando, após longas negociações entre o Parlamento Europeu e o Conselho da União Europeia, chegou-se a um acordo que permitiria reduzir fundos da União Europeia a países-membros, se eles violassem valores da União Europeia, o chamado regime de condicionalidade. Com isso, a fragilidade dos mecanismos de sanção descritos no capítulo 2, baseada no fato de que a Polônia e a Hungria se protegem mutuamente de sua aplicação, é

---

35. SPIEGEL. *Britisches Oberhaus stimmt gegen Binnenmarktgesetz*. Disponível em: https://www.spiegel.de/politik/ausland/brexit-britisches-oberhaus-stimmt-gegen--binnenmarktgesetz-a-0e755842-a52b-4fcf-88ef-a7aac6c9631b >. Acesso em: 09 mar. 2021.

compensada. Os dois países não puderam impedir o novo mecanismo, que, de qualquer modo, foi muito mais brando que o proposto pelo Parlamento e pela Comissão, pois, para colocá-lo em prática, uma maioria qualificada já era o suficiente. No entanto, uma vez que deve ser decidido em conjunto com o quadro financeiro plurianual da União Europeia referente ao período de 2021-2027, que exige unanimidade, a Polônia e a Hungria declararam, inicialmente, que não podiam aprovar o orçamento[36]. Isso significaria que o pacote de financiamento decidido em julho, cuja intenção era apoiar França, Itália e Espanha, que sofreram especialmente com a pandemia, não poderia ter sido pago. O fato de o resultado de negociações extenuantes, nas quais a Alemanha se mostrou particularmente generosa em relação aos países em dificuldades, ter sido, de repente, posto em causa porque a Polônia e a Hungria não estavam preparadas para modificar suas políticas não aumentou a confiança na habilidade da União Europeia de agir. Mesmo assim, na cúpula da União Europeia, em dezembro, houve sucesso em superar o bloqueio, concordando com um protocolo não vinculativo legalmente que permite uma revisão da nova regulamentação pela Corte Europeia de Justiça, o que, presumivelmente, pressupõe um período de graça de cerca de dois anos, de modo que a Hungria, provavelmente, pode continuar sua política até a próxima eleição parlamentar de 2022, sem medo de sanções[37]. Na Itália, o projeto de Matteo Salvini ainda não deu certo, obrigando a novas eleições, devido ao rompimento da coalizão em 2019, para poder forçar novas eleições; uma nova coalizão se formou, sem seu partido, composta dos partidos Cinque Stelle, Partito Democratico, Italia Viva e Liberi e Uguali. Todavia, ela é frágil; provavelmente, só a pandemia os salvou até janeiro de 2021, quando Matteo Renzi

---

36. Zeit Online. Ungarn und Polen blockieren EU-Haushaltspaket. Disponível em: <https://www.zeit.de/politik/ausland/2020-11/ungarn-und-polen-blockieren-mit--veto-eu-haushaltspaket>. Acesso em: 9 mar. 2021.
37. Vorreiter, P. Schonfrist für Ungarn und Polen. Disponível em: <https://www.deutschlandfunk.de/rechtsstaatsmechanismusschonfrist-fuer-ungarn-und-polen.1773.de.html?dram:article_id=489012>. Acesso em: 9 mar. 2021.

retirou seus ministros e deixou para trás uma gestão de minoria governamental. É preciso ser otimista para acreditar que as eleições parlamentares não ocorrerão antes do período eleitoral regular, em 2023. As chances tanto de Salvini quanto de Giorgia Meloni, do partido de extrema direita Fratelli d'Italia, não são ruins no caso de novas eleições, ainda que o primeiro-ministro, Giuseppe Conte, sem partido, tenha ganhado simpatia por sua atitude equilibrada durante a pandemia e a paisagem dos partidos da Itália esteja, mais uma vez, em um estado de agitação.

O que ocorre fora da Europa? O presidente do Brasil, Jair Bolsonaro, o "Trump dos trópicos", é possivelmente mais descontrolado e desenfreado que Trump na dedicação a suas fantasias de poder. Ele manifestou mais claramente sua tendência à autocracia ao acompanhar a cavalo, no dia 31 de maio, em Brasília, manifestantes que exigiam o fechamento do Supremo Tribunal Federal (e alguns exigiam, também, o fechamento do Congresso Nacional). O STF havia permitido uma investigação contra o presidente, após este ter demitido o diretor-geral da Polícia Federal que investigava ele e seu filho – uma demissão que teve como consequência a renúncia do ministro da Justiça, Sérgio Moro[38]. Bolsonaro negou a periculosidade da Covid-19 por mais tempo que Trump e, por isso, é igualmente responsável pelo grande número de vítimas em seu país. Ainda mais alarmante é sua recusa das mudanças climáticas e a ocorrência de desmatamento e queimadas cada vez mais rápidos da região amazônica. Em 2020, os incêndios florestais – a maioria causada por pessoas – foram os mais impetuosos desde 2012[39]. Estima-se positivamente o fato de o acordo de livre-comércio entre a União Europeia e os países sul-americanos

---

38. BOADLE, A.; BRITO, R. Bolsonaro joins rally against Brazil's top court; judge warns democracy at risk. Disponível em: <https://www.reuters.com/article/us-brazil-politics-idUSKBN23 70QJ>. Acesso em: 9 mar. 2021.

39. STUTTGARTER ZEITUNG. Im Amazonas-Gebiet wüten die heftigsten Feuer seit langem. Disponível em: <https://www.stuttgarter-zeitung.de/inhalt.waldbraende-inbrasilien-im-amazonas-gebiet-wueten-die-heftigsten-feuer-seit-langem.c248f4cd-09ac-47c7-b786-39517f160c9f.html>. Acesso em: 9 mar. 2021.

Brasil, Argentina, Paraguai e Uruguai estar, pelo menos temporariamente, suspenso, devido ao veto austríaco, por estar em contradição com o Acordo Verde Europeu[40]. E, não importa o quanto haja argumentos econômicos e relativos à paz política a favor do comércio internacional, deve-se ter cuidado de garantir que este não aumente a destruição ambiental[41].

Certamente, a China utilizou a retirada dos Estados Unidos, sob Trump, da planejada Parceria Transpacífica para expandir seus interesses políticos e comerciais na Ásia e no Pacífico. Em 15 de novembro de 2020, quinze países – os dez países da Associação de Nações do Sudeste Asiático[42], China, Japão, Coreia do Sul, Austrália e Nova Zelândia – assinaram o acordo comercial de Parceria Regional Econômica Abrangente que, quando for ratificado e entrar em vigor em dois anos, abrangerá praticamente 30% do comércio mundial. Vale dizer, atualmente a União Europeia representa uma porcentagem ainda maior, mas, em função das taxas distintas de crescimento, isso mudará em breve – outro indício do deslocamento do centro de gravidade do mundo para a Ásia. Internamente, a China controlou, em grande parte, os protestos em massa em Hong Kong de 2019/2020 – os mais graves desde a Revolução dos Guarda-Chuvas de 2014. Após numerosos protestos em outubro de 2019, o governo de Hong Kong retirou o projeto de lei sobre criminosos foragidos e assistência mútua em matéria penal proposto em fevereiro, que previa a extradição de prisioneiros para a República Popular da China. No entanto, em 30 de junho de 2020, o Comitê Permanente do Congresso Nacional do Povo em Pequim aprovou uma lei com intuito de proteger a segurança nacional em Hong Kong, que possui precedência sobre as leis de Hong Kong,

---

40. Hufe, S.; UFZ. *Das EU-Mercosur Freihandelsabkommen steht in direktem Widerspruch zum European Green Deal.* Disponível em: <https://idw-online.de/de/news753850>. Acesso em: 9 mar. 2021.

41. Cf. Hösle, V. *Moral und Politik. Grundlagen einer politischen Ethik für das 21. Jahrhundert.* München: C. H. Beck, 1997, 872 ss., 1103.

42. Brunei, Camboja, Filipinas, Laos, Malásia, Mianmar, Indonésia, Singapura, Tailândia e Vietnã. (N. do T.)

permitindo que a China, entre outras coisas, sirva-se de suas próprias forças de segurança em Hong Kong e leve suspeitos para a República Popular. Em novembro, quatro deputados pró-democracia foram excluídos do Congresso, fazendo com que toda a fração pró-democracia devolvesse seus assentos[43]. Com isso, praticamente já não há oposição no Congresso; a proposição "um país – dois sistemas", que deveria vigorar de 1997 até 2047, devido a uma declaração conjunta sino-britânica, é, de fato, invalidada após decorrer menos da metade do tempo proposto.

Na Índia, o primeiro-ministro Narendra Modi praticou uma política de fundamentalismo hinduísta, que discrimina a população muçulmana e busca deixá-la na periferia[44]. O governo russo mostrou mais uma vez, com a tentativa de assassinato de Alexei Navalny em 20 de agosto de 2020, como pensa em lidar com opositores bem-sucedidos – ele segue, fielmente, um padrão que se iniciou em 1998, com Lew Rochlin, o mais tardar, e foi utilizado com Boris Nemstov. Novamente, como em Salisbury em 2018, o veneno novichok, que afeta o sistema nervoso, foi utilizado. Sua fabricação, posse e uso são proibidos pela Convenção sobre as Armas Químicas de 1997. De todo modo, alguns políticos expressaram dúvida sobre a responsabilidade do governo russo, como, por exemplo, Gerhard Schröder[45] ou Gregor Gysi, que pediu, com a argúcia de um Sherlock Holmes, que se considerasse se a tentativa de assassinato não

---

43. RAMZY, A.; MAY, T.; YU, E. China Targets Hong Kong's Lawmakers as It Squelches Dissent. Disponível em: <https://www.cnn.com/2020/11/11/asia/hong-kong-lawmakersunseated-china-intl-hnk/index.html>. Acesso em: 9 mar. 2021.
44. Cf. a análise de JAYAL, N. G. India's Journey from Civic to Cultural Nationalism: A New Political Imaginary?, in: HÖSLE, V.; SÁNCHEZ SORONDO, M.; ZAMAGNI, S. (orgs.). *Nation, State, Nation-State*. Vatican City: Libreria Editrice Vaticana, 2020, 269-289. Disponível em: <http://www.pass.va/content/dam/scienzesociali/pdf/actapass22.pdf>. Acesso em: 9 mar. 2021.
45. SPIEGEL. Schröder zweifelt an Sichtweise der Bundesregierung im Fall Nawalny. Disponível em: <https://www.spiegel.de/politik/deutschland/alexej-nawalny-gerhard-schroeder-zweifelt-an-sichtweise-der-bundesregierung-a-1c069bf8-ed0d-408d-a-970-70f170ea3ba5>. Acesso em: 9 mar. 2021.

teria sido obra de um adversário do projeto *Nord Stream* 2, já que algumas pessoas estão pedindo sua interrupção[46]. Em todo caso, também o médico que cuidou de Navalny em um hospital em Omsk, Alexander Murachowski, não conseguiu encontrar sinais de envenenamento e foi, nesse ínterim, promovido a ministro de Saúde da região[47] – quem se atreveria a contestar tal autoridade? Andrey Lugovoy, deputado homenageado da Duma, membro do Comitê de Segurança e Combate à Corrupção do Parlamento Russo, elaborou a tese interessante de que o veneno em Navalny, que voou para Berlim, onde foi, finalmente, possível salvá-lo, não havia sido encontrado em Omsk, havendo apenas uma possibilidade – o veneno teria sido administrado a ele na Alemanha[48]. E tem-se razão em acreditar que Lugovoy é especialista em venenos – foi ele que se encontrou com Alexander Litvinenko, em 1º de novembro de 2006, ou seja, no dia em que surgiu o primeiro indício de seu envenenamento por polônio, ao qual ele acabou sucumbindo. Como a Constituição russa não permite, ele não pôde ser extraditado para a Grã-Bretanha, que o havia exigido; adicionalmente, ele agora desfruta de imunidade parlamentar e é portador orgulhoso de uma Ordem de Mérito concedida por Putin. Até chefes de Estado estrangeiros estão convencidos de que o ataque venenoso a Navalny foi forjado pelo Ocidente, especificamente com o intuito de prevenir ajuda russa a Belarus – assim seu presidente, Alexandr Lukashenko, relatou,

---

46. WELT. Gregor Gysi verdächtigt Nord-Stream-2-Gegner – und nicht Putin. Disponível em: <https://www.welt.de/politik/deutschland/article215033894/Nawalny--Gregor-Gysi-verdaechtigt-Nord-Stream-2-Gegner-nicht-Putin.html>. Acesso em: 9 mar. 2021.
47. SALZBURGER NACHRICHTEN. Umstrittener Arzt in Omsk im Fall Nawalny wurde befördert. Disponível em: <https://www.sn.at/politik/weltpolitik/umstrittener-arzt--in-omsk-im-fall-nawalny-wurde-befoerdert-95300953>. Acesso em: 1º abr. 2021.
48. TACC. Tuíte de 2 de setembro de 2020, 1:02 PM, tass_agency. Disponível em: <https://twitter.com/tass_agency/status/1301188796759900161?ref_src=twsrc%5Etfw%7Ctwcamp%5Etweetembed%7Ctwterm%5E1301188796759900161%7Ctwgr%5E&ref_url=https%3A%2F%2Fwww.tagesschau.de%2Ffaktenfinder%2Frussland-nawalny-desinformation-101.html>. Acesso em: 9 mar. 2021.

em um encontro com o primeiro-ministro Michail Mischustin, em Minsk, referindo-se a seu próprio serviço secreto, que era estritamente confidencial[49]. E Lukashenko realmente se preocupa com a ajuda russa; pois, mesmo que ele não aprecie o abraço fraterno russo em Belarus, sabe muito bem que só com ajuda russa conseguirá permanecer no poder, após as eleições roubadas de agosto de 2020. Infelizmente, é temível que ele obtenha sucesso na brutal repressão aos corajosos e contínuos protestos contra a fraude eleitoral, da mesma forma que o governo chinês fez em Hong Kong, pois a Rússia não permitiria que um país que possui o russo como uma das línguas oficiais busque o caminho rumo a uma democracia ocidental. Isso encorajaria a oposição no próprio país – abstraindo totalmente o fato de que o país "pertence, historicamente, à Rússia".

Apesar de traços de personalidade autocráticos comuns entre Vladimir Putin e Recep Erdoğan, seus interesses na Síria, Líbia e no Cáucaso são provavelmente diferentes no conflito entre Azerbaijão e Armênia, que se intensificou em guerra de setembro a novembro de 2020. Certamente, também em função de entrelaçamento econômico mais forte, até o momento os dois lados não deixaram a situação aumentar para um confronto. Durante a guerra, a Rússia, tradicional potência protetora da Armênia, refreou-se para não empurrar ainda mais a ex-república soviética Azerbaijão para os braços da Turquia. Todavia, o Cáucaso e o Oriente Próximo continuam barris de pólvora, que podem ser acesos com maiores modificações geopolíticas.

Há desenvolvimentos esperançosos no ano de 2020? Com certeza – já falamos da eleição disputada de Biden. Também o fato de que sua vitória de modo algum era tão certa quanto esperada pode possuir efeitos positivos, pois, onde há perigo, crescem – de vez em quando – também os esforços para se salvar dele. A União Europeia deve compreender que

---

49. STERN. Lukaschenko behauptet: Nawalny-Vergiftung ist vorgetäuscht. Disponível em: <https://www.stern.de/politik/ausland/lukaschenko-behauptet–nawalny--vergiftung-sei-vorgetaeuscht-9402896.html>. Acesso em: 1º abr. 2021.

já não pode contar com os Estados Unidos como outrora e que é responsável pela própria segurança. Também sob Biden, os membros europeus da OTAN devem investir rapidamente 2% do PIB na própria defesa, pois os Estados Unidos devem, sobretudo, ser responsáveis pelo Pacífico, ao passo que a defesa contra a Rússia deve ser a tarefa primária de seus parceiros europeus. Caso o novo governo democrático queira ser bem-sucedido a longo prazo, deve direcionar mais recursos para infraestrutura e para o sistema educacional dos Estados Unidos. E, além disso, simplesmente não é justo que os Estados Unidos paguem uma porcentagem tão elevada da proteção europeia. O debate ocorrido em novembro de 2020, entre Macron e a ministra de Defesa alemã, Annegret Kramp-Karrenbauer, em torno à questão de a União Europeia precisar ou não do escudo protetor dos Estados Unidos, deve ter como resposta que, a curto prazo, não se deve renunciar, de modo algum, a ele; no entanto, a médio prazo, a União Europeia precisará de suas próprias forças armadas e de uma política externa e de defesa uniformes. Estas deverão, o máximo possível, estar em sintonia com os Estados Unidos, pois democracias liberais são uma espécie ameaçada interna e externamente, e não o término inevitável do desenvolvimento histórico (ao menos, do século XXI); portanto, elas devem cooperar a todo custo. Naturalmente, põe-se a questão sobre o comando supremo sobre as forças armadas da União Europeia. O presidente da França não pode sê-lo para sempre, ainda que, agora, ela seja o único país da União Europeia com armas nucleares. É necessária uma discussão sobre a constituição da União Europeia, para a qual são imperiosos sinceridade, ideais, realismo e imaginação.

Para preparar a população para inevitáveis cortes sociais, os políticos devem aceitar a desagradável tarefa de rejeitar como ultrapassada a amplamente disseminada concepção de que, em 1989/1991, a história mundial chegou a um fim pois o mundo inteiro se decidira pelo estado de direito e o quarto de século dourado continuaria para sempre. Um olhar nos permanentes ciberataques contra as forças vitais de Estados e sociedades modernas – só contra o exército britânico, ocorrem diariamente sessenta ciberataques[50] – basta para deixar claro que o mundo, novamente, se tornou mais perigoso. Apenas em dezembro de 2020 evidenciou-se que, há meses, o mais abrangente ciberataque a autoridades governamentais dos Estados Unidos havia sido bem-sucedido. Bem provavelmente, foi da parte da Rússia, ainda que Trump tenha declarado, como esperado em decorrência de suas opções de política externa e contra o próprio Ministério de Relações Exteriores e o próprio serviço secreto, que provavelmente era obra da China[51]. Infelizmente, não é uma doutrina zoológico-antropológica plausível afirmar que balir alto é a melhor maneira de afastar os lobos. Espionagem, ataques de negação de serviço para obstruir prestação de serviços inimigos, introdução de *hardware* clandestino, que possibilita gerenciamento remoto, modificações de conteúdo e aparência (*defacement*) de *websites*, para fins propagandísticos, que certamente também servem para tentativas de extorsão por organizações criminosas, que não poderiam operar em países autocráticos sem explícita tolerância estatal. Mas também representam exercícios para o caso de emergência. Inteligência artificial, análise de dados e robótica modificarão a natureza da guerra; a inacreditável velocidade de implantação do espectro eletromagnético fará as guerras aéreas parecerem bem mais lentas. Mísseis de precisão, ciberataques e o uso manipulativo de redes sociais podem produzir a ilusão de vitórias mais rápidas; se o atacado não ceder, contudo, entram em cena as armas tradicionais[52]. Em tal situação, um país

---

50. Sengupta, K. British military facing modern-day "blitz" with 60 cyber attacks a day. Disponível em: <https://www.independent.co.uk/news/uk/home-news/yberattacks-british-military-national-cyber-force-china-iran-b604896.html>. Acesso em: 9 mar. 2021.

51. Beer, T. Trump Still Wont't Criticize Russia: Claims Massive Cyber Hack "May be China" But Offers no Evidence. Disponível em: <https://www.forbes.com/sites/tommybeer/2020/12/19/trump-still-wont-criticize-russia-claims-massive-cyber-hack-may-be-china-but-offers-no-evidence/?sh=50dff7be708a>. Acesso em: 9 mar. 2021.

52. Cf. a entrevista com os o general britânico aposentado, Richard Barrons: Hammerstein, K. von. "So können Sie jedes europäische Land in nur 14 Tagen in

do tamanho e força econômica da Alemanha precisa desenvolver capacidades defensivas contra a guerra cibernética, e também estar apto a reagir à altura, quando for atacada. Concomitantemente, deve-se trabalhar com urgência para lidar com a guerra cibernética sob o direito internacional. Só recentemente se começou a pensar sobre os fundamentos éticos correspondentes[53].

No Índice de Democracia de 2019 da *The Economist*, a Alemanha foi a mais populosa das democracias plenas – as sete democracias com populações maiores, todas, contavam como democracias incompletas. Isso produz a esperança de que a Alemanha, por meio de sua cultura jurídica e por sua política multilateralmente orientada ao direito internacional, torne-se um exemplo para países que querem continuar aderindo à democracia liberal. Mas não se fará justiça às novas esperanças se a autoridade moral e a competência econômica não forem amparadas por uma prontidão militar, que evidentemente deve ser desenvolvida em conjunto na União Europeia. O poder só é respeitável quando fundamentado no direito, mas dificilmente se pode levar a sério um direito que não se esforça para se tornar potência efetiva.

Para o século XXI, não menos importante que os desenvolvimentos políticos, será a questão sobre nossa capacidade de deter a destruição do meio ambiente. Os prognósticos mais sombrios que climatólogos elaboraram nas últimas duas décadas do século XX foram, inevitavelmente devido à complexidade dos cálculos, imprecisos no que diz respeito à data de ocorrência das temidas consequências. Todavia, nos últimos anos,

---

die Knie zwingen". Disponível em: <https://www.spiegel.de/politik/ausland/ex-general-richardbarrons-ueber-den-krieg-der-zukunft-kampfroboter-bekommen-keinepension-a-058c61c5-e4c2-4845-9d0e-33f3a7a3e4cc>; bem como seu brilhante discurso: Wired UK. *Sir Richard Barrons: Warfare is Changing. It's Time Governments Caught Up*. Disponível em: <https://www.youtube.com/watch?v=UBGf5ZTKgaA>. Acesso em: 9 mar. 2021.
53. Cf. Ohlin, Jens David; Govern, Kevin; Finkelstein, Claire (orgs.). *Cyberwar. Law and Ethics for Virtual Conflicts*. Oxford: Oxford University Press, 2015.

a advertência foi visivelmente pintada na parede. A temporada de incêndios na Austrália, de junho de 2019 a março de 2020, destruiu 186 mil km²; na Sibéria, no verão de 2019, 30 mil km² foram destruídos por incêndios. Em julho de 2020, por causa de outros incêndios na Sibéria, especialmente devido à destruição do solo de turfa, ainda mais dióxido de carbono foi liberado do que em 2019[54]. Pode-se esperar que as forças morais cresçam à medida que a gravidade da crise se tornar mais conhecida. O fenômeno Greta Thunberg, que, como adolescente, em meio à falsidade geral pronuncia a verdade ao dizer que o futuro de sua geração foi roubado, certamente pertence aos sinais mais positivos do presente. Sua sinceridade moral, ao mesmo tempo ingênua e iluminada por saber e inteligência, provará, a longo prazo, ser mais fascinante que os apaziguamentos de adultos infantis que querem continuar como antes. Seu discurso comovente em 23 de setembro de 2019, na Cúpula de Ação Climática das Nações Unidas, em Nova York, foi um acontecimento histórico importante[55]. Qualquer pessoa de minha idade que tenha experimentado sua mistura pungente de raiva, tristeza e desejo desesperado de acreditar no bem nas pessoas, dificilmente poderia evitar a recordação de se maravilhar com outra garota da Suécia, nos cinemas alemães dos anos 1960 – em todo caso, uma personagem fictícia. Greta Thunberg não só é mais real que Pippi Meialonga, mas também possui um olhar mais realista sobre a realidade; ela sabe, por exemplo, que a frequência escolar é importante para as crianças. Ao mesmo tempo, em sua linguagem corporal e com sua única trança, em vez das duas de Pippi, a convicção de que a moral é mais do que a dispersão provocativa de lugares-comuns antiautoritários, mas a expressão da concentração inteiramente não convencional de uma pessoa na lei moral. Com isso, ela me convenceu de que, mesmo na modernidade tardia, ocorre progresso.

---

54. EARTH OBSERVATORY. Another Intense Summer of Fires in Siberia. Disponível em: <https://earthobservatory.nasa.gov/images/147083/anotherintense-summer-of-fires-in-siberia>. Acesso em: 9 mar. 2021.

55. Pode-se vê-la e ouvi-la em: PBS NEWSHOUR. *WATCH: Greta Thunberg's full speech to world leaders at UN Climate Action Summit*. Disponível em: <https://www.youtube.com/watch?v=KAJsdgTPJpU>. Acesso em: 09 mar. 2021.

2. O significado da Covid-19 para a classificação do presente a partir da filosofia da história

A crise da Covid-19 pertence, de um lado, essencialmente ao cenário de crise deste livro – certamente, fez com que, em 2020, mais pessoas experienciassem a vida como em período de crise do que qualquer outro evento. De outro lado, diferentemente das eleições, trata-se de um evento natural. Certamente, como zoonose, ela espelha nossa relação irresponsável com o mundo animal, e as reações a ela são, em grande medida, políticas. Todavia, ela continua sendo algo natural, a que não corresponde uma responsabilidade individual. Sempre houve pandemias, e sempre haverá; mas a humanidade não havia vivido uma tão impetuosa e com tantas mortes desde a Gripe de Hong Kong de 1968-1970, com 1 a 2 milhões de mortes, talvez mesmo desde a Gripe Espanhola de 1918-1920, com 20 a 50 milhões de mortes. O número de mortos que a pandemia assolou ainda não foi determinado no fim de 2020, mas, certamente, será bem menor que o da Gripe Espanhola (não apenas em números relativos, mas também em números absolutos). O menor número de vítimas é explicado pelos avanços diagnósticos e terapêuticos da medicina, inclusive o desenvolvimento relativamente rápido de uma vacina, pela cooperação internacional (a OMS foi fundada apenas em 1948), e pelo fato de que, desta vez, a pandemia não afetou uma população ocupada, ou esgotada, por uma Guerra Mundial. Mas esse número permanece elevado de modo alarmante (no meio de janeiro de 2021), com cerca de 2 milhões de pessoas que morreram de, ou ao menos com, Covid-19, ainda que Covid-19 mate especialmente os mais idosos (diferentemente da Gripe Espanhola, que atingiu particularmente os mais novos).

Contudo, é de natureza política a questão sobre como instituições estatais devem lidar com a pandemia de forma mais sensata. Três aspectos devem ser diferenciados: o que os governos podem fazer de forma justa? De que modo eles podem fracassar? De que modo a população pode cooperar? Uma política correta é resultado de um silogismo misto, a cujas premissas pertencem, em parte, proposições avaliativas, em parte, proposições descritivas. O primeiro grupo é deduzido das ideias normativas da ética e, idealmente, de um sistema legal fundamentado em princípios éticos justos. O segundo grupo é deduzido de uma correta descrição da realidade pela ciência. No que diz respeito às proposições avaliativas, certamente é justo que o conflito entre valores individuais possa surgir. A liberdade de reunião é um valor democrático importante, que também é ancorado na Lei Fundamental da República Federal da Alemanha (artigo 8). Entretanto, o direito à vida possui prioridade sobre outros direitos. Isso é consequência do fato evidente de que todos os outros direitos pressupõem o direito à vida. Quem impõe um direito subordinado às custas do direito à vida de outros, viola a moral e, do mesmo modo, um sistema legal justo. O Estado, por isso, limita direitos subordinados, por exemplo a liberdade de movimentação, quando isso é exigido para proteger a vida humana. Por isso, ele possui esse direito, aliás esse dever. Desde o século XIV, quando a peste negra assolava a Europa, Estados utilizaram a quarentena para proteger seus cidadãos de doenças contagiosas, frequentemente com sucesso: a Austrália permaneceu, assim, preservada da Gripe Espanhola, em 1918, e a Nova Zelândia foi bem contra a atual pandemia – naturalmente, em ambos os casos, favorecidas pelo isolamento geográfico. Menos incisivos que a quarentena, mas também importantes, são testes maciços, rastreamento de pessoas de contato, e informações públicas sobre lugares a evitar[56]. Da parte da população, enquanto isso, espera-se a adesão às bem conhecidas regras de saúde; não se deve prescindir de sanções por violações das normas. *Lockdowns* foram, então, exigidos quando todas essas medidas não foram energicamente aplicadas desde o início.

Convenhamos que há problemas difíceis a ponderar. Em primeiro lugar, um *lockdown* pode colocar em risco, não tanto nos países ricos,

---

56. Sobre as medidas seguidas na Coreia do Sul, LEE, D.; HEO, K.; SEO, Y.; AHN, H.; JUNG, K.; LEE, S.; CHOI, H. "Flattening the Curve on COVID-19: South Korea's Measures in Tackling Initial Outbreak of Coronavirus". *American Journal of Epidemiology*, v. 00, n. 00 (2021): 1-10. Disponível em: <https:// academic.oup.com/aje/advance-article/doi/10.1093/aje/kwaa217/5940593>. Acesso em: 09 mar. 2021.

mas nos países pobres, a vida daqueles que não possuem renda além do trabalho que agora lhes é negado. Aqui, o Estado deve compensar, com bens básicos, a renúncia forçada ao trabalho, pois, se o próprio *lockdown* põe em risco as vidas, ele não pode ser justificado com o direito à vida. Também a restrição da frequência escolar deve ser bem mais limitada do que a de atividades de lazer; caso contrário, tanto quanto o endividamento exacerbado, ocorrerá uma violação da equidade intergeracional. Afinal, anos de escola perdidos significam uma renda menor durante uma vida inteira. Em segundo lugar, é certo que, ao menos no início da pandemia, não se sabia muito; e, ainda agora, não se compreendem algumas coisas, como a extensão das sequelas da doença. De fato, já em fevereiro, devido à experiência chinesa, era muito improvável, mas algo a não descartar totalmente, que, retrospectivamente, a taxa de mortalidade por Covid-19 não deveria ser muito mais alta que a das piores epidemias de gripe nos últimos vinte anos. Mas não só as pessoas irresponsáveis podem observar isso no fim do ano; já em fevereiro, o prognóstico da maioria de especialistas, segundo o qual a letalidade seria bem maior, já era plenamente satisfatório para legitimar medidas mais enérgicas. Mesmo no caso de probabilidades incertas, a chamada Regra Minimax exige decisões que não afetam apenas a si mesmo na escolha da alternativa em que o mal esperado é o menor. E prejuízos econômicos são menos graves que a morte de muito mais pessoas. Evidentemente, isso vale também quando essas pessoas são velhas. É correto que se preferisse uma pandemia como a Covid-19 à Gripe Espanhola, caso fosse possível julgar, pois ela priva menos pessoas que têm longa expectativa de vida. No entanto, isso não significa que fica suprimido o dever de proteção estatal dos idosos quando sobretudo esse grupo está ameaçado. Pode ser que pessoas mais novas – especialmente porque se consideram longe do perigo –, em geral, estimem pouco os riscos; mas, ainda que, eventualmente, seja possível ser de opinião de que é permitido colocar a si mesmo em perigo, não se pode colocar os outros em risco. A apreciação de riscos não depende do capricho do indivíduo, mas do entendimento factual de uma maioria de especialistas.

A eles, devemos gratidão; insultá-los não é expressão de democracia, mas de irresponsabilidade.

O sucesso muito diferente de países individuais na luta contra a disseminação do vírus nos ensina muitas coisas – e também não nos ensina algumas. Não nos ensina, por exemplo, como às vezes foi observado, que países não democráticos como a China (cujas estatísticas, de todo modo, não estão entre as mais confiáveis) estão entre os mais bem-sucedidos. O Japão, a Coreia do Sul, Taiwan e Singapura, igualmente, tiveram poucas baixas, certamente também porque, diferentemente do início da crise na China, a população foi informada e a transparência foi praticada. Mas é certo que os países da Europa Ocidental e os Estados Unidos cometeram muitos erros que os países asiáticos evitaram, também porque já vivenciaram mais pandemias. O Leste Asiático foi vencedor dessa crise, ao passo que o Ocidente se envergonhou e emerge dela com uma perda considerável em legitimidade. Devido à falta de um Estado de bem-estar social forte, assim como a uma ideologia extremamente individualista e à incompetência descarada do presidente, os Estados Unidos não forneceram, de imediato, testes baratos e abrangentes; e uma insistência exagerada em proteção de dados, na Europa, dificultou que se rastreassem ativamente os que tiveram contato com infectados, como foi o caso em Singapura. Na Coreia do Sul, o Portal Coronaita informou o público, muito desenvolvido tecnologicamente, em que lugares havia um número particularmente elevado de pessoas infectadas. Precisamente por isso, evitou-se, até agora, um *lockdown*. Mais importante que a forma de governo, portanto, são também a competência e o preparo dos conselheiros médicos, a velocidade nas decisões do governo e a consequência em sua imposição, tanto quanto a disciplina da população no uso de máscaras e na lavagem assídua das mãos.

Em segundo lugar, no que diz respeito à conduta real dos Estados, certamente haverá, a curto prazo, um aumento de poder do executivo, o que nem sempre é legítimo. O governo pode e deve tomar decisões rápidas nesse tipo de situação. Em certos lugares, devido à pandemia, até mesmo uma reunião entre membros do parlamento ou congresso será muito arriscada. O fechamento do parlamento de Israel por Yuli Edelstein, em 18 de março de 2020, no entanto, pareceu servir mais à salvaguarda da posição precária de Benjamin Netanyahu como primeiro-ministro de Israel do que a fins de política sanitária, ainda que estes tenham sido atendidos. Especialmente desconfortável foi a situação da Hungria, que, em 30 de março de 2020, expandiu temporariamente o estado de exceção ao parlamento e fortaleceu o executivo, permitindo que governasse por decretos, violando os princípios elementares do estado de direito. Devido à pressão da União Europeia, o estado de emergência cessou em 16 de junho. Todavia, por mais que abuso de poder pelo executivo seja um perigo real e o direito do parlamento e, em um estado federal, dos estados-membros não deva ser violado sob circunstância alguma, por mais que os tribunais (e não as ruas) devam rever o que é apropriado, necessário e proporcional no trato com violações dos direitos fundamentais, a inércia não é uma opção legítima do governo, pois um governo pode fracassar, também, por omissões, se não estiver disposto a usar a autoridade estatal que lhe foi transferida para proteger os cidadãos. Sim, Trump até conseguiu, por um lado, banalizando o vírus no início, ser seriamente culpado pelas muitas mortes; por outro lado, ao reivindicar autoridade "total" sobre os estados, como discutido acima, conseguiu pôr em risco a Constituição. Ele realizou a façanha de, ao mesmo tempo, falhar por excesso e por omissão de poder, na medida em que, de um lado, reclamava em nome do livre-arbítrio dos indivíduos contra restrições nacionais e, de outro, por meio da formulação "vírus chinês", ele despertou um sentimento de ressentimento xenofóbico, como se a situação não fosse, realmente, um problema norte-americano.

 Em terceiro lugar, a população pode cooperar o melhor possível, na medida em que se informa, reconhecendo argumentos éticos e científicos, segue leis justas e também reconhece, além disso, um dever de consideração por aqueles em perigo. Ela lida da forma mais irresponsável quando nutre raiva e medo por meio das teorias da conspiração mais absurdas – seja sobre a origem do vírus, seja sobre sua suposta inocuidade, eliminando a razão. Não se pode predizer, no todo, por quanto tempo os cidadãos aceitarão as restrições de hábitos familiares. Nações inteligentes julgarão seus governos com base em quão bem ou quão mal eles controlaram a pandemia, e irão votar neles ou contra eles de acordo com isso. Mas massas irracionais, que não querem levar em conta que não há alternativa moral a muitas (de modo algum a todas) limitações, tornar-se-ão ração para demagogos que, de qualquer maneira, serão favorecidos pela inevitável recessão, pelo aumento da automatização e pelo desemprego que os acompanha. A eleição presidencial norte-americana deixou duas possibilidades. De um lado, a derrota de Trump, certamente, também se deveu ao aborrecimento de republicanos moderados com sua incompetência durante a crise. De outro lado, em 2020, precisamente em regiões que foram mais duramente afetadas pela Covid-19, o número de eleitores de Trump aumentou em relação a 2016[57]. Suponho que isso poderá ser explicado pelo fato de que pessoas nessas regiões se comportaram de forma mais descuidada e imprudente e, em vez de modificarem seu comportamento, preferiram ter um presidente a confirmar que elas estavam certas.

Quais serão, em geral, as consequências dessa crise? Ela se tornará um corte histórico, como a peste negra no século XIV contribuiu para o fim da Idade Média? Há distintas possibilidades. O fechamento de fronteiras, que é, sobretudo, necessário quando se deseja que um país se recupere de uma epidemia, pode acelerar o declínio da cooperação multilateral e pôr em risco a União Europeia. Todavia, pode-se esperar, também, que o conhecimento de que o vírus é um inimigo comum da humanidade favoreça a cooperação entre países, a elaboração de estratégias comuns e a ajuda solidária aos países mais pobres, que foram atingidos pela pandemia de forma totalmente diferente que os ricos. Talvez haja mais investimentos

---

57. McMinn, S.; Stein, R. Many Places Hard Hit By COVID-19 Leaned More Toward Trump In 2020 Than 2016. Disponível em: <https://www.npr.org/sections/health-shots/2020/11/06/930897912/many-places-hard-hit-by-covid-19-leaned-more-toward-trump-in-2020-than-2016>. Acesso em: 9 mar. 2021.

no sistema de saúde e em precaução melhor contra pandemias do tipo (cuja possibilidade havia sido corretamente prevista). Talvez a recessão acarrete a constatação ambientalmente decisiva de que é possível ser feliz com muito menos e isso leve a economias mais sustentáveis. A proteção financeira dos forçados ao desemprego pode servir ao preparo de uma renda básica sem restrição, quando cada vez mais máquinas se encarregarem do trabalho; e esse desenvolvimento será inevitavelmente forçado, quando não se puder mais trabalhar. Para isso, trabalho social, médico e de assistência deverão ser mais valorizados e renumerados proporcionalmente. Manter contatos via internet nunca substituirá encontros presenciais; mas pode evitar viagens sem sentido, e muitas reuniões acontecerão on-line, mesmo após a pandemia.

Também em nível individual, pode ocorrer um desenvolvimento salutar. A primeira experiência dessa crise é um sentimento coletivo de impotência, de forma nunca conhecida por habitantes de países ocidentais há décadas. O frenesi de viagens que tomou conta de todos nós e criou um delírio de onipresença se transformou em proibição de deixar suas próprias quatro paredes (exceto em casos urgentes). As atividades econômicas que eram precisamente tomadas como fim em si se petrificaram. As pessoas foram lançadas de volta ao núcleo familiar (quando possuem sorte de ter uma família funcional), no interior do qual, agora, ocorrem as aulas à distância e o trabalho remoto. A morte, que nós de bom grado recalcamos, recuperou uma presença assustadora pelo número continuamente transmitido de vítimas – que talvez se tenha tornado ainda mais assustadora pelo fato de que os ritos comuns de despedida de moribundos e mortos estejam, frequentemente, proibidos. Presumivelmente, a maioria ficou insegura com o fato de não se saber por quanto tempo essa interrupção da normalidade duraria. Mas tudo isso é uma chance para amadurecer. Como há muito tempo não se fazia, pode-se retornar à fortaleza do próprio eu; nela, todos devem fazer sua morada, na qual os desafios das próximas décadas serão recebidos com recato. Reconheceu-se que muitas de nossas necessidades – sociabilidade, turismo, crescimento econômico desmedido – não são vitais, e que a distração permanente não afasta a irreversível realidade da morte. Notou-se a que o êxito ou fracasso da própria existência ocorre, em grande parte, no núcleo familiar; lá estão as pessoas em quem você deve poder confiar, quando precisa disso.

A ajuda da vizinhança se tornou mais importante. A crise ajudou a se livrar do que não é essencial e a se concentrar no que importa. Compraram-se menos coisas superficiais e ganhou-se tempo. Pôde-se tirar proveito disso organizando a casa e permitindo necessidades espirituais que secaram há muito tempo, como ler livros e assistir a filmes cuja classificação como "clássicos" se ouvia com frequência, ainda que a roda-viva da profissão e o agito das festas não houvessem deixado tempo para isso. E, talvez, governos tenham entendido que já não há motivo para atrasar ainda mais a introdução de restrições muito menores – especialmente impostos ambientais mais altos de fato –, necessárias não para proteger idosos, mas para que o futuro da geração de Greta Thunberg (para não falar das gerações posteriores) não seja roubado.

O que ocorrerá – as boas ou as más consequências da pandemia – depende de muito mais variáveis do que qualquer um poderia ousar prever. Porém, moralmente, é claro o que cidadãos responsáveis devem defender. E pode-se e se deve ter a esperança de que as consequências positivas possíveis, retrospectivamente, conferirão sentido também a esse tempo difícil. O mais magnífico romance italiano do século XIX, *Os noivos*, de Alessandro Manzoni, descreve, no final, a disseminação da peste de 1630 em Milão. As analogias com a situação presente – a recusa em reconhecer a situação perigosa, em tomar as medidas necessárias e em obedecê-las e, finalmente, a busca de supostos conspiradores – mostram, de forma muito angustiante, quão forte operam determinadas constantes antropológicas e quão lento é o progresso moral da humanidade. Todavia, o catolicismo de Manzoni lhe permite descobrir, no caos do sofrimento humano, atos de verdadeiro amor ao próximo, que não o deixam perder a esperança na humanidade e na história, mas remetê-la a um princípio divino, pois, sem falibilidade humana e sem maldade, não haveria aquele heroísmo que pudemos admirar nos últimos meses. Basta recordar o médico Li Wenliang, que faleceu aos 34 anos, após haver alertado sobre a pandemia e ter sido, por isso, repreendido pela polícia chinesa. Talvez esse seja o sentido de tais pandemias, criar pessoas como ele e motivar a maioria não heroica a tais mudanças que, acumuladamente, fazem a diferença no progresso histórico.

3. Quatro questões filosóficas

Como avisado no Prefácio, levantarei, brevemente ainda mais algumas questões de natureza mais geral, portanto filosóficas, levantadas por alguns leitores deste livro. Quando se adota o modelo, que remonta a Thomas Hobbes, da maioria dos economistas modernos, segundo o qual as pessoas buscam maximizar ou, ao menos, satisfazer seu interesse próprio, questiona-se por que as pessoas votam em políticos cuja incompetência ou periculosidade é facilmente perceptível. Duterte anunciou, como mostrado no capítulo 2, *antes* de sua eleição, que mataria várias pessoas e que perdoaria a si mesmo por isso. Dificilmente é racional confiar a um homem desses o monopólio do poder executivo, quando se sabe que ele está contente com as mortes e nunca será levado a prestar contas por isso, ou seja, nem inibições internas nem externas o impedirão de cometer um crime. E, no entanto, Duterte foi eleito. Por quê?

Pode-se buscar explicar isso com base no fato de que o eleitor supõe que ele não será pego, mas outros de quem, de todo modo, não gosta – como, por exemplo, traficantes. Há pouco, mencionei o fato de que Trump foi mais bem-sucedido precisamente em regiões mais duramente atingidas pela Covid-19, e busquei, com isso, explicar que os moradores amam um presidente que parece legitimar sua negligência – ainda que, por isso, tenham de pagar um preço bem mais alto. Talvez, pode-se argumentar que eles simplesmente não percebam que sua região é fulminada em especial, pois entre os eleitores de Trump se encontra, também em 2020, uma grande quantidade de pessoas sem diploma universitário (com o número crescente de eleitores de Trump entre os negros, latinos e asiáticos)[58]. Não descarto que erros genuínos de julgamento possam desempenhar um papel e que, com isso, alguns dos comportamentos nas pesquisas eleitorais possam ser explicados quando se supõe que as pessoas são guiadas pelo próprio interesse, que, no entanto, nem sempre é refletido adequadamente. E, todavia, parece-me que a teoria de motivação da maior parte da ciência econômica moderna não faz justiça aos fatos. A maior parte das pessoas submete alguns de seus próprios interesses, de um lado, a *valores* – elas renunciam à sua realização, quando são inconciliáveis com seu amor-próprio, que é inspirado por valores. Essa é a boa notícia. De outro lado, pessoas frequentemente se desviam, também, "para baixo" de seus interesses racionais –agem de maneira que as prejudica, não obstante sejam ainda piores moralmente, do que se apenas maximizassem seu interesse próprio. Trata-se, para utilizar um par conceitual de Erich Fromm, de *ser*, e não de *ter*. Elas querem pertencer a um grupo social que *reconheça* seu jeito de ser, e elegem alguém que também é como elas, mesmo que possam se dar conta, ou ao menos admitir, que alguém diferente delas representaria melhor os seus interesses[59]. Para os religiosos tradicionais, pessoas pouco instruídas, caçadores, trabalhadores heterossexuais do

---

58. Frey, W. H. Exist polls show both familiar and new voting blocs sealed Biden's win. Disponível em: <https://www.brookings.edu/research/2020-exit-polls-show-a-scrambling-of-democrats-and-republicans-traditional-bases/>. Acesso em: 9 mar. 2021. Isso também pode explicar por que precisamente os condados mais pobres votam em Trump, ainda que tenham tido apenas poucas vantagens econômicas devido à política dele. Os condados que votaram em Biden geraram, em 2020, 70% da riqueza norte-americana: Muro, M. et al. Biden-voting counties equal 70% of America's economy. What does dies mean for the nation's political-economic divide? Disponível em: <https://www.brookings.edu/blog/the-avenue/2020/11/09/biden-voting-counties-equal-70-of-americas-economy-what-does-this-mean-for-the-nations-political-economic-divide/>. Acesso em: 9 mar. 2021.
59. Para uma crítica à concepção ingênua segundo a qual eleitores democráticos médios tomam decisões informadas e racionais, para realizar seus interesses, ver Achen, C. H.; Bartels, L. M. *Democracy for Realists. Why Elections Do Not Produce Responsive Government*. Princeton/Oxford: Princeton University Press, 2016.

Centro-Oeste dos Estados Unidos, é indiferente se o diplomado secular, poliglota, vegetariano e homossexual de uma universidade de elite da Califórnia segue uma política econômica melhor para eles do que alguém que defende os interesses dos ricos, mas ao menos finge cheirar como eles; via de regra, geralmente preferem o último, pois, ao menos, não é necessário temer o desprezo. Quanto mais a esquerda destaca sua diferença, mais desencadeia essa reação.

Sim, algumas pessoas votam, analogamente, até em personalidades publicamente incompetentes ou mesmo tirânicas, ainda que sua inteligência seja suficiente para entender que sua região foi particularmente atingida pela pandemia, ou que alguém que sempre sonegou impostos e tem medo de um processo criminal e não pode abrir mão de cargos políticos põe a democracia em alto grau de perigo. Mas elas não querem sobrecarregar sua inteligência, pois vivenciam um sentimento de prazer especial na identificação com o político que elegem. Aqui, finalmente, está alguém que é como elas e que pode viver tudo com que elas sempre sonharam. Na medida em que votam nele, podem ter o sentimento de participar, elas mesmas, de seu abuso de poder, e o alto risco com que consentem em sua eleição é mais que contrabalançado pelo gozo com essa identificação. E a necessidade de, ao menos em identificação, desfrutar da forma de existência tirânica aumenta quando não mais se crê em uma ordem moral objetiva, que se harmoniza com o sentido último da existência humana.

Isso conduz à segunda questão: por que alguém como Trump, que reconhecidamente não é intelectual e cujo quociente de inteligência ele mesmo frequentemente exibe como bem alto – embora não o divulgue amplamente em detalhes, provavelmente por bons motivos –, consegue lograr uma posição tão elevada de poder? A resposta é que Trump possui um extraordinário instinto de poder. Isso é uma forma de talento que não é apreendido por testes normais de inteligência. Eu o analisei minuciosamente nos capítulos 2.1.1. e no capítulo 5 de minha obra *Moral e política*. Talento *crático* é uma forma de inteligência social – ela consiste na capacidade de ampliar o próprio poder. A isso pertence uma visão da realidade que percebe cada pessoa em termos de ser útil ou prejudicial para o próprio esforço pelo poder. O crático detecta, prontamente, quem se deixa manipular por ele, quem ele deve ganhar com sanções positivas e quem é uma ameaça, ou seja, quem tratar como inimigo e, o mais rápido possível, remover do caminho. Ele sabe, imediatamente, quem pode se tornar perigoso (então, Trump tinha razão ao temer mais, entre os candidatos democráticos, Biden)[60]. Os políticos éticos também não conseguem fazer carreira sem talento crático; mas eles conseguem controlá-lo por limites morais, e são inteiramente capazes de perceber propriedades intrínsecas a outras pessoas para, então, estar atento a elas quando eles sabem que opõem resistência a sua aspiração ao poder. O crático puro, em oposição, percebe apenas propriedades relacionais no próximo: ele é útil ou prejudicial a mim? Além disso, é livre de quaisquer inibições para atacar onde espera obter sucesso. Ele só pode ser domado por meio do medo de sanções; e uma das razões de aspirar à política é querer ser quem aplica sanções negativas aos outros, sem ele próprio ser por elas ameaçado. O crático capta, imediatamente, como deve se adaptar aos que o ajudam em sua ascensão, ainda que os descarte rapidamente após sua vitória, se não precisar mais deles, pois "gratidão" não pertence ao seu vocabulário. Em uma democracia, esses são as massas de eleitores, e ele capta, bem mais rápido que políticos intelectuais, o que elas querem ouvir e como pode saciar sua necessidade de identificação, às vezes com uma personalidade despótica. Ele detecta as faíscas políticas que podem ser acendidas. Na medida em que os eleitores não estão interessados em questões factuais, também desdenha tais questões; pois não se trata, para ele, de resolver problemas objetivos, mas da obtenção de poder pessoal. É esse instinto de poder inteiramente animalesco e moralmente desenfreado que permitiu

---

60. STUTZMAN, R. Opinion: Why Trump fears Biden most. Disponível em: <https://www.washingtonpost.com/opinions/2020/03/06/whytrump-fears-biden-most/>. Acesso em: 9 mar. 2021.

que figuras como Hitler superassem pessoas incomparavelmente mais inteligentes e, por fim, conquistassem quase toda a Europa.

O crático é um tipo antropológico sempre recorrente (cuja incidência pode ser facilmente explicada por seleção natural). Todavia, ele se desenvolve de forma particularmente desenfreada quando a crença na verdade e na justiça está atrofiada, quando valem como funções do poder, pois, então, inevitavelmente não há nenhum autocontrole com base em normas morais; e a tarefa se torna, antes, realizar atos de fala úteis ao próprio anseio de poder. Já não se pode dizer que o crático possui a máxima de mentir quando é útil para ele; pois quem desistiu da categoria de verdade também já não pode falar de "mentiras". De todo modo, é indispensável a elaboração de uma ideologia para manter a subserviência; e, certamente, é uma das fraquezas cráticas de Trump que ele, diferentemente dos fascistas com sua teoria do Estado, não dispõe de uma ideologia. Seu programa se reduz, em última instância, a ele mesmo. Isso torna movimentos de desengajamento mais fáceis.

Não é difícil compreender que tal atitude solapa o estado de direito e também a democracia. A terceira questão é: o que se pode fazer contra essa atitude? O mais importante jurista alemão, Ernst-Wolfgang Böckenförde, conceitualizou, em um dito conhecido, a problemática do Estado moderno: "O Estado liberal, secularizado moderno vive de pressupostos que ele mesmo não pode garantir"[61]. De um lado, o Estado moderno, após a terrível experiência das Guerras de Religião, abandonou a ideia de que a homogeneidade religiosa seja pressuposto para uma comunidade sob o Estado de direito. De todo modo, não é difícil compreender, historicamente, por que estados pré-modernos tinham essa homogeneidade por necessária. As forças centrífugas do Império tardoantigo foram domesticadas pela vitória do cristianismo; e a lembrança histórica do que se deve ao cristianismo, tanto moral quanto politicamente, tornou difícil

---

61. BÖCKENFÖRDE, Ernst-Wolfgang. *Staat, Gesellschaft, Freiheit*. Frankfurt: Suhrkamp, 1976, 60.

para a Europa, durante um bom milênio, se permitir um Estado secular. Ele começou a surgir, finalmente, nos séculos XVII e XVIII, apoiado em uma transformação racional da ética cristã e da doutrina do direito natural e, no século XIX, com o início de uma era de enorme abertura espiritual. De outro lado, essa abertura seria destrutiva, pois corroeu os pressupostos da democracia de que há uma realidade objetivamente descritível e normas morais compulsórias. Portanto, como poderia o Estado liberal garantir liberdade ideológica sem, ao mesmo tempo, minar os próprios fundamentos? O Estado liberal não pode e não deve cercear a discussão ideológica. Contudo, não só pode, mas deve, tanto por motivos morais quanto para garantir sua sobrevivência, em primeiro lugar, tornar claro em seu sistema educacional os argumentos que conduzem à adoção dos princípios de constituições liberais. Tais argumentos são em parte de natureza teórica, em parte de natureza prática; pois é possível, como ainda veremos, aprender com a história. Em segundo lugar, o Estado liberal deve preservar a autoridade epistêmica da ciência, cuja desintegração ameaça o Estado moderno em seus fundamentos. Essa desintegração, frequentemente, alimenta-se da superestimação intelectual de pessoas que não são capazes de pensar cientificamente e do alastramento descontrolado de ideias céticas, aceitas com tão boa vontade porque parecem promover um igualitarismo: se não há verdade objetiva, a opinião dos ignorantes sobre Covid-19 é tão séria quanto a de um professor de virologia. Em terceiro lugar, o Estado deve fomentar feitos culturais, entre outros, na arte, religião e filosofia, que sustentam o próprio sistema de valores. Príncipes do passado, frequentemente, tinham um grande senso de propósito para essa tarefa, que, é claro, só pode funcionar se já não tiver se tornado vítima da crença relativista de que não há hierarquia espiritual. E, em quarto lugar, uma democracia verdadeira deve punir violações da lei e prevenir organizações políticas daqueles cujo objetivo é destruir a constituição, seja sua base ideológica religiosa ou secular, pois neutralidade ideológica não significa que é permitido proliferar o que põe em risco a Constituição, sendo esta a única capaz de garantir a neutralidade a longo prazo.

Observei, acima, que as pessoas podem aprender com a história. Isso é correto? Sabe-se que Hegel contestou isso. "Mas o que a experiência e a história ensinam é que os povos e governos até agora jamais aprenderam a partir da história, muito menos agiram segundo as suas lições."[62] Essa proposição não é autocontraditória, como ocasionalmente se afirmou, pois Hegel se refere a dois níveis diferentes: o teórico da história reconhece, a partir do estudo da história, que os atores históricos não aprendem nada da história. Contudo, o argumento que Hegel fornece para sua tese é fraco. Ele se apoia em uma teoria histórica da diferença radical de cada época. No entanto, ainda que, evidentemente, haja diferenças entre as épocas distintas, essas não se mostram tão grandes a ponto de descartar a comparabilidade. Busca descontrolada pelo poder, por exemplo, é uma constante histórica, e as instituições concebidas pelo ser humano para limitar isso são frequentemente semelhantes e, quase sempre, razoavelmente comparáveis. Parece-me particularmente notório que muitas das instituições internacionais fundadas desde 1945, mencionadas no primeiro capítulo, têm a finalidade de prevenir uma repetição de catástrofes como as das duas Guerras Mundiais. Isso vale, também, para instituições intraestatais como, por exemplo, a Lei Fundamental da República Federal da Alemanha, em cuja redação se podem indicar muitos aprendizados com os fracassos da República de Weimar. E os sucessos consideráveis da ordem pós-guerra até o quarto de século dourado mostram que os processos de aprendizado não foram em vão: logrou-se muito. Claramente, pode-se aprender com os erros, não apenas com os próprios, mas também com os do passado. Essa é uma das formas pelas quais o progresso ocorre.

Todavia, o que permanece correto, em primeiro lugar, é que esse aprender bem-sucedido, de modo algum, é capaz de reagir corretamente

---

62. Hegel, G. W. F. *Vorlesungen über die Philosophie der Weltgeschichte*. 4 Bde. 2 Aufl. Hamburg: Felix Meiner, 1923. (Trad. port. do vol. 1: *A razão na história: introdução à filosofia da história universal*. Trad. B. Sidou. Lisboa: Edições 70, 1995, 48-49. Utilizamos a tradução de Beatriz Sidou para esse trecho.)

a todos os novos desafios. A natureza humana, tanto em função de sua teimosia tortuosa quanto devido à sua capacidade de invenção, é complexa demais para poder ser completamente prevista. Ela é sempre boa para surpresas. Isso é, ao mesmo tempo, uma maldição e uma bênção. Em segundo lugar, as instituições estabelecidas em virtude de dolorosos processos de aprendizado também estão ameaçadas pelo fato de que as pessoas também *não aprendem* o que conduziu a tais instituições. Aqui, não há mistura com bênção, tratando-se, antes, de um processo de entropia cultural. Certamente, as instituições possuem certa existência própria em relação às intenções humanas; mas aquelas não podem se desconectar completamente destas, pois apenas intenções a vivificam. Este livro queria e quer desacelerar o processo de esquecer o significado da cooperação internacional no contexto do direito internacional, da função promotora da paz de um comércio internacional inteligente, da natureza abençoada do Estado de direito fundamentado na separação dos poderes – e, igualmente, deseja apontar novos perigos que, sobretudo, o desenvolvimento da comunicação moderna apresenta. Uma renovação dessas concepções sob a presidência de Biden pode, ao menos, conter as forças centrífugas globais por um tempo. Mas, se minhas análises são corretas, não há ocasião para o fim do alarme: a centelha política gerada pela automatização e pelo fim da hegemonia masculina permanece; e é apenas uma questão de tempo até outros cráticos buscarem acendê-la. A vigilância continua, ainda, necessária.

BIBLIOGRAFIA
(sem as fontes on-line e artigos de jornais)

ACHEN, Christopher H; BARTELS, Larry M. *Democracy for Realists. Why Elections Do Not Produce Responsive Government*. Princeton/Oxford: Princeton University Press, 2016.

ADORNO, Theodor W. Spengler nach dem Untergang. In: _____. *Gesammelte Schriften*, Bd. 10.1: *Kultur und Gesellschaft I: Prismen. Ohne Leitbild*. Frankfurt am Main: Suhrkamp, 1977, 47-71. (Trad. bras.: Spengler após o declínio. In: *Prismas*. Trad. A. Wernet e J. M. B. de Almeida. São Paulo: Ática, 2001, 43-67.)

ALBRIGHT, Madeleine; WOODWARD, William. *Fascism. A Warning*. New York: HarperCollins, 2018. (Trad. bras.: *Fascismo: um alerta*. Trad. G. Biaggio. São Paulo: Planeta, 2018.)

ALLISON, Graham. *Destined for War. Can America and China Escape Thucydides's Trap*? Boston/New York: Houghton Mifflin Harcourt, 2017. (Trad. bras.: *A caminho da guerra os Estados Unidos e a China conseguirão escapar da Armadilha de Tucídides?* Trad. Cassio de Arantes Leite. Rio de Janeiro: Intrínseca, 2020.)

BERMAN, Morris. *Why America Failed. The Roots of Imperial Decline*. Hoboken, NJ: John Wiley & Sons, 2012.

BÖCKENFÖRDE, Ernst-Wolfgang. *Staat, Gesellschaft, Freiheit*. Frankfurt: Suhrkamp, 1976.

BORCHARDT, Knut. *Globalisierung in historischer Perspektive*. München: Verlag der Bayerischen Akademie der Wissenschaften, 2001.

CAMPBELL, Kurt. *The Pivot. The Future of American Statecraft in Asia*. New York: Hachette, 2016.

CHOMSKY, Noam. *Requiem for the American Dream. The Principles of Concentrated Wealth and Power*. Org. P. Hutchinson, K. Nyks e J. P. Scott. New York: Seven Stories Press, 2017. (Trad. bras.: *Réquiem para o sonho americano. Os 10 princípios de concentração de riqueza & poder*. Trad. M. C. de Almeida. Rio de Janeiro: Bertrand Brasil, 2017.)

CORACK, Miles. Inequality from Generation to Generation: The United States in Comparison. In: RYCROFT, R. S. (org.). *The Economics of Inequality, Poverty, and Discrimination in the 21st Century*. Santa Barbara: Praeger, 107-125.

DENEEN, Patrick J. *Why Liberalism Failed*. New Haven/London: Yale University Press, 2018. (Trad. bras.: *Por que o liberalismo fracassou?* Trad. Rogerio W. Galindo. Belo Horizonte: Âyiné, 2020.)

ECKERMANN, Johann Peter. *Gespräche mit Goethe in den letzten Jahren seines Lebens 1823–1832*, 2 Bde. Leipzig: F. Brockhaus, 1837. (Trad. bras.: *Conversações com Goethe nos últimos anos de sua vida, 1823-1832*. Trad. Mario Luiz Frungillo. São Paulo: Ed. Unesp, 2016.)

ENGELS, David. *Auf dem Weg ins Imperium. Die Krise der Europäischen Union und der Untergang der römischen Republik*. Berlin: Europa Verlag, 2014.

FARROW, Ronan. *War on Peace. The End of Diplomacy and the Decline of American Influence*. New York: HarperCollins, 2018.

FRANK, Thomas. *What's the Matter with Kansas? How Conservatives Won the Heart of America*. New York: Henry Holt and Company, 2004.

FUKUYAMA, Francis. The End of History? *The National Interest*, v. 16 (1989) 3-18.

_____. *Das Ende der Geschichte. Wo stehen wir?* München: Kindler, 1992. (Trad. bras.: *O fim da história e o último homem*. Trad. A. S. Rodrigues. Rio de Janeiro: Rocco, 1992.)

HALMAI, Gábor. The Early Retirement Age of the Hungarian Judges. In: NICOLA, Fernanda; DAVIES, Bill (orgs.). *EU Law Stories: Contextual and Critical Histories of European Jurisprudence*. Cambridge: Cambridge University Press, 2017, 471-488.

HARTZ, Louis. *The Liberal Tradition in America. An Interpretation of American Political Thought Since the Revolution*. New York: Harcourt, 1955.

HEGEL, G. W. F. *Vorlesungen über die Philosophie der Weltgeschichte*. 4 Bde. 2 Aufl. Hamburg: Felix Meiner, 1923. (Trad. port. do vol. 1: *A razão na história: introdução à filosofia da história universal*. Trad. B. Sidou. Lisboa: Edições 70, 1995.)

HOFF SOMMERS, Christina. *The War against Boys. How Misguided Policies are Harming Our Young Men*. New York: Simon & Schuster Paperbacks, 2000.

HÖSLE, Vittorio. *Wahrheit und Geschichte. Studien zur Struktur der Philosophiegeschichte unter paradigmatischer Analyse der Entwicklung von Parmenides bis Platon*, Stuttgart-Bad Cannstatt: Fromman-Holzboog, 1984.

_____. *Philosophie der ökologischen Krise*, München: C. H. Beck, 1991. (Trad. bras.: *Filosofia da crise ecológica. Conferências moscovitas*. Trad. G. Assumpção. São Paulo: LiberArs, 2019.)

_____. *Moral und Politik. Grundlagen einer politischen Ethik für das 21. Jahrhundert*. München: C. H. Beck, 1997.

_____. The European Union and the USA: Two contemporary versions of Western "empires"? *Symposium. Canadian Journal of Continental Philosophy*, v. 14, n. 1 (2010) 22-51.

_____. *Russland 1917-2017. Kultur, Selbstbild und Gefahr*. Basel: Schwabe, 2017.

_____. Principles of morals, natural law, and politics in dealing with refugees, In: DONATI, P.; MINNERATH, R. (orgs.). *Towards a Participatory Society: New Roads to Social and Cultural Integration*. Vatican City: Pontifical Academy of Social Sciences, 2017, 260-286. Disponível em: <http://www.artsrn.ualberta.ca/symposium/files/original/abcbbe5a35ddaf369340c500c7e2361c.pdf>. Acesso em: 12 out. 2019.

HÖSLE, Vittorio; SUAREZ MÜLLER, Fernando (orgs.). *Idealismus heute. Aktuelle Perspektiven und neue Impulse*. Darmstadt: WBG, 2015.

HUNTINGTON, Samuel P.. *The Third Wave. Democratization in the Late Twentieth Century*. Norman: University of Oklahoma Press, 1991. (Trad. bras.: *A terceira onda: a democratização no final do século XX*. Trad. Sergio Goes de Paula. São Paulo: Ática, 1994.)

JAYAL, Niraja Gopal. India's Journey from Civic to Cultural Nationalism: A New Political Imaginary?. In: HÖSLE, V.; SÁNCHEZ SORONDO, M.; ZAMAGNI, S. *Nation, State, Nation-State*. Vatican City: Libreria Editrice Vaticana, 2020, 269-289. Disponível em: <http://www.pass.va/content/dam/scienzesociali/pdf/actapass22.pdf>. Acesso em: 8 mar. 2021.

JOAS, Hans. *Die Sakralität der Person. Eine neue Genealogie der Menschenrechte*. Berlin: Suhrkamp, 2011. (Trad. bras.: *A sacralidade da pessoa. Nova genealogia dos direitos humanos*. Trad. N. Schneider. São Paulo: Editora Unesp, 2012.)

KANT, Immanuel. *Werke*, Bd. 6: *Die Religion innerhalb der Grenzen der bloßen Vernunft. Die Metaphysik der Sitten*. Berlin: Walter de Gruyer & Co., 1968. (Trad. bras. da primeira parte da *Metafísica dos costumes*: *Princípios metafísicos da doutrina do direito*. Trad. J. Beckenkamp. São Paulo: WMF Martins Fontes, 2014.)

LILLA, Mark. *The Once and Future Liberal. After Identity Politics*. New York: C. Hurst & Co., 2017. (Trad. bras.: *O progressista de ontem e o do amanhã: desafios da democracia liberal no mundo pós-políticas identitárias*. Trad. Berilo Vargas. São Paulo: Companhia das Letras, 2018.)

MALEK, Martin. Kampf dem Terror? Russlands Militärintervention in Syrien. *Osteuropa*, v. 65, n. 11-12 (2015) 3-21. Disponível em: <https://

www.zeitschrift-osteuropa.de/hefte/2015/11-12/kampf-dem-terror/?productId=7711&variationId=0&productTitle=Kampf+dem+Terror%3F&qty=1&totalQty=1&numberOfTitles=1&totalAmount=3%2C00%C2%A0%E2%82%AC>. Acesso em: 13 out. 2019.

MCLUHAN, Marshall. *Die magischen Kanäle. Understanding Media*. Düsseldorf/Wien: ECON, 1968. (Trad. bras.: *Os meios de comunicação como extensões do homem*. Trad. Decio Pignatari. São Paulo: Cultrix, ⁹1998.)

OHLIN, Jens David; GOVERN, Kevin; FINKELSTEIN, Claire (orgs.). *Cyberwar. Law and Ethics for Virtual Conflicts*. Oxford: Oxford University Press, 2015.

PERRY, William. *My Journey at the Nuclear Brink*. Stanford: Stanford University Press, 2015.

PINKER, Steven. *Gewalt. Eine neue Geschichte der Menschheit*. Frankfurt: Fischer, 2011. (Trad. bras.: *Os anjos bons da nossa natureza: por que a violência diminuiu*. Trad. Bernardo Joffily, Laura Teixeira Motta. São Paulo: Companhia das Letras, 2013.)

_____. *Aufklärung jetzt. Für Vernunft, Wissenschaft und Fortschritt. Eine Verteidigung*. Frankfurt: Fischer E-Books, 2018. (Trad. bras.: *O novo Iluminismo: em defesa da razão, da ciência e do humanismo*. Trad. L. T. Motta e P. M. Soares. São Paulo: Companhia das Letras, 2018.)

POSTMAN, Neil. *Wir amüsieren uns zu Tode. Urteilsbildung im Zeitalter der Unterhaltungsindustrie*. Frankfurt: Methuen, 1988.

ROSENSTOCK-HUESSY, Eugen. *Die europäischen Revolutionen. Volkscharaktere und Staatenbildung*. Jena: Eugen Diederichs, 1931.

ROSIN, Hanna. *Das Ende der Männer und der Aufstieg der Frauen*. Berlin: Berlin-Verlag, 2012.

ROSLING, Hans; ROSLING, Ola; RÖNNLUND, Anna R. *Factfulness. Ten Reasons We're Wrong About the World – And Why Things Are Better Than You Think*. London: Sceptre, 2018. (Trad. bras.: *Factfulness. O hábito libertador de só ter opiniões baseadas em fatos*. Rio de Janeiro: Record, 2019.)

SACHS, Jeffrey D. *A New Foreign Policy. Beyond American Exceptionalism*. New York: Columbia University Press, 2018.

SAGAN, Scott D.; WALTZ, Kenneth N. *The Spread of Nuclear Weapons. An Enduring Debate*. New York: W. W. Norton, ³2012.

SCHOPENHAUER, Arthur: *Zürcher Ausgabe. Werke in zehn Bänden*. Zürich: Diogenes, 1977. (Trad. bras.: *Aforismos para a sabedoria na vida*. São Paulo: Martins Fontes, 2002.)

SNYDER, Timothy. *Der Weg in die Unfreiheit. Russland, Europa, Amerika*. München: C. H. Beck, 2018. (Trad. bras.: *Na contramão da liberdade. A guinada autoritária nas democracias contemporâneas*. Trad. B. Vargas. São Paulo: Companhia das Letras, 2019.)

SPENGLER, Oswald. *Der Untergang des Abendlandes*. 2 Bde. München: Beck, 1963. (Trad. bras.: SPENGLER, O. *A decadência do Ocidente. Esboço de uma morfologia da história universal*. Trad. Herbert Caro. Rio de Janeiro: Zahar, 2014 [ed. condensada].)

TEASDALE, Thomas W.; OWEN, David R. Secular declines in cognitive test scores: A reversal of the Flynn Effect. *Intelligence*, v. 36, n. 2 (2008) 121–126.

TÜRCKE, Christoph. *Digitale Gefolgschaft*. München: C. H. Beck, 2019.

VICO, Giovanni Battista. *Prinzipien einer neuen Wissenschaft über die gemeinsame Natur der Völker*. 2 Bde. Hamburg: Felix Meiner, 1990. (Trad. bras. *A ciência nova*. Trad. M. Lucchesi. Rio de Janeiro: Record, 1999.)

WINKLER, Heinrich August. *Zerbricht der Westen? Über die gegenwärtige Krise in Europa und Amerika*. München: C. H. Beck, 2017.

ZINGALES, Luigi. Towards a Political Theory of the Firm. *Journal of Economic Perspectives*, v. 31 (2017) 113-130. Disponível em: <https://pubs.aeaweb.org/doi/pdfplus/10.1257/jep.31.3.113>. Acesso em: 13 out. 2019.

ZUCKMAYER, Carl. *Als wär's ein Stück von mir. Horen der Freundschaft*. Frankfurt: Fischer Taschenbuch, 2013.

ÍNDICE ONOMÁSTICO

Achen, Christopher 287
Adams, John Quincy 108, 135
Adorno, Theodor W. 153, 154
Albright, Madeleine 17
Al-Gaddafi, Muammar 224
Allison, Graham 209
Arendt, Hannah 22
Aristides 135
Avineri, Shlomo 230

Bacon, Francis 30
Bannon, Stephen 147
Barr, William 254, 261
Bartels, Larry 287
Bergsten, Fred 210
Berlusconi, Silvio 73, 123, 141
Berman, Morris 168
Bernay, Edward 129
Biden, Joseph 247-250, 261, 263-265, 273, 274, 287, 289, 293
Blagojevich, Milorad 133

Böckenförde, Ernst-Wolfgang 290
Bolsonaro, Jair 115, 123, 163, 269
Bonhoeffer, Dietrich 110
Booth, John Wilkes 256
Borchardt, Knut 36
Borodin, Maxim 231
Borra, Adriana 247
Bradshaw, Samantha 140
Brennan, John 134, 218
Brzezinski, Zbigniew 210
Bush, George W. 86, 108, 111, 230, 250
Bush, Jeb 68, 108

Cain, Herman 116
Cameron, David 56-58, 60, 61
Campbell, Kurt 213
Carlos Magno 244
Carter, Jimmy 210
Casaleggio, Gianroberto 84, 139
Cheng Li 210
Chomsky, Noam 94

Churchill, Winston 61, 201, 254
Clinton, Bill 85, 105-109
Clinton, Hillary 67, 91, 104, 105, 108-112, 114, 115, 144, 218, 219, 248, 265
Cohen, Sacha Baron 133
Comey, James 74
Condorcet, Nicolas 31
Conte, Giuseppe 269
Conway, Kellyanne 71, 128
Corack, Miles 94
Corbyn, Jeremy 60
Cox, Jo 62
Cristo 30, 132
Cruz, Ted 68
Curiel, Gonzalo 66

Damon 141
Danilewski, Nikolai 226
Deneen, Patrick 168
Derrida, Jacques 160
Dollfuß, Engelbert 125
Duda, Andrzej 50
Dugin, Alexander 226
Duterte, Rodrigo 44, 45, 66, 67, 71, 72, 104, 123, 140, 163, 286
Duverger, Maurice 83

Eckermann, Johann Peter 160
Edelstein, Yuli 282
Elisabeth II 71
Engels, David 153
Erdoğan, Recep Tayyip 45, 46, 273
Esper, Mark 254, 261
Ésquilo 189, 201, 202
Eurípides 189, 201, 202

Farage, Nigel 54, 64
Farrow, Ronan 75
Faymann, Werner 198
Finkelstein, Claire 276
Fiorina, Carly 103

Floyd, George 253, 255
Flynn, Michael 40, 219
Ford, John 15, 213
Foucault, Michel 129
Frank, Thomas 113
Frey, Carl Benedikt 97
Fromm, Erich 287
Fukuyama, Francis 26

Gabriel, Sigmar 199
Garland, Merrick 258
Giscard d'Estaing, Valéry 180
Giuliani, Rudy 128
Goebbels, Joseph 264
Goethe, Johann Wolfgang 160
Gorbachev, Mikhail 27, 229
Govern, Kevin 276
Graham, Franklin 110
Graham, Lindsey 259
Graham, William 110
Gregório VII 33
Grillo, Beppe 84, 136
Guilfoyle, Kimberly 248
Gülen, Fethullah 46, 47, 219
Gysi, Gregor 271, 272

Haddad, Fernando 122
Halmai, Gábor 48
Hamon, Benoît 87
Harris, Kamala 247, 265
Harrison, Benjamin 108
Hartz, Louis 168
Hegel, Georg Wilhelm Friedrich 22, 23, 32, 33, 87, 157, 158, 215, 292
Heidegger, Martin 158, 159, 161
Henry, Patrick 253
Hitler, Adolf 54, 99, 116, 124, 253, 266, 290
Hobbes, Thomas 286
Hoff Sommers, Christina 102
Horthy, Miklós 53

ÍNDICE ONOMÁSTICO

Howard, Philip N. 140
Hughes, Christopher 138
Huntington, Samuel 38

Jackson, Andrew 135
Jefferson, Thomas 90
Jirinóvski, Vladimir 226
Joas, Hans 120
Johnson, Boris 61, 62, 65, 267
Jugurta 219

Kaine, Timothy 109
Kant, Immanuel 29-31, 40, 45
Kasich, John 68
Katsav, Mosche 104
Kelly, Megyn 103
Khan, Imran 136
Kierzenkowski, Rafal 59
Kim Jong-un 63, 68, 71, 75
Kirchner, Cristina 108
Kirchner, Néstor 108
Kissinger, Henry 15
Kohl, Helmut 180
Kramp-Karrenbauer, Annegret 274
Kukiz, Paweł 49, 136
Kurz, Sebastian 137

La Rochefoucauld, François de 144
Lênin, Vladimir Ilyich 225
Le Pen, Marine 86
Lewinsky, Monica 105
Leyen, Ursula von der 232
Lilla, Mark 107
Lima, Leila de 44
Lim, Freddy 136
Lincoln, Abraham 84, 90, 256
Lindberg, Steffan I. 38
Litvinenko, Alexander 272
Li, Wenliang 286
Lott, Trent 133
Lugovoy, Andrey 272

Lührmann, Anna 38
Lukashenko, Aleksandr 232, 272, 273
Lula da Silva, Luis Inácio 122

Macron, Emmanuel 64, 87, 140, 181, 229, 244, 245, 274
Mair, Thomas 62
Malek, Martin 229
Manafort, Paul 218, 219
Mandeville, Bernard 34
Mann, Thomas 161
Manzoni, Alessandro 285
Mao Tsé-tung 214-216
Marcos, Ferdinand 218
Marx, Karl 22, 33, 129, 155
May, Theresa 60, 65, 271
McCain, John 66, 135, 138, 262
McEnany, Kayleen 254
McLuhan, Marshall 119, 141
Medvedev, Dmitri 227
Meloni, Giorgia 269
Merkel, Angela 198-200, 202, 267
Metaxas, Eric 110
Milanovic, Branko 27
Millbank, Adrienne 196
Milley, Mark 254, 255, 259
Mines, Keith 81
Mischustin, Michail 273
Mitterrand, François 180
Mobutu Sese Seko 218
Modi, Narendra 271
Montesquieu 29, 121
Moore, Michael 89-92, 103, 106, 108, 114, 115
Moro, Sérgio 269
Müller, Gerd 18, 200
Murachowski, Alexander 272
Murphy, Philip 199

Napoleão Bonaparte 22, 54
Navalny, Alexei 271, 272

Neef, Christian 226
Nemstov, Boris 271
Netanyahu, Benjamin 282
Neuwirth, Thomas 226
Nietzsche, Friedrich 26, 129, 152, 160, 161
Nixon, Richard 15, 78

Obama, Barack 13, 69, 71, 78, 86, 90, 91, 108, 133, 138, 144, 209, 210, 212, 213, 217, 218, 220, 229, 230, 234, 242, 258, 262
Ohlin, Jens David 276
O'Leary, Kevin 136
Orbán, Viktor 48, 49
Orwell, George 128
Osborne, Michael A. 97
Otto, o Grande 244
Owen, David R. 40

Palin, Sarah 135, 216
Papa Francisco 11, 255
Park Geun-hye 78
Péricles 201
Perry, William 235
Piłsudski, Józef 53
Pinker, Steven 39, 40, 103
Platão 141, 148-152, 160, 161
Plutarco 134, 135
Postman, Neil 141
Priebus, Reince 74
Pruitt, Scott 63
Putin, Wladimir 64, 71, 75, 104, 140, 215, 218, 220, 224-226, 236, 272, 273

Raffensperger, Brad 259
Rand, Ayn 132
Reagan, Ronald 78, 229
Renan, Ernest 115
Renzi, Matteo 58, 268
Ricoeur, Paul 87

Robespierre, Maximilien de 31
Rochlin, Lew 271
Roosevelt, Franklin Delano 90, 169
Roosevelt, Theodore 90
Rosenstock-Huessy, Eugen 32, 33
Rosin, Hanna 102
Rosling, Hans 40
Rosling, Ola 40
Rousseau, Jean-Jacques 154
Rubio, Marco 68, 104
Ryan, George 133
Ryan, Paul 132
Rzepliński, Andrzej 51

Sachs, Jeffrey D. 97, 192, 223
Sagan, Scott D. 235
Salústio 220
Salvini, Matteo 136, 268, 269
Sanders, Bernie 68, 91, 109, 114, 115
Santos, Juan Manuel 58
Savimbi, Jonas 218
Scaramucci, Anthony 74
Schmidt, Helmut 180, 199
Schopenhauer, Arthur 100, 161
Schröder, Gerhard 199, 228, 271
Schumpeter, Joseph 101
Schwarzenegger, Arnold 73
Seehofer, Horst 199
Selenskyj, Wolodymyr 136, 250
Serdjukow, Anatoli 204
Skripal, Sergei 230
Smith, Adam 29, 34
Snyder, Timothy 140
Sófocles 189
Soros, George 144
Spencer, Jason 133
Spengler, Oswald 34, 152-157, 226
Spicers, Sean 128
Stálin, Josef 225
Steele, Christopher 218
Stiglitz, Joseph 93

Stoltenberg, Jens 261
Stone, Roger 257
Suarez Müller, Fernando 130
Sullivan, Andrew 148
Szydło, Beata 50

Taper, Jake 66
Teasdale, Thomas W. 40
Thatcher, Margaret 59
Thunberg, Greta 19, 277, 285
Tillerson, Rex 74
Trump, Donald 7, 22, 43, 54, 62-80, 82, 85-87, 89-91, 99, 100, 103-107, 109-117, 119, 121, 123, 127, 128, 133-136, 138, 142, 147, 148, 163, 172, 173, 207, 213, 217-219, 227-229, 234, 238, 242, 243, 247-267, 269, 270, 275, 282, 283, 286-290
Trump, Ivanka 71, 147
Tsipras, Alexis 184
Tucídides 164, 209
Türcke, Christoph 145, 146

Ventura, Jesse 92
Vermes, Timur 116

Vico, Giambattista 150-152, 157

Wallace, George 84
Waltz, Kenneth 235
Wang Yi 234
Wasserman Schultz, Debbie 91
Wesselnizkaja, Natalia 219
West, Kanye 135, 136
Whitmer, Gretchen 252, 253
Wilton, Gregory 255
Winkler, Heinrich August 14, 46, 176
Wnendt, David 116
Wurst, Conchita s. Neuwirth, Thomas 226

Xi Jinping 72

Yanukóvytch, Víktor 218, 221
Yeats, William Butler 162

Zhou Enlai 15
Zijlstra, Halbe 224
Zingales, Luigi 126
Zoellick, Robert 210
Zuckmayer, Carl 112, 162

Esta tradução faz parte de uma pesquisa de Gabriel Almeida Assumpção sobre o pensamento de Vittorio Hösle e Mihaly Csikszentmihalyi. O tradutor, Doutor em Filosofia pela UFMG, é Bolsista de Pós-doutorado Júnior do CNPq em Filosofia e é Professor Convidado na PUC-Minas (Pós-graduação em Psicologia Positiva).

Edições Loyola

editoração impressão acabamento
Rua 1822 nº 341 – Ipiranga
04216-000 São Paulo, SP
T 55 11 3385 8500/8501, 2063 4275
www.loyola.com.br